十力
文化

圖解**刑法**

第七版

國家考試的第一本書

法學博士

錢世傑 —— 著

序 〈第七版〉

邁入第15年的第七版

圖解刑法，從出版首刷迄今已經將近15年了，正式邁入第七版，感謝許多朋友透過臉書、Line、電子郵件等管道持續給予本書肯定，也謝謝大家提供許多寶貴的修正意見。

這些年來，每年平均還是探訪日本兩次，逛逛日本的書店，希望隨時能有最新的編輯觀點、圖解技巧，將這些赴日取經的內容融入本書之中，讓本書成為改變考生學習能量的關鍵，用更直覺式的方式，快速學習詰屈聱牙的法律用詞。

只是這幾年的探訪，發現日本圖解法律書籍的發展也不再有讓人驚豔的表現，也或許是自己的圖解功力已經到了一定的程度，日本不再是自己追求成長的目標；不過，每天多個0.1，讓自己持續往前邁進，1年、2年、3年之後，每一個版本的刑法將會更讓讀者滿意。

持續增加廣度與深度

本書藉由新增考題，和擴充不少過去未能收錄之內容(如危險犯、親手犯、妨害秩序罪與其它新修正條款等)，提升內容的豐富度、提供答題技巧，以幫助讀者在準備考試時更能鎖定方向。對於背負時間壓力的考生而言，要如何在有限時間內準確掌握重點解題，是本書的目標。

此外，整理考題並進行更細部的分類，讓讀者能更有效率地知悉各種考題的出題頻率和出題習慣，也能協助讀者在閱讀本書時，迅速掌握相關考題重點進行複習。

除了書本的學習外

　　文字與圖解的呈現仍然有其限制，所以筆者另外透過臉書、Line群組等方式進行直播，透過更立體、多元化的平台，補強書中文字、圖畫所無法呈現出來的觀念，讓讀者能夠一邊看書、一邊聽直播，看筆者如何透過電腦簡報檔或其他方式，展現面對國家考試的各種技巧，就是希望能給讀者們更完整、全面的學習刺激，陪同讀者一起踏進金榜題名的殿堂。

錢世傑

中華民國113年2月20日

申論題如何寫？

不斷練習各種題型，熟背要點。基本上，申論題常見的考試題型如下：

類型	準備方向
解釋名詞題型	至少要看過並記憶過名詞的定義
概念比較題型	能夠背誦不同法律概念間的差異性
假實例，真基本概念題型	找出真正所要考的基本概念，輕鬆寫出關鍵內容
複雜實例題	非法律專業考科較少出現

一天練習幾題？一週至少應該要練習七題，也就是平均每天一題，每題25分鐘，大約400個字。答題的格式也相當重要，若為實例題，可以參考三段論法，即以法律為大前提，事實為小前題，再得出結論。大前提之前，還可以寫出本題的爭點，大前提中除了條文之介紹及其解釋外，還可援引實務見解及學者看法；接著再介紹本題之案例如何涵攝至法律中；最後結論，再寫出推論的結果及自己的看法。

茲介紹解釋名詞題型，作為學習撰寫申論題之開始。解釋名詞題型，例如98年四等基層警察特考中，刑法概要及刑事訴訟法概要的第一題「請說明現行刑法所規定主刑及從刑之意義與種類（15分）？」題目很簡單，但如何在有限的時間內，儘可能寫出完整的內容，就是得分的關鍵。

基本上，至少要有右頁之架構：尤其是段落要清楚，切勿亂成一團。

刑分成主刑及從刑。(刑法第32條)茲將其種類與意義分述如下：

一、主刑：(刑法第33條)
　(一)死刑：乃指剝奪犯罪者生命的刑罰。
　(二)無期徒刑：乃指將受刑人永遠禁錮於監獄中之一種刑罰，但若遇有假釋之機會，仍有可能享有釋放之機會。
　(三)有期徒刑：乃指於一定期間內，將受刑人禁錮於監獄中之一種刑罰。其期間爲2月以上15年以下。但遇有加減時，得減至2月未滿，或加至20年。
　(四)拘役：將受刑人禁錮於監獄中一定期間之處罰，其期間較有期徒刑爲短，爲1日以上，60日未滿。但遇有加重時，得加至120日。
　(五)罰金：要求受刑人繳納一定金錢，作爲處罰之方式。處罰之金額從新臺幣1,000元以上，以百元計算之。

二、從刑：(刑法第34條，現已刪除。從刑，修法後，目前僅剩褫奪公權，本題僅提供作答結構參考之用。)
　(一)褫奪公權：是指剝奪受刑人擔任公務員或公職候選人之資格。(刑法第36條)→若有時間，可論述刑法第37條之規定。
　(二)沒收：是指剝奪與犯罪密切相關聯之特定物之所有權。違禁物、供犯罪所用或犯罪預備之物、因犯罪所生或所得之物，依據刑法第38條第1項規定，沒收之。→若有時間，可細部論述刑法第38、39、40條之規定。
　(三)追徵、追繳或抵償：將受刑人所獲得的利益追回，避免因犯罪而獲得利益。→若有時間，可提到刑法第40-1條規定。

3,000字的申論題解答

　　每次看到補習班或其他專家的解題，總是非常佩服，答案非常完整，可是仔細一算卻感覺不太對，一題的模擬解答高達2、3000字，這位解題大哥以為現在寫申論題是可以用電腦打字嗎？

　　不過這樣子的書也未必不對，畢竟這種解答是事後寫的，當然力求完整。但考生腦袋必須非常清楚，這樣子長度的內容，絕對不是短短考試時間內可以寫出來的字數，所以平常要練習800字以內答題，抓出重點所在，不要讓廢話充滿了整張考紙，才有可能拿高分。

學習一些優美詞句

　　有一位讀者透過網路問我法律問題：老師，消防員甲火場救火時撞傷乙，可以論業務之執行嗎？

　　我不假思索地回答說：可以吧！

　　讀者又追著問：可是我有看到解答寫「仍否屬業務之執行，容有疑義，基於罪疑惟輕之法理，論過失致死罪。」

　　筆者對於這樣子的解答沒什麼意見，確實在許多國家考試的考題中，所提出的爭點可能會因為許多變因而使得結果有所不同，如果對於答案不是很確定者，可以透過這樣子的句型，回答一個比較安全的答案。有關上開書籍所寫的答案格式，就可以記錄下來，下次遇到類似狀況時，可以選擇採取此種回答方式：

　　「是否屬於……容有疑義，基於罪疑惟輕之法理，採……罪為宜。」

　　畢竟對於初學法律的讀者而言，模仿是最快的學習方法，有些是大師的著作，有些是補習班的解題本，都會有許多制式的回答格式，好的格式就記得要抄起來，寫出來的申論題答案才會有模有樣。

鬼打牆理論

什麼是鬼打牆？就是遇到鬼了，然後不停地在道路中尋找、反覆來回卻找不到出口。

曾經有一位參加四等司法考試的同學，問了筆者有關德國學者 Roxin 的一段話，筆者瞠目結舌之際，覺得這位讀者真的走過頭了，已經進入法律大師言論所創造出來的鬼打牆時空，因此有必要藉此版面釐清國家考試所需學習的範圍。

參加國家考試的過程，如同蓋房子，要有地基、打樁、鋼筋，並不會太複雜，也有一定的標準作業流程。主結構打好基礎後，有關房子蓋好之後的設計與內部陳設，則已經達到了學術研究的階段，一般國家考試的考生並不需要煩惱這一個階段。

大師討論的學術內容就好像房子的設計與研究內部該如何陳設，是很藝術性的，就像是畢卡索的畫作一樣，一般人永遠搞不清楚他在畫什麼，但法律大師自己一定感覺很有成就感，也因為大家都聽不太懂，更建構出他大師的地位。

例如，你永遠搞不懂大師幹嘛要在馬桶旁邊擺個瓦斯爐，而且他還可以講出一套盤根錯節的理論，即便研究了這一套理論許久，而且終於理解了大師最深層的涵義，原來只是「爽」一個字。但是大多數的人根本看不到核心，在佩服之餘，也只能讚嘆一下、叫聲大師。

參加國家考試的考生，只是在做蓋房子的基礎工作，把房子蓋得扎實最重要，許多大師的虛幻論點直接看結論就好，而不是只有國小階段的程度，卻去研究博士的論文，那真的會導致鬼打牆的結果。

要不要背法條？

刑法的法條當然要背，尤其是只有300多條的條文，背起來雖然辛苦，但是並不會很難。尤其是刑法總則的條文，更是要滾瓜爛熟。舉個國家考試的題目為例：

中華民國人民在美國犯下列何種犯罪，仍有中華民國刑法的適用？
(A)偽造貨幣罪　(B)通姦罪　(C)普通傷害罪　(D)偽造私文書罪

【107普考-法學知識與英文】

答案很簡單，是(A)。

只要背過刑法第7條之規定者，都很清楚我國法律的地之效力（本書第一篇第七章）中的屬人和保護主義，有提到為了保護本國利益，國人於外國犯內亂罪、外患罪、偽造貨幣罪、偽造文書罪等，仍適用本國刑法。所以答案當然是選(A)。但是，若沒有背過法條，這種一定要得分的題目，可能就「猜」錯了。

問題在於該怎麼背

例如刑法第18條，以18歲作為責任能力的年齡標準；刑法第28條，是有關共同正犯的規定，可以透過諧音「惡霸」的方式來記憶；又如刑法第74條規定，加害人沒有關起來，居然只被宣告緩刑，受害人真是「氣死」了。

至於刑分的部分，則要先背基本條文，也就是該章的第一個條文，例如偽造文書罪先背第210條、竊盜罪先背第320條、詐欺罪先背第339條，背完之後再逐步去記憶其他條文。分則也有許多條文，可以透過諧音的方式背誦，例如刑法第168條的偽證罪，證據都是假的，所以是「一路掰」；又例如刑法第274條的母殺嬰兒罪，諧音就是「兒去死」。

上述這些有關「條號」的記憶方法因人而異，讀者可以自己開發一些容易的背誦技巧或口訣，也可以上網查看看別人是怎麼

記憶的，並且把條文的重要內容也一併找出好的記憶方法，來提升學習的效率。

該如何選擇適合的書籍？

考試用書一本主義

不要貪心，準備考試不是作學問。找一本簡單易懂的書，作為閱讀的核心，但也不是其他書都不看，只是在看過其他書之後，將差異之處註記在自己主要閱讀的那一本書中。之後複習的時候，就不需要每一本書都再唸一次，可以減少許多複習的時間，也可以避免因為不同學說的不同見解所引發錯亂的可能結果。

考試用書一本主義，其意義並非只看一本書之外，也並不是代表其他資料都不必看，還是必須找尋相關的考試資料，例如近期的大法官會議解釋、重要實務見解、學者投稿在期刊的文章等，以便利貼節錄這些補充資料內容，並貼在考試用書裡，將有助加深學習的效果。

如果只是閱讀補習班提供的資料，一定是不夠的，因為你有的資料，別人也都有，你會記憶資料，別人的記憶力比你更強。所以，誰能找到更完整的考試資料，將是勝負的關鍵之一。若以本書為主要用書，建議可選擇一本坊間補習班出版的參考用書，作為學習資料的參考。另外，如果考試內容包含申論題者，還必須要買一本申論題的專門解題書籍，作為練習考題時的參考解答。如此一來，基本的功力才能夠建構完整。

目 錄
CONTENTS

第三篇 犯罪成立

第四篇 行為階段與犯罪類型

第五篇 國家、社會法益

侵害國家法益之犯罪

侵害社會法益之犯罪

暴力手段

第六篇 個人法益

第七篇 犯罪者的處遇

第一篇

基本觀念篇

1 刑法與刑事訴訟法

一 刑法的概念

刑法是實體法，規範犯罪類型與刑罰內容，藉由國家強制力的介入，促使人民遵守法令之法律。其功能為保護法益，包括國家法益、社會法益以及個人法益；其次，還能抑制犯罪發生、矯治犯罪者之行為等目的。刑法最嚴重的處罰為死刑，其他還包括自由刑；自由刑的部分最重則為無期徒刑，所以刑法是相對嚴苛的處罰。

刑法分為總則與分則，總則是規定刑法的基本原理原則，分則是針對各種具體犯罪行為加以規定。刑法第11條規定：「本法總則於其他法律有刑罰或保安處分之規定者，亦適用之。但其他法律有特別規定者，不在此限。」

二 刑法與刑事訴訟法

刑事訴訟法和刑法是否一樣？這是許多法律初學者的疑問。刑法屬於實體法，刑事訴訟法則是程序法。實體法是指具體指涉某一行為屬於什麼犯罪，應該接受什麼刑事責任；程序法則是針對該行為該透過何種司法程序，使之審判有罪接受處罰。

例如，甲將一把刀插入乙的心臟，此一行為觸犯殺人罪，得處以死刑、無期徒刑或10年以上有期徒刑，這是刑法的規定；刑事訴訟法則是指檢察官經由何種調查程序偵查犯罪，檢察官該如何將甲君以殺人罪起訴，經由辯論攻防、證據認定的程序，法院最後判決甲有罪，應執行10年有期徒刑，最後發監服刑。

刑法與刑事訴訟法之關係圖

刑法是實體法，
刑事訴訟法是程序法。

　　刑法與刑事訴訟法的關係，可以用歌唱比賽來比擬，歌聲的好壞，決定誰勝誰負的結果，就好比是刑法決定有罪無罪；而比賽規則、流程，如何在公平的環境下決定歌聲的好壞，就如同刑事訴訟法，讓法官透過公正的程序來判定。

比賽規則
1. 每人唱3分鐘。
2. 本人親自參加，不得由他人代理。
3. 不得對嘴。

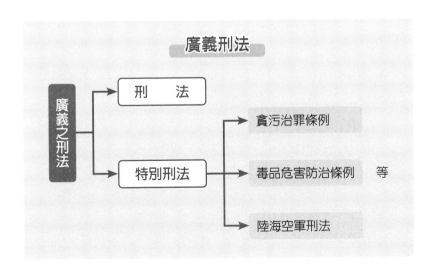

廣義刑法

廣義之刑法
- 刑　　法
- 特別刑法
  - 貪污治罪條例
  - 毒品危害防治條例　　等
  - 陸海空軍刑法

三 特別刑法及輔刑法

　　除了刑法之外，還有許多為了因應特別情況而公布的特別刑法，例如為了懲治叛亂者的行為而制定的懲治叛亂條例；又如在動員戡亂時期為了遏止貪污行為所制定的動員戡亂時期貪污治罪條例。

　　主刑法與輔刑法方面，有學者將刑法稱之為主刑法，特別刑法稱之為輔刑法。所謂附屬刑法，是指規定一定法律關係之法規，以刑罰為違反該法律的制裁，例如破產法、漁業法等。

考試趨勢

針對刑法最基本的內容，許多國家考試都喜歡考個幾題，其中最常見的就是刑法以及特別刑法性質的題型。

所以，若有興趣參加國家考試的讀者，可以瞭解一下主刑法、輔刑法、附屬刑法、特別刑法的概念。

其次，還有國內法與國際法、私法與公法、實體法與程序法、普通法與特別法之相對性概念，也必須概略性瞭解。

```
┌─────────────────────┐
│  國內法 ←──→ 國際法   │
└─────────────────────┘

┌─────────────────────┐
│  私  法 ←──→ 公  法   │
└─────────────────────┘

┌─────────────────────┐
│  實體法 ←──→ 程序法   │
└─────────────────────┘

┌─────────────────────┐
│  普通法 ←──→ 特別法   │
└─────────────────────┘
```

高手過招

各種法律當中，制裁手段最嚴厲的是： (A)民法 (B)行政法 (C)刑法 (D)行政命令 【97基層特警-法學緒論】	(C)
陸海空軍刑法之性質不屬於下列何者？ (A)特別刑法 (B)附屬刑法 (C)輔刑法 (D)普通刑法 【97國安特考-法學知識與英文】	(D)
下列有關刑法總則之適用範圍的說明，何者正確？ (A)僅限於刑法 (B)亦適用於民事法規 (C)亦適用於刑事訴訟法 (D)適用於刑法且亦適用於其他法令有刑罰規定者 【96四等司法特考-法學知識與英文】	(D)
貪污治罪條例之性質不屬於下列何者？ (A)主刑法 (B)輔刑法 (C)附屬刑法 (D)特別刑法 【96公務關務升等-法學知識與英文】	(A)
下列何者不屬於刑法的性質？ (A)國內法 (B)私法 (C)實體法 (D)普通法 【96公務初等人事-法學大意】	(B)
刑法學就法學觀點而言，係研究犯罪行為與其法律效果之規範科學，一般又稱「刑法學」為： (A)刑事實體法學 (B)刑事程序法學 (C)刑事執行法學 (D)刑事證據法學 【98公務初等人事經建-法學大意】	(A)
民國24年公布施行的中華民國刑法，係以下列何國為參考依據？ (A)英國、俄國 (B)美國、英國 (C)俄國、日本 (D)德國、日本 【98三等司法特考-法學知識與英文】	(D)
有關刑法與貪污治罪條例之敘述，下列何者正確？ (A)刑法是貪污治罪條例之特別法 (B)貪污治罪條例應優先於刑法適用 (C)貪污治罪條例之規定若牴觸刑法之規定，無效 (D)貪污治罪條例是基於刑法之授權而訂定之子法 【99初等一般行政-法學大意】	(B)
下列何種法律，規定犯罪的成立要件及其處罰？ (A)刑法 (B)刑事訴訟法 (C)少年事件處理法 (D)監獄行刑法 【99初等人事行政-法學大意】	(A)

2 刑法與道德之關係

一 刑法與道德之區別

刑法和道德該如何區別？

刑法，是透過國家公權力，以剝奪權利之方式來達到遏止犯罪之規範。道德則是社會群體中，長久建立的一種人性良善要求。

刑法與道德規範之事物若完全相同，並不妥當，以下舉搭捷運及遲到為例，說明如下：

- 搭捷運應讓坐老弱婦孺，這是做人的基本道德。沒有讓坐老弱婦孺，屬於違反道德，但刑法並不加以處罰。
- 守時是一種做人處事的基本道德，同學相約出去玩，為了避免有人遲到，會互相約定一定的處罰方式，例如誰遲到，誰就請其他人吃冰。遲到屬於一種輕微違反道德的行為，刑法並沒有處罰。

刑法，具備最後手段性，某種角度來說，可以說是「道德的最後一道防線」。對於嚴重違反道德者，立法者可以透過刑法的機制，予以一定之處罰。例如竊盜罪、侵害他人財產權皆屬於不道德的行為，光以道德約束有所不足，故以刑法加以約制。

二 洗門風

臺灣傳統習俗中，洗門風是民間私下解決問題的方式。例如某男子甲與友人的妻子乙發生婚外情，後來被乙的丈夫丙發現，雖然已經屬於觸犯刑法通姦罪之行為，但是某丙並未透過刑法的機制追求公平正義，反而是透過傳統的洗門風，要求甲男跪在菜市場前面，並分發檳榔給鄰居街坊。

刑法與道德關係之三種看法

道德

刑法

刑法是道德的最後一道防線。

缺點：如果只有針對特定違反道德的行為，才可
以藉由刑法加以處罰，則因為特殊目的（如
禁酒令）而須以刑法加以處罰者，則無法為
之。因為喝酒涉及健康，並不影響道德。

道德＝刑法

只要違反道德，就是觸犯刑法的行為。

缺點：搭捷運沒有讓位，就是觸犯刑法的行為，似
乎過於嚴重。

道德　刑法

刑法與道德有部分之重疊性。

此一關係圖，比較符合現行各國對於道德與刑
法關聯性之描述。

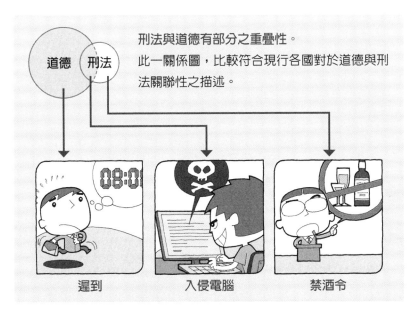

遲到　　　　　　入侵電腦　　　　　禁酒令

3 罪刑法定主義

一 罪刑法定主義之概念

我國古法(唐律)有所謂的「無正條不為罪」，也就是沒有法律規定為依據，不能定別人的罪名，通常以「無法律即無犯罪，無法律即無處罰」表示之。希特勒為了實施獨裁體制，拒絕適用罪刑法定主義。因此，為了避免上位者或獨立的司法體系擅自侵害人民權益，我國刑法也有罪刑法定主義之規定。

罪刑法定主義，是指包括「罪」與「刑」，都要有明確的法律規定。

【刑法第1條】

行為之處罰，以行為時之法律有明文規定者，為限。拘束人身自由之保安處分，亦同。

所謂「拘束人身自由之保安處分，亦同。」是指拘束人身的保安處分，對人身自由亦有所侵害與限制，也要有法律明文的規定。(請參照保安處分，本書第474頁)

二 行為之處罰

條文中所謂「行為之處罰」，例如刑法第271條殺人罪規定：「殺人者，處死刑、無期徒刑或10年以上有期徒刑。」

實務見解　空白刑法之實務見解

又稱之為空白構成要件，係指立法者僅規定罪名、法律效果以及部分之犯罪構成要素，至於其他的禁止內容則規定於其他法律或是行政規章，必須由其他法律或行政規章補充後，方能明確確定可罰之範圍。此種構成要件，所規範之事實，與當時的社會環境具有密切之關係，其可罰性之擴張或限縮跟隨社會生活需要而定，為符合社會環境之變遷，故須要較富彈性之立法，因此通常授權行政機關斟酌實際需要以命令補充之。

例如：藥事法「旅客或隨交通工具服務人員攜帶自用藥品進口」，不屬於未經核准擅自輸入之禁藥。什麼是「自用藥品之限量」，應由中央衛生主管機關會同財政部公告之。

（高等法院95年度上訴字第4595號刑事判決）

構成要件B為空白刑法

構成要件A ＋ 構成要件B ➡ 法律效果

違背 關於預防傳染病所公布之檢查或進口法令者，處2年以下有期徒刑、拘役或3萬元以下罰金。（刑法第192條第1項）

和平醫院SARS案：一般處分，非空白構成要件

SARS案，北市衛生局曾發函下令，命和平醫院全體員工返院集中隔離，屬於行政程序法之一般處分。該命被告等返院之行為，既非法律，亦非法規命令，即非刑法第192條第1項所稱之「關於預防傳染病所公布之檢查或進口之法令」。

（高等法院96年度上易字第226號刑事判決）

（相關內容參照本書第19頁）

9

犯罪構成要件	法律效果
殺人者	死刑、無期徒刑或10年以上有期徒刑

　　首先，假設殺人不屬於刑法所規定的犯罪類型，則殺人也不能夠透過法律的機制加以處罰。其次，法律也不能規定「殺人者，處罰之」，而沒有具體的法定刑範圍。因為，這種規定將導致法院在判處殺人犯之刑責時，沒有一定科刑的範圍作為依據，而得以恣意為之，如果法官與當事人關係良好，可能只判處1年有期徒刑；如果關係不好，則動輒死刑論處，非法治國家所應有之狀況。

三 罪刑法定主義之內涵

　　罪刑法定主義之內涵，除了前述法律主義外，也就是㈠行為之處罰要由法律明文加以規定；其次，還包括㈡禁止類推適用、㈢禁止溯及既往，以及㈣禁止絕對不定期刑。

考試趨勢

　　罪刑法定主義，也是考試的重點所在，主要是針對什麼是罪刑法定主義的定義出題。其次，針對罪刑法定主義之內涵、空白構成要件變更，也必須稍加注意。尤其是「法學知識與英文」這類型的考試科目，題目並不會很難，一定要掌握這類型題目的分數。

高手過招

刑法罪刑法定原則主要係指？　(A)法官只能依據法律定罪科刑 (B)法官可以依法理定罪科刑　(C)法官可以依法理及習慣定罪科刑 (D)法官可以依習慣及類推定罪科刑　　　【97基層特警-法學緒論】	(A)
憲法本文有關人身自由保障的規定，明白顯示罪刑法定主義原則。 請問下列何者符合罪刑法定主義原則？　(A)刑法主要以不成文法為 法源　(B)刑法不得類推解釋　(C)刑法可有不定期刑　(D)刑法適用原 則上可溯及既往　　　【98四等退除役轉任公務-法學知識與英文】	(B)
下列何者屬於罪刑法定原則（主義）的內涵？　(A)擴張解釋　(B)禁 止類推適用　(C)習慣法可以當作刑罰的基礎　(D)罪疑唯輕 　　　　　　　　　　　　　　　　　　【96五等公務-法學大意】	(B)
下列何者為罪刑法定原則？　(A)因避免自己或他人生命、身體、自 由、財產之緊急危難而出於不得已之行為，不罰　(B)已著手於犯罪 行為之實行而不遂者，為未遂犯　(C)行為之處罰，以行為時之法律 有明文規定者為限　(D)二人以上共同實行犯罪之行為者，皆為正犯 　　　　　　　　　　　　　　　　【99初等一般行政-法學大意】	(C)
在我國，刑事審判不得根據習慣法來處罰犯罪。此為何種原則的 要求？　(A)契約自由原則　(B)罪刑法定原則　(C)不告不理原則 (D)情事變更原則　　　　　　　【99初等人事行政-法學大意】	(B)
下列何者違背罪刑法定原則？　(A)行為之處罰，以行為時之法律有 明文規定者為限　(B)習慣法不得作為刑事判決的依據　(C)適用刑法 可以允許類推適用　(D)適用刑法禁止溯及既往 　　　　　　　　　　　　　　　　【99初等人事行政-法學大意】	(C)
下列何者非罪刑法定原則之下位原則？　(A)禁止類推原則　(B)習慣 法禁止原則　(C)回溯禁止原則　(D)無罪推定 　　　　　　　　　　　　　　　　　【98普考-法學知識與英文】	(D)

下列何者為罪刑法定原則的內涵？　(A)不論有利或不利被告，均可以類推適用　(B)可以將習慣法當成處罰的基礎　(C)刑法的構成要件應當明確　(D)不論有利或不利被告，新法均可以溯及既往 【98國安局五等-法學大意】	(C)
下列何者不屬於罪刑法定原則之內涵？　(A)禁止溯及既往　(B)禁止類推適用　(C)禁止擴張解釋　(D)構成要件明確 【98五等地方特考-法學大意】	(C)
我國刑法第1條規定：「行為之處罰，以行為時之法律有明文規定者為限。」針對此一條文，下列敘述何者錯誤？　(A)此稱為罪刑法定主義　(B)此符合法律不溯及既往原則　(C)此為特別法優於普通法原則　(D)根據本條文，因此刑法有漏洞時，也不得運用類推適用之方法 【99四等身障特考一般行政-法學知識】	(C)
關於刑法適用之敘述，下列何者錯誤？　(A)行為之處罰，以行為時之法律有明文規定者為限　(B)行為後法律有變更者，適用裁判時之法律　(C)非拘束人身自由之保安處分，適用裁判時之法律　(D)刑法之法律漏洞不得以類推適用方法加以補充 【99四等海巡-法學知識與英文】	(B)
關於刑法中罪刑法定原則之實質內涵，下列敘述何者錯誤？　(A)習慣不得作為刑事審判的直接法源　(B)否定絕對不定期刑　(C)禁止類推適用　(D)絕對禁止溯及既往 【100三等司法特考-法學知識與英文】	(D)
下列何者非屬罪刑法定原則與刑法適用原則？　(A)排斥習慣法之適用　(B)效力不溯及既往　(C)從新從輕原則　(D)禁止類推適用 【102司特五等-法學大意】	(C)

解析：(C)從舊從輕原則，以符合罪刑法定主義。

高手過招

罪刑法定主義下包含之「法律不溯及既往」是基於何項原則產生？
(A)法律優位原則　(B)明確性原則　(C)平等原則　(D)信賴保護原則　(D)

【98四等司法特考-法學知識與英文】

4 類推適用禁止

一 類推適用禁止之概念

　　司法機關只能依據立法機關所制定的法律，對於犯罪行為人不得比附援引類似的條文內容加以論罪科刑，作為新創或擴張行為人可罰之範圍，或加重其刑罰、保安處分之結果。

　　類推適用與解釋不同之處，在於解釋只是為了明確界定法律條文之疑義，進而達到正確無誤地適用法律，立法上並無漏洞；類推適用，是指超過法條之本意，逾越法條所可以適用的範圍，藉此填補立法上的漏洞，故兩者並不相同。

　　傳統採取嚴格罪刑法定主義，沒有類推適用的空間，也讓法律窒礙難行。今採限縮的類推禁止原則，只有在對於有利行為人者，才得以類推適用。例如：「他案監聽」不能類推適用「另案扣押」規定；而違反著作權法之罪，非屬行為時通訊保障及監察法第5條所定的監聽之重罪……。（最高法院97年度台上字第3616號刑事判決）

二 記者能否類推適用拒絕證言權

　　刑事訴訟法第182條規定：「證人為醫師、藥師、助產士、宗教師、律師、辯護人、公證人、會計師或其業務上佐理人或曾任此等職務之人，就其因業務上知悉有關他人秘密之事項受訊問者，除經本人允許者外，得拒絕證言。」此為明示、列舉規定，並無明列新聞媒體從業人員之規定，則記者當無直接適用餘地。

法律解釋的類型

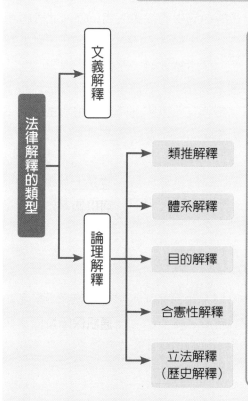

法律解釋的類型
- 文義解釋
- 論理解釋
  - 類推解釋
  - 體系解釋
  - 目的解釋
  - 合憲性解釋
  - 立法解釋（歷史解釋）

法律解釋

法律條文是抽象的規定，內容難以具體明確，因此許多刑法法律之犯罪構成要件，必須透過解釋來釐清其本質內涵。

法律的解釋有許多種，包括文理解釋、論理解釋，論理解釋又分成類推解釋、體系解釋、目的解釋、合憲性解釋，以及立法（歷史）解釋。

猥褻

刑法中最受到爭議的法律用語，當屬「猥褻」二字，常有強吻10秒、摸乳5秒等犯行，法院認為並未成立猥褻罪，引發社會輿論之譁然。到底什麼是猥褻？大法官會議解釋第407號，針對猥褻之定義有作出解釋。

　　另於民國89年10月間，即有40位立法委員提案增訂刑事訴訟法第182條第2項：「前項規定（業務拒絕證言權），於證人為報紙、雜誌、廣播電台、電視等新聞媒體從業人員或曾任此等職務之人，就其業務上知悉之作者、投稿人之個人事項以及消息來源等事項受訊問者，準用之。」然未獲通過，顯係立法機關經理性思考新聞自由與真實發現司法利益後，有意不為明文立法，而不賦予記者拒絕證言權，是此要非立法未因應時代變遷而生之法律漏洞，不得類推適用。（最高法院97年度台抗字第464號刑事裁定）

　　「個人資料保護法」（以下簡稱個資法）針對網路「人肉搜索」泛濫，隨意將他人資料貼在網路上，或者是其他領域中利用的個人資料，如立法委員將貪污者的帳戶公布在大眾面前，顯然已經違反隱私權。

　　個資法通過後，利用個人資料要先取得當事人同意，但是媒體基於新聞報導的公益目的而蒐集的個資，則可以不經過當事人之同意。此一修正並不包含民意代表，所以民意代表除了符合憲法第73條言論免責的規範外，仍須取得當事人同意。

三 法律解釋之概念

體系解釋	是以法律條文之邏輯結構和系統，並考量整個規範的意義關聯而為之解釋。 【98四等基層警察】
目的解釋	針對法條之目的與呈現之價值意義，來闡釋法條之法律意義。除顧及其保護法益外，尚需參酌立法當時對於規範行為之非難所在，進而解釋法律。 【98四等關務特考】
合憲性解釋	刑法不得抵觸憲法，因此刑法之解釋也當然不得違反憲法之規定與精神。
立法解釋（歷史解釋）	由立法制定過程之資料去探求立法者的立法旨意，來解釋法律。 【96司法四等特考、98四等基層警察】

高手過招

法律有規定「攜帶凶器竊盜罪」，依何種解釋方法，可將鹽酸、硫酸解釋為「凶器」？ (A)立法解釋 (B)歷史解釋 (C)體系解釋 (D)目的論解釋 【96四等關務特考-法學知識】	(D)
下列何種解釋方法是法律解釋首先必須使用的方法？ (A)體系解釋 (B)文義解釋 (C)歷史解釋 (D)合目的性解釋 【97調查特考-法學知識與英文】	(B)
刑法第1條規定：「行為之處罰，以行為時之法律有明文規定者為限。」若將此規定解釋為：「行為時之法律無明文規定者，不處罰其行為。」請問此一解釋，係應用何種解釋方法？ (A)擴張解釋 (B)限縮解釋 (C)體系解釋 (D)反對解釋 【99四等關務-法學知識】	(D)

5 不溯及既往原則

一 不溯及既往原則

　　法律並非一成不變，隨時會因為立法機關之三讀而變更其規範之內容。因此，若行為後法律有變更時，到底是要適用行為時的法律，還是裁判時的法律，就成為一項重要的課題。

　　基本上，人民對於法律有期待性，基於「信賴保護原則」，對於事後變更的法律，不能溯及適用先前的行為。假設民國104年7月1日修正刑法規定，制定吸菸者處2年以下有期徒刑，本條規定只適用於修正後的吸菸行為，修正前即便有吸菸的行為，也不是本條規定適用的範疇。

二 從舊從輕原則

　　法律，必須隨著時代的發展而變動。然而，法律的變動，有時候會產生行為時與裁判時之法律有所不同。

　　原則上適用從舊原則，依據刑法第2條第1項之本文：「行為後法律有變更者，適用行為時之法律。」也就是事後法律的變動，原則上不會影響到行為時處罰的依據，以符合罪刑法定主義之概念。

　　例外，則採從輕主義，刑法第2條第1項之但書：「但行為後之法律有利於行為人者，適用最有利於行為人之法律。」例如，甲為侵占行為時，刑法對於侵占罪之處罰為3年以下有期徒刑，法院要裁判時，法律修正為1年以下有期徒刑，原則上基於法令從舊，本應適用3年以下有期徒刑之處罰；然而我國採取從舊從

刑罰法規變化的三種情況

	狀況 A		狀況 B		狀況 C	
刑法規範之變化	行為時間 法律制定 —— 法院裁判 ↓	刑法並無規定 1年以下有期徒刑	行為時間 法律修正 —— 法院裁判 ↓	1年以下有期徒刑 3年以下有期徒刑	行為時間 法律修正 —— 法院裁判 ↓	3年以下有期徒刑 1年以下有期徒刑
法律依據			刑法第2條第1項		刑法第2條第1項但書	
法律適用	不溯及既往原則		從舊主義 符合罪刑法定主義及不溯及既往之原則		依據從舊從輕主義，原則從舊，法律修正後之法律有利於行為人，適用裁判時之法律	

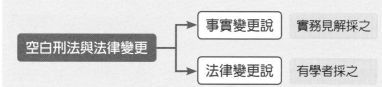

　　空白刑法之構成要件，規定於其他法律或是行政規章，當此等規範變更時，是否屬於法律變更？

　　法律有變更，是指刑罰法律而言，實務依據大法官會議第103號解釋，非屬法律之變更，而屬事實之變更，無刑法第2條之適用。

（相關內容，參照本書第9頁）

輕原則，如果修正前之處罰較重，而要對於行為人較為有利，則應適用裁判時之法律。

三 保安處分之法律變更

沒收、非拘束人身自由之保安處分適用裁判時之法律。（刑§2Ⅱ）處罰或保安處分之裁判確定後，未執行或執行未完畢，而法律有變更，不處罰其行為或不施以保安處分者，免其刑或保安處分之執行。（刑§2Ⅲ）

四 財產來源不明罪的爭議

前總統陳水扁不明財產過多，引發立委有意制定「公務員財產來源不明罪」，但是否溯及既往，以達到也能適用於陳水扁之目的，引發朝野的重大關注與爭論。（結論很簡單：當然不行）

考試趨勢

舊刑法採取從新從輕主義，但是刑法修正後，則改採現行的從舊從輕主義。換言之，本來原則上適用裁判時的法律，現在改為適用行為時之法律。至於從輕主義則相同，不論是行為時或裁判時，只要是對於行為人有利，就適用有利的法律。

至於空白刑法的問題，也是常見於國家考試的題目，主要是屬於事實變更還是法律變更，事實變更就沒有刑法第2條之適用，法律變更才有刑法第2條之適用。

高手過招 罪刑法定主義

關於刑法中罪刑法定原則之實質內涵，下列敘述何者錯誤？ (A)習慣不得作為刑事審判的直接法源 (B)否定絕對不定期刑 (C)禁止類推適用 (D)絕對禁止溯及既往 【100三等司法特考-法學知識與英文】	(D)

高手過招 不溯及既往原則

下列有關法律不溯及既往原則之敘述，何者錯誤？ (A)為法律適用之原則，故不論在公法或私法領域均有其適用之餘地 (B)在刑法領域應無例外地適用 (C)其目的在維護既得權益，故在尊重既得權之前提下立法者得制定溯及既往之法律 (D)刑法第1條「行為之處罰，以行為時之法律有明文規定者為限」，是法律不溯及既往原則之表現 【100三等司法特考-法學知識與英文】	(B)
一項法律對於其未施行前所發生的具體案件，原則上不可加以適用，此原則稱為： (A)法律溯及既往原則 (B)法律不溯及既往原則 (C)從新從優原則 (D)一體適用原則 【98四等司法特考-法學知識與英文】	(B)

高手過招 從舊主義

依刑法第2條第1項本文規定，行為後法律有變更者，適用行為時之法律，稱為： (A)從輕主義 (B)從舊主義 (C)屬地主義 (D)屬人主義 【96公務初等人事-法學大意】	(B)
刑法第2條第1項前段規定：「行為後法律有變更者，適用行為時之法律。」此規定為何種原則之體現？ (A)從新原則 (B)從舊原則 (C)從輕原則 (D)從重原則 【98四等退除役轉任公務-法學知識與英文】	(B)

高手過招　從舊主義

關於刑法適用之敘述，下列何者錯誤？　(A)行為之處罰，以行為時之法律有明文規定者為限　(B)行為後法律有變更者，適用裁判時之法律　(C)非拘束人身自由之保安處分，適用裁判時之法律　(D)刑法之法律漏洞不得以類推適用方法加以補充 【99四等海巡 - 法學知識與英文】	(B)

高手過招　從輕原則

我國刑法第2條第1項但書謂「行為後之法律有利於行為人者，適用最有利於行為人之法律。」此即所謂的：　(A)從新原則　(B)從輕原則　(C)從舊原則　(D)從重原則　【96普考 - 法學知識與英文】	(B)
依刑法第2條第1項但書規定，行為後之法律有利於行為人者，適用最有利於行為人之法律，稱為：　(A)從輕主義　(B)從新主義　(C)屬地主義　(D)屬人主義　【96初等 - 法學大意】	(A)

高手過招　從舊從輕原則

刑法第2條第1項規定：「行為後法律有變更者，適用行為時之法律。但行為後之法律有利於行為人者，適用最有利於行為人之法律。」此項立法是採以下何種原則？　(A)從新原則　(B)從舊從輕原則　(C)從舊原則　(D)從重原則　【98調查局 - 法學知識與英文】	(B)
對於行為後法律有變更的情形，我國刑法第2條第1項採取何種處理原則？　(A)從新原則　(B)從重原則　(C)從舊從輕原則　(D)從新從重原則　【103普考 - 法學知識與英文】	(C)

高手過招 保安處分之法律變更

非拘束人身自由之保安處分規定有變更時，該如何適用法律？ (A)適用行為時法律 (B)適用裁判時法律 (C)適用最有利行為人法律 (D)依「從舊從輕」原則適用 　　　　　【100五等司法特考-法學大意】	(B)

高手過招 空白刑法構成要件變更

下列有關空白構成要件變更之敘述，何者正確？ (A)要適用舊法 (B)要適用新法 (C)實務見解認為是事實變更 (D)實務見解認為是法律變更 　　　　　【97調查特考-法學知識與英文】	(C)

6 公務員

一 定義

稱公務員者，謂下列人員：（刑§10 II）

㈠依法令服務於國家、地方自治團體所屬機關而具有法定職務權限，以及其他依法令從事於公共事務，而**具有法定職務權限者**。

㈡受國家、地方自治團體所屬機關依法委託，從事**與委託機關權限有關**之公共事務者。

常見的爭議，像是公立醫院的醫師、公立學校教師，如果只是單純民事上的醫療行為、教導學生行為，與公權力的執行沒有關係，非屬公務員。其次像是火車站售票人員，只是單純買賣票務的私經濟行為，也與公權力的執行沒有關係，亦非屬公務員。

二 軍醫醫院的體檢報告書

依照上揭行政命令（國防部國軍人員體格檢查作業規定）而從事攸關公共事務（國軍整體戰力）體格檢查之軍醫師，隸屬國防部軍醫局，具有一定之職務權限，屬於刑法第10條第2項第1款後段之授權公務員（其他依法令從事於公共事務，而具有法定職務權限者），其因此製作之國軍人員年度體檢報告表為公文書，至於與此無關之一般診斷證明書、普通人民健康檢查報告或巴氏量表等類，則為私文書，不應混淆。（103台上1741判決）

三 公立大學教授接受委託研究辦理採購事項

公立大學教授接受委託研究辦理採購事項，不是刑法上的公務員；教授如有以不實發票詐領補助研究款私用等不法行為，將不構成貪污罪，而是以刑法的詐欺、偽造文書等罪處罰。（最高法院103年度第十三次刑事庭會議決議㈠）

高手過招

刑法第122條第1項規定「公務員或仲裁人對於違背職務之行為，要求、期約或收受賄賂，或其他不正利益者，處3年以上10年以下有期徒刑，得併科 7 千元以下罰金。」下列何者並非本條之「公務員」？ (A)取締違規之交通警察 (B)戶政事務所承辦戶籍登記案件之人員 (C)公立醫院負責看診之醫生 (D)民選之縣市議會議員 【102三等地方特考-法學知識與英文】	(C)

補充：
現刑法第122條第1項規定罰金部分修改為「得併科200萬元以下罰金。」

下列何者不屬於刑法上之公務員？ (A)授權公務員 (B)身分公務員 (C)委辦公務員 (D)委託公務員 【102五等地方特考一般行政-法學大意】	(C)

7 地之效力

一 屬地主義

我國法律採取屬地主義為原則,所以只要在中華民國領域內犯罪者,均適用我國刑法規定。如果是在中華民國的船艦或航空器犯罪,雖然是在中華民國領域外,也是屬於在中華民國領域犯罪。(刑§3)

二 國外犯罪之處罰

例外則採屬人主義、保護主義,以及世界主義。

所謂「屬人主義」,是指本國人在本國領域內或領域外犯罪者,都應該適用本國刑法論處。例如公務員犯特定之瀆職罪、脫逃罪、偽造文書罪及侵占罪;一般國民犯刑法第5、6條以外之犯罪,最輕本刑為3年以上之有期徒刑者,也適用之。(刑§7)通常都是比較嚴重之罪刑,才例外以我國刑法相繩。

所謂「保護主義」,主要是為了保護本國的利益。例如內亂罪、外患罪,或是特定之妨害公務罪、偽造貨幣罪、偽造有價證券罪、偽造文書罪。其次,在中華民國領域外對於中華民國人民犯罪之外國人,也準用第7條之規定。

還有學者提出「世界主義」,為了要保護社會秩序與世界安寧為目的,例如第5條之規定中,針對特定重大犯罪加以規範,如公共危險罪、毒品罪、妨害自由罪(使人為奴隸罪及買賣人口罪)及海盜罪。第5條同時具備有「保護主義」及「世界主義」之兩種概念的條文。

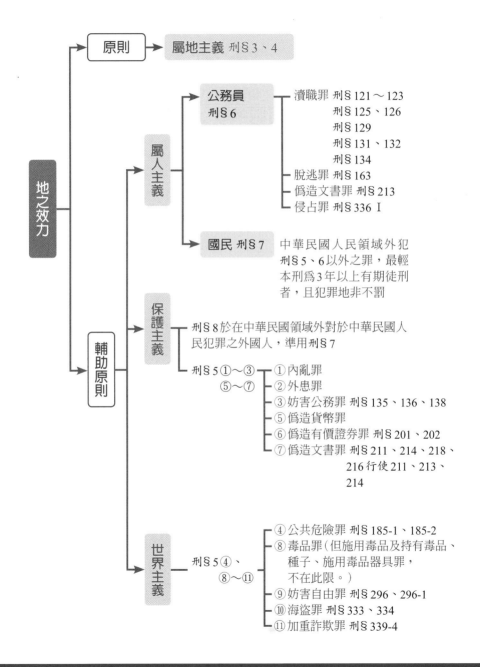

記憶小策略

　　某日與一位《圖解法律記憶法》的讀者A女碰頭，聊到刑法地之效力，A女表示對這種體系架構與具體條文內容記不太起來，問我該怎麼辦？

　　筆者在《圖解法律記憶法》這本書中有寫到，但沒有提到體系架構的記憶方法，於是就整理了一下內容，因為覺得記憶黏性還不錯，於是在本書中分享一下。首先我們將第27頁的體系表簡化如下：

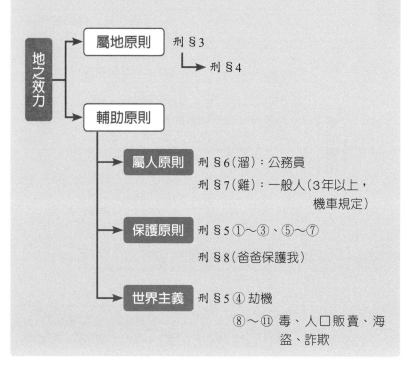

第5條,《圖解法律記憶法》書中有提到—「內外公公偽偽偽(三偽)毒賣海欺」,故事情節:內廠外廠的公公(太監),三個人都陽萎(偽的諧音),很無聊愛吸毒,沒錢,用船將宮女賣到海外當奴隸,皇上知道後,公公不敢回國只能待在船上當海盜,欺騙皇上。大概七次就能記起來,而且不太會忘記。

- 接著要記憶第5條內容,包括有世界主義跟保護主義,5、8,爸爸(8)保護我(5)。
- 接著第6條,溜,公務員溜到國外,公務員是屬人原則,有關第6條的記憶方法,《圖解法律記憶法》一書有介紹,在此不贅述。
- 接著第7條,雞(7)要養3年,屬人原則。
- 接著第8條,外國人對本國人犯罪,巴(8)外國人一巴掌,保護主義。

考試趨勢

國家考試蠻喜歡考國外犯罪,尤其是以哪一個選項不適用刑法的題型,通常挑選最輕的那條罪名,就會是答案了。

高手過招

中華民國人民在美國犯下列何種犯罪,仍有中華民國刑法的適用? (A)偽造貨幣罪 (B)通姦罪 (C)普通傷害罪 (D)偽造私文書罪 【107普考-法學知識與英文】	(A)
下列何種情形適用我國刑法處罰? (A)我國人在外國對外國人犯刑法第 320 條之竊盜罪 (B)我國人在外國犯刑法第 237 條之重婚罪 (C)外國人在外國對我國人犯刑法第 325 條之搶奪罪 (D)外國人在外國犯刑法第 296 條之 1 之買賣人口罪【111高考-法學知識與英文】	(D)

下列有關我國刑法效力的敘述，何者錯誤？ (A)我國留學生在德國遭德國人殺害之事件，有我國刑法之適用 (B)我國國民在泰國販毒，經泰國法院裁判確定且服刑完畢，我國不得對同一行為再定罪 (C)犯罪發生在航行於公海之我國籍漁船，有我國刑法之適用 (D)我國公務員於日本犯公務侵占罪，有我國刑法之適用 【111普考-法學知識與英文】	(B)
中華民國人民在中華民國領域外犯下面哪一種罪，不適用中華民國刑法？ (A)行使偽造公文書罪 (B)普通傷害罪 (C)公務員縱放人犯罪 (D)濫權追訴罪 【96司法三等特考-法學知識與英文】	(B)
中華民國人民在中華民國領域外犯下列哪一種罪，不適用中華民國刑法？ (A)侵占公物罪 (B)偽造公文書罪 (C)使人為奴隸罪 (D)通姦罪 【97基警行政警察-法學緒論】	(D)
依據我國現行刑法之規定，我國公務員在日本犯下列何種罪時，應依我國刑法來加以處斷？ (A)詐欺罪（刑法第339條） (B)傷害罪（刑法第277條第1項） (C)侵占罪（刑法第336條第1項） (D)竊盜罪（刑法第320條） 【98公務初等人事經建法學大意】	(C)
公務員於中華民國領域外，犯下列何罪，有我國刑法之適用？ (A)刑法第163條之脫逃罪 (B)刑法第339條之詐欺罪 (C)刑法第335條之侵占罪 (D)刑法第302條之妨害自由罪 【102五等地方特考一般民政-法學大意】	(A)
刑法第7條規定：「本法於中華民國人民在中華民國領域外犯前二條以外之罪，而其最輕本刑為3年以上有期徒刑者，適用之。但依犯罪地之法律不罰者，不在此限。」此條有關我國刑法適用之規定為何種原則之具體化？ (A)罪刑法定原則 (B)屬人原則 (C)保護原則 (D)一事不再理原則 【96四等第一次警特-法學知識與英文】	(B)

高手過招

以下有關我國刑法適用之敘述，何者正確？ (A)我國航空機於公海上空飛行時，機內之犯罪無我國刑法之適用 (B)我國國民於我國領土外，偽造新臺幣之行為，無我國刑法之適用 (C)外國人於我國領土外之海盜行為，無我國刑法之適用 (D)外國人於我國領土外之竊盜行為，無我國刑法之適用 【101初等一般行政-法學大意】	(D)
某外國國家代表隊來臺灣參加籃球比賽，該隊教練於比賽輸球後，在臺北某百貨公司竊取商品平衡壓力，以下有關刑法效力之敘述，何者正確？ (A)我國刑法採取「屬地原則」，應依我國刑法論處 (B)我國刑法採取「屬人原則」，應依該教練之本國法處理 (C)外國國家隊教練享有「外交豁免權」，不可適用我國刑法論處 (D)我國刑法採取「保護原則」，故應直接驅逐出境 【100地方特考五等經建行政-法學大意】	(A)
刑法第6條規定：「本法於中華民國公務員在中華民國領域外犯左列各罪者，適用之」。此一規定主要係下列何種法理的應用？ (A)世界主義 (B)屬地主義 (C)屬人主義 (D)保護主義 【98四等司法特考-法學知識與英文】	(C)
關於刑法之效力，下列敘述何者正確？ (A)我國總統在位時犯詐欺罪，罪加一等，且應於任職期間予以訴追 (B)在我國領域外，犯內亂外患罪之我國人民應受我國刑法制裁 (C)我國公務員在外國犯偽造文書罪不得以我國刑法制裁 (D)外國人在我國犯刑法之罪不得以我國刑法制裁 【99初等人事行政-法學大意】	(B)

下列情況是否適用我國刑法？

1. 我國人民甲，在美國加州，將英國人A打成輕傷。

2. 德國人乙，在日本東京，將我國人民B殺死。

3. 日本人丙，在法國巴黎，偽造我國之新臺幣。

4. 日本人丁和我國人民C同搭日本航空班機，於班機停泊桃園中正機場時，丁對C進行恐嚇。 【91司三】

【刑法第11條】

　　本法總則於其他法律有刑罰、保安處分或沒收之規定者，亦適用之。但其他法律有特別規定者，不在此限。

第二篇

刑罰之概念

1 刑罰種類

ㄧ 刑罰之概念

歷史上曾出現各式各樣的特殊刑罰，例如宮刑、鞭刑、遊街示眾、挖眼、砍手腳等。執行的方式上也是千奇百怪，以死刑為例，例如五馬分屍、吊刑、注射毒劑、電椅等。目前的刑罰，可分成主刑及從刑兩種。主刑，是指可以獨立科處的刑罰，包括死刑、無期徒刑、有期徒刑、拘役及罰金；從刑，是指附加於主刑所科處的刑罰，刑法第36條僅褫奪公權一種。

二 主刑

主刑包括下列五種類型：

(一) **死刑**：乃指剝奪犯罪者生命的刑罰。（刑§33①）

(二) **自由刑**：可分為無期徒刑、有期徒刑及拘役，是指在一定期間內，將犯罪者拘禁於監獄。

  1. **無期徒刑**：乃指將受刑人永遠禁錮於監獄中之一種刑罰，但若符合假釋之規定，仍有可能享有假釋之機會。（刑§33②）

  2. **有期徒刑**：乃指於一定期間內，將受刑人禁錮於監獄中之一種刑罰。其期間為2月以上15年以下，但遇有加減時，得減至2月未滿，或加至20年。（刑§33③）

  3. **拘役**：將受刑人禁錮於監獄中一定期間之處罰。其期間較有期徒刑為短，為1日以上60日未滿，但遇有加重時，得加至120日。（刑§33④）

(三) **罰金**：要求受刑人繳納一定金錢作為處罰之方式。處罰之金額為新臺幣1,000元以上，以百元計算之。（刑§33⑤）

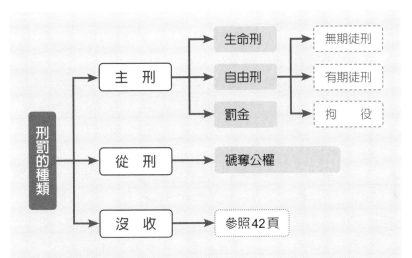

罰金與罰鍰

　　罰金是刑事罰，對於一定的犯罪行為，判定犯罪者繳納一定罰金。

　　罰鍰是行政罰，對於不履行義務者，科以一定的金額，以達到促使被罰人履行之目的。

高手過招

公務員甲收受作為職務對價的汽車一輛，市價500萬元，並接受多次飲宴招待，市價約值15萬元。甲對汽車沒有興趣，得手後隨即依市價轉售。其後收賄事發，有關本案所得財產之處理，下列敘述何者正確？　(A)汽車雖經轉售，仍應沒收相同品質之汽車一輛　(B)汽車已經轉售，飲宴招待已經下肚，均不能沒收　(C)汽車售價與飲宴價值，均應追徵　(D)汽車轉售無法沒收，僅得就飲宴價值追徵　【103四等地特-法學知識與英文】　(C)

解析：原答案為(B)，但因修法，應選(C)。(參照刑法第38-1條第3項規定)

三 從刑

從刑，為褫奪公權（刑§36Ⅰ）：

剝奪犯罪者，褫奪擔任公務員或為公職候選人之資格，屬於從刑之一種。（刑§36Ⅱ）立委顏清標因違反槍砲彈藥管制條例，遭法院判處有期徒刑，但因沒有被褫奪公權，所以仍保有立法委員的資格。

宣告死刑或無期徒刑者，宣告褫奪公權終身。（刑§37Ⅰ）宣告1年以上有期徒刑，依犯罪之性質認為有褫奪公權之必要者，宣告1年以上10年以下褫奪公權。（刑§37Ⅱ）褫奪公權，於裁判時併宣告之。（刑§37Ⅲ）褫奪公權之宣告，自裁判確定時發生效力。（刑§37Ⅳ）依第2項宣告褫奪公權者，其期間自主刑執行完畢或赦免之日起算。但同時宣告緩刑者，其期間自裁判確定時起算之。（刑§37Ⅴ）

四 法定刑、宣告刑及執行刑

所謂法定刑，是指法律上抽象規定之刑罰，目前我國以相對法定刑為原則，也就是給予一定科刑之範圍，讓審判者得在此範圍內，斟酌考量其宣告刑。但是，在例外的情況下，亦有採取絕對法定刑之法制。我國目前最嚴厲之法定刑，當處死刑、無期徒刑，例如毒品危害防制條例第4條第1項前段規定：「製造、運輸、販賣第一級毒品者，處死刑或無期徒刑。」

所謂宣告刑，是指審判者於法定刑之範圍內，參酌被告之犯罪態樣與考量相關因素，所對外宣示之刑罰結果。例如前開毒品危害防制條例之規定，對於運輸毒品之某甲，法官認為某甲只是為了貪圖10萬元之運輸代價，尚不至於科處死刑，遂宣告處以無期徒刑，此即宣告刑。

所謂執行刑，是指判決確定後，受刑人最後執行之刑罰。

實務案例　宣告刑與執行刑

某甲犯了4個竊盜罪，分別被宣告10月、1年6月、1年2月、1年2月有期徒刑及沒收，執行刑為2年6月。（臺灣屏東地方法院112年度易字第719號刑事判決）

參照刑法第51條之規定，數罪併罰，分別宣告其罪之刑，宣告多數有期徒刑者，於各刑中之最長期以上，各刑合併之刑期以下，定其刑期。但不得逾30年。

五 刑期之計算

刑期自裁判確定之日起算。（刑§37-1 Ⅰ）裁判雖經確定，其尚未受拘禁之日數，不算入刑期內。（刑§37-1 Ⅱ）

裁判確定前羈押之日數，以1日抵有期徒刑或拘役1日，或第42條第6項裁判所定之罰金額數。（刑§37-2 Ⅰ）

羈押之日數，無前項刑罰可抵，如經宣告拘束人身自由之保安處分者，得以1日抵保安處分1日。（刑§37-2 Ⅱ）

下列何者不屬於刑法之制裁？　(A)罰金　(B)勒令歇業　(C)沒收 (D)拘役　　　　　　　　　　　　【97四等基層警特考 - 法學緒論】	(B)

解析：(B)勒令歇業屬於行政處罰之一種。

下列何者不是刑事制裁？　(A)罰鍰　(B)有期徒刑　(C)拘役　(D)沒收　　　　　　　　　　　　　【97四等警察特考 - 法學知識與英文】	(A)

刑罰是國家對犯罪人實施制裁的制度。下列何者屬於剝奪財產權之處罰？　(A)有期徒刑　(B)罰金　(C)拘役　(D)死刑　　　　　　　　　　　　　　　　　【97普考 - 法學知識與英文】	(B)

下列何者不屬於刑罰？　(A)死刑　(B)無期徒刑　(C)罰金　(D)罰鍰　　　　　　　　　　　　　　　【96初等一般行政 - 法學大意】	(D)

下列何種刑罰為我國刑法所無？　(A)生命刑　(B)身體刑　(C)自由刑 (D)財產刑　　　　　　　　【99三等第一次司法人員 - 法學知識與英文】	(B)

下列有關主刑與從刑之敘述何者正確？　(A)從刑之種類只包括褫奪公權和沒收　(B)主刑之種類有四種，包括死刑、無期徒刑、有期徒刑和罰金　(C)被宣告死刑者，無須宣告褫奪公權　(D)褫奪公權必須於裁判時併宣告之　　　　　　　　　　　【99三等關務 - 法學知識】	(D)

解析：【刑法第37條規定】

I 宣告死刑或無期徒刑者，宣告褫奪公權終身。

II 宣告1年以上有期徒刑，依犯罪之性質認為有褫奪公權之必要者，宣告 1年以上10年以下褫奪公權。

III 褫奪公權，於裁判時併宣告之。

IV 褫奪公權之宣告，自裁判確定時發生效力。

V 依第2項宣告褫奪公權者，其期間自主刑執行完畢或赦免之日起算。但同時宣告緩刑者，其期間自裁判確定時起算之。

高手過招　刑罰之種類

以下何者為「刑罰」？　(A)沒入　(B)抵償　(C)警告性處分　(D)罰鍰 【100地方特考四等 - 法學知識與英文】	(B)
下列何者屬於刑法上的主刑？　(A)拘留　(B)拘役　(C)罰鍰　(D)褫奪公權　【102五等地方特考一般民政 - 法學大意】	(B)

高手過招　從刑

法院為褫奪公權之宣告，自何時發生效力？　(A)被告刑滿或因假釋出獄時　(B)檢察官下令執行時　(C)裁判確定時　(D)非常上訴遭駁回時　【100五等司法特考 - 法學大意】	(C)
有關褫奪公權的敘述，以下何者錯誤？　(A)在褫奪公權期間，受刑人被剝奪擔任公務員之資格　(B)在褫奪公權期間，受刑人被剝奪為公職候選人之資格　(C)在褫奪公權期間，受刑人被剝奪選舉罷免之資格　(D)宣告死刑或無期徒刑者，宣告褫奪公權終身　【98國安局五等 - 法學大意】	(C)
下列何者不是褫奪公權的內容？　(A)為公務員之資格　(B)為公職候選人之資格　(C)為律師之資格　(D)為立法委員候選人之資格　【99初等一般行政 - 法學大意】	(C)
關於刑法褫奪公權之規定，下列敘述，何者錯誤？　(A)宣告無期徒刑者，宣告褫奪公權終身　(B)褫奪公權者，不得為公務員，但可參選民意代表　(C)褫奪公權，應於裁判時併為宣告　(D)褫奪公權之性質為從刑　【101高考 - 法學知識與英文】	(B)
依現行刑法之規定，下列何者屬褫奪公權之內涵？　(A)褫奪選舉權　(B)褫奪被選舉權　(C)褫奪罷免權　(D)褫奪公投權　【111高考 - 法學知識與英文】	(B)

下列何者並非刑罰的主刑？ (A)有期徒刑 (B)拘役 (C)拘留 (D)罰金 【96初等】	(C)
依刑法第33條規定，下列何者非主刑之種類？ (A)有期徒刑 (B)拘役 (C)罰金 (D)褫奪公權 【99初等一般行政-法學大意】	(D)
以下關於罰金刑之敘述，何者錯誤？ (A)罰金刑是主刑 (B)罰金刑是財產刑 (C)罰金刑的缺點是刑罰發生錯誤時，不易補救 (D)罰金刑的刑罰成本最低 【99四等關務-法學知識】	(C)

考試趨勢

由於國家考試非常愛出此一章節，因此本章節一定要熟記。大多數是考主刑、從刑的內容。主刑、從刑的內容，有時候題目中會穿插行政罰領域的名詞作為選項，例如罰鍰、勒令歇業等。

以財產法益犯罪為例說明法定刑與宣告刑之區別？
【98四等基層警察特考-刑法概要及刑事訴訟法概要】

2 沒收、追徵

■ 沒收的意義

　　沒收，是指剝奪與犯罪密切關係特定物之所有權，透過國家公權力而強制收歸國庫的結果。

■ 沒收的類型

(一)違禁物、供犯罪所用、犯罪預備之物或犯罪所生之物

【刑法第38條】

Ⅰ 違禁物，不問屬於犯罪行為人與否，沒收之。

Ⅱ 供犯罪所用、犯罪預備之物或犯罪所生之物，屬於犯罪行為人者，得沒收之。但有特別規定者，依其規定。

Ⅲ 前項之物屬於犯罪行為人以外之自然人、法人或非法人團體，而無正當理由提供或取得者，得沒收之。但有特別規定者，依其規定。

Ⅳ 前二項之沒收，於全部或一部不能沒收或不宜執行沒收時，追徵其價額。

沒收的種類

違禁物

供犯罪所用、
犯罪預備或犯
罪所生之物

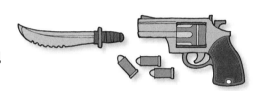

犯罪所生
之物

必科主義	違禁物（刑§38Ⅰ）、犯罪所得（刑§38-1Ⅰ）
得科主義	供犯罪所用、犯罪預備或犯罪所生之物（刑§38Ⅱ）

(二)犯罪所得

Ⅰ 犯罪所得,屬於犯罪行為人者,沒收之。但有特別規定者,依其規定。

Ⅱ 犯罪行為人以外之自然人、法人或非法人團體,因下列情形之一取得犯罪所得者,亦同:

　1.明知他人違法行為而取得。

　2.因他人違法行為而無償或以顯不相當之對價取得。

　3.犯罪行為人為他人實行違法行為,他人因而取得。

Ⅲ 前二項之沒收,於全部或一部不能沒收或不宜執行沒收時,追徵其價額。

Ⅳ 第1項及第2項之犯罪所得,包括違法行為所得、其變得之物或財產上利益及其孳息。

Ⅴ 犯罪所得已實際合法發還被害人者,不予宣告沒收或追徵。

考試趨勢

刑法修正後,沒收已非從刑,不僅係「不當得利之衡平措施」,更為杜絕犯罪誘因,不問成本、利潤而概採「總額沒收原則」;針對被告犯罪所得,本應以「原物沒收」為原則,原物不存時,始採「追徵該物價額」之方式,且該犯罪所得因而衍生之利益、孳息,亦應一併沒收、追徵。(臺灣臺北地方法院109年度審易字第2874號刑事判決)

三 追徵之範圍與價額

前條犯罪所得及追徵之範圍與價額,認定顯有困難時,得以估算認定之。(刑§38-2Ⅰ)

第38條之追徵，亦同。（刑§38-2Ⅱ）

宣告前二條之沒收或追徵，有過苛之虞、欠缺刑法上之重要性、犯罪所得價值低微，或為維持受宣告人生活條件之必要者，得不宣告或酌減之。（刑§38-2Ⅲ）

四 沒收之效力

第38條之物及第38-1條之犯罪所得之所有權或其他權利，於沒收裁判確定時移轉為國家所有。（刑§38-3Ⅰ）

前項情形，第三人對沒收標的之權利或因犯罪而得行使之債權均不受影響。（刑§38-3Ⅱ）

第1項之沒收裁判，於確定前，具有禁止處分之效力。（刑§38-3Ⅲ）

五 沒收之宣告執行

沒收，除有特別規定者外，於裁判時併宣告之。（刑§40Ⅰ）

違禁物或專科沒收之物得單獨宣告沒收。（刑§40Ⅱ）

第38條第2項、第3項之物、第38-1條第1項、第2項之犯罪所得，因事實上或法律上原因未能追訴犯罪行為人之犯罪或判決有罪者，得單獨宣告沒收。（刑§40Ⅲ）

宣告多數沒收者，併執行之。（刑§40-2Ⅰ）

沒收，除違禁物及有特別規定者外，逾第80條規定之時效期間，不得為之。（刑§40-2Ⅱ）

沒收標的在中華民國領域外，而逾前項之時效完成後5年者，亦同。（刑§40-2Ⅲ）

沒收之宣告，自裁判確定之日起，逾10年未開始或繼續執行者，不得執行。（刑§40-2Ⅳ）

六 刑法其他有關沒收之規定

項目	條　號	內　　容
1	刑§200	偽造、變造之通用貨幣、紙幣、銀行券，減損分量之通用貨幣及前條之器械原料，不問屬於犯人與否，沒收之。
2	刑§205	偽造、變造之有價證券、郵票、印花稅票、信用卡、金融卡、儲值卡或其他相類作為提款、簽帳、轉帳或支付工具之電磁紀錄物及前條之器械原料及電磁紀錄，不問屬於犯人與否，沒收之。
3	刑§209	違背定程之度量衡，不問屬於犯人與否，沒收之。
4	刑§219	偽造之印章、印文或署押，不問屬於犯人與否，沒收之。
5	刑§235Ⅲ	前二項之文字、圖畫、聲音或影像之附著物及物品，不問屬於犯人與否，沒收之。
6	刑§265	犯本章各項之罪者，其鴉片、嗎啡、高根、海洛因或其化合質料，或種子或專供吸食鴉片之器具，不問屬於犯人與否，沒收之。
7	刑§266Ⅱ	當場賭博之器具與在賭檯或兌換籌碼處之財物，不問屬於犯人與否，沒收之。
8	刑§315-3	前二條竊錄內容之附著物及物品，不問屬於犯人與否，沒收之。

高手過招

下列何物不得沒收？　　(A)違禁物　　(B)違建物　　(C)因犯罪所得之物
(D)供犯罪預備之物　　　　　　　　　　【96公務初等人事-法學大意】　(B)

某公益文教機構館長甲於民國（下同）104 年 6 月 19 日代表我國接受外國贈送名家畫作一幅，價值新臺幣（下同）300 萬元，惟甲並未依規定交該單位之專責人員予以典藏，而於 2 天後私自將該畫帶回家，於同年 6 月 28 日以 250 萬元賣給不知情人士 A，隨後將其中 50 萬元送給其不知情的情婦 B，另 200 萬元存於銀行（1 年獲取利息 3 萬元）；甲於 105 年 7 月 1 日又代表我國接受外國贈送名家畫作一幅，價值 400 萬元，其再度如法炮製，於同年 7 月 4 日以 300 萬元賣給不知情人士 C，隨後以該款項購買名車一部，送給其不知情的兒子 D。甲之上開犯行於 105 年 7 月 6 日經人舉發（以上金流證明均已明確）。問：前揭各金錢財物應如何適用刑法規定予以沒收？

【105 高考-民法總則與刑法總則】

擬答：

一、沒收規定

(一)按對於犯罪所得之沒收，旨在避免犯罪行為人因犯罪而保有不當之利得，係深受衡平思想之影響，亦非可以單純之刑罰目之。

(二)沒收，適用裁判時之法律，刑法第 2 條第 2 項有明文規定。沒收規定係於 105 年 7 月 1 日正式施行，本題相關犯行係於 105 年 7 月 6 日始經人舉發，裁判之時係在正式施行之後，故應適用新法，核先敘明。

二、館長公益侵占罪之犯罪所得範圍

(一)依據刑法第 38-1 條第 4 項之規定，第 1 項及第 2 項之犯罪所得，包括違法行為所得、其變得之物或財產上利益及其孳息。

(二)館長甲先後代表我國，接受外國贈送名家畫作共兩幅，分別成立刑法第 336 條第 1 項之公益侵占罪，該二幅畫作均屬犯罪所得，其變賣後之價金、變得之物、孳息，均屬犯罪所得。

三、沒收規定之適用

(一)畫作部分

1. 犯罪行為人以外之自然人，明知他人違法行為而取得，或因他人違法行為而無償或以顯不相當之對價取得，或犯罪行為人為他人實行違法行為，他人因而取得而取得犯罪所得者，沒收之，刑法第 38-1 條第 2 項有明文規定。

（接下頁）

高手過招

2. 本案中，價值300萬元、400萬元之畫作，分別由不知情人士Ａ、Ｃ以250萬元、300萬元購得，非屬明知，亦難謂以<u>顯不相當之對價</u>取得，故不得對其沒收。

㈡畫作變賣後之對價

1. 第一幅畫

(1)賣得250萬元之價金，其中50萬元送給其不知情的情婦Ｂ，該當因他人違法行為而無償取得，沒收之。（刑§38-1 II）

(2)另200萬元存於銀行(1年獲取利息3萬元)，均屬犯罪所得，沒收之。

2. 第二幅畫

賣得300萬元之價金購買名車乙部，屬「變得之物」，送給其不知情的兒子Ｄ，亦該當因他人違法行為而無償取得，沒收之。（刑§38-1 II）

3. 不足之差額

(1)犯罪所得之沒收，於全部或一部不能沒收或不宜執行沒收時，追徵其價額。（刑§38-1 III）

(2)本案中，價值300萬元、400萬元之畫作，分別由不知情人士Ａ、Ｃ以250萬元、300萬元購得，仍有50萬元及100萬元之價差，應追徵其價額。

四、結論

㈠Ａ、Ｃ購得之畫作不予沒收。

㈡Ｂ情婦無償取得之50萬元、館長存於銀行的200萬元及每年利息3萬元、館長兒子Ｄ取得之名車乙部，沒收之，差額追徵之。

㈢犯罪所得已實際合法發還被害人者，不予宣告沒收或追徵。（刑§38-1 V）

3 易科罰金、易服勞役及易以訓誡

一 易科罰金

　　犯最重本刑為5年以下有期徒刑以下之刑之罪，而受6月以下有期徒刑或拘役之宣告者，得以新臺幣1,000元、2,000元或3,000元折算1日，易科罰金。但易科罰金，難收矯正之效或難以維持法秩序者，不在此限。（刑§41Ⅰ）

　　實務上，常發生有許多人因為繳不出錢來，只好入獄服刑之案例，與當初訂立易科罰金之意旨並不相符。因此，增設社會勞動之規定，其類型如下：

類型	要件	效果	不履行情節重大或履行期間屆滿仍未履行
1	刑法第41條第1項規定，得易科罰金而未聲請易科罰金者。（刑§41Ⅱ）	得以提供社會勞動6小時折算1日，易服社會勞動。	應執行原宣告刑或易科罰金。（刑§41Ⅵ）
2	不符刑法第41條第1項之規定者，受6個月以下有期徒刑或拘役之宣告。（刑§41Ⅲ）	得以提供社會勞動6小時折算1日，易服社會勞動。	應執行原宣告刑。（刑§41Ⅵ）

　　類型2的情況，即使所犯是5年以下有期徒刑以外之重罪，只要受6個月以下有期徒刑或拘役之宣告，都可以易服社會勞動。

　　上述社會勞動之履行期間，不得逾1年。（刑§41Ⅴ）其次，因身心健康之關係，執行顯有困難者，或確因不執行所宣告之刑，難收矯正之效或難以維持法秩序者，則不得易服社會勞動。（刑§41Ⅳ）

易刑處分

徒刑或拘役之易科罰金

- 犯最重本刑為5年以下有期徒刑以下之刑之罪。
- 受6月以下有期徒刑或拘役之宣告者。
- 得以新臺幣1,000元、2,000元或3,000元折算1日,易科罰金。
- 因不執行所宣告之刑,難收矯正之效,或難以維持法秩序,不得易科罰金。 (刑§41)

罰金之易服勞役

- 未能於裁判確定後2個月內完納,期滿仍無力完納者,易服勞役。
- 分期繳納。遲延一期不繳或未繳足者,其餘未完納之罰金,強制執行或易服勞役。
- 應強制執行者,如已查明確無財產可供執行時,得逕予易服勞役。 (刑§42)

拘役之易以訓誡

- 受拘役或罰金之宣告。
- 犯罪動機在公益或道義上顯可宥恕。 (刑§43)

思考題

搶奪罪,法定刑為得處3年以上10年以下有期徒刑(刑§325 II),是否也可以易服社會勞動呢?如果自首,又未遂,又因飢寒交迫,犯罪之情狀顯可憫恕,而有刑法第59條酌量減輕的情況,致使受6月以下有期徒刑或拘役,是否可以易服社會勞動呢?

二 新修正第41條對於「數罪併罰」之規範

原本各罪均得易科罰金或易服社會勞動服務，但是數罪併罰後，可能應執行之刑逾6個月，刑法第41條第8項原規定：「第1項至第3項規定於數罪併罰，其應執行之刑未逾6個月者，亦適用之」亦即超過6個月就不適用之。此規定遭釋字第662號解釋宣告違憲，並增修刑法第41條第8-10項規定如下：

第8項	第1項至第4項及第7項之規定，於數罪併罰之數罪均得易科罰金或易服社會勞動，其應執行之刑逾6月者，亦適用之。
第9項	數罪併罰應執行之刑易服社會勞動者，其履行期間不得逾3年。但其應執行之刑未逾6月者，履行期間不得逾1年。
第10項	數罪併罰應執行之刑易服社會勞動有第6項之情形者，應執行所定之執行刑，於數罪均得易科罰金者，另得易科罰金。

三 易服勞役

(一)罰金易服勞役

罰金應於裁判確定後2個月內完納，期滿而不完納者，強制執行；其無力完納者，易服勞役。但依其經濟或信用狀況，不能於2個月內完納者，得許期滿後1年內分期繳納。遲延一期不繳或未繳足者，其餘未完納之罰金，強制執行或易服勞役。（刑§42 I）依前項規定應強制執行者，如已查明確無財產可供執行時，得逕予易服勞役。（刑§42 II）易服勞役以新臺幣1,000元、2,000元或3,000元折算1日。但勞役期限不得逾1年。（刑§42 III）

罰金受刑人中，無力一次完納或一時無力完納者，在實務上，時有所見。我國關於罰金執行，准許分期繳納，試行有年，

顆有績效。對於無力完納者,則易服勞役。罰金逾裁判確定2個月不完納者,應經強制執行程序,如已查明確無財產可供執行時,逕予易服勞役,以避免徒增不必要之勞費並耗費時日。

第33條第5款修正後,罰金刑已為新臺幣1,000元以上,罰金易服勞役之標準,應與之相配合。故易服勞役修正為以1,000元、2,000元或3,000元折算1日,由審判者依具體案情斟酌決定之。

(二)罰金易服勞役之易服社會勞動

罰金易服勞役,得以提供社會勞動6小時折算1日,易服社會勞動,社會勞動之履行期間不得逾2年,無正當理由不履行社會勞動,情節重大,或履行期間屆滿仍未履行完畢者,執行勞役。(刑§42-1Ⅰ、Ⅱ、Ⅲ)

(三)罰金易服勞役之不得易服社會勞動情況

罰金易服勞役,若有下列情形之一者,不得易服社會勞動:

(1)易服勞役期間逾1年。

(2)入監執行逾6月有期徒刑併科或併執行之罰金。

(3)因身心健康之關係,執行社會勞動顯有困難。(刑§42-1Ⅰ)

四 易以訓誡

受拘役或罰金之宣告,而犯罪動機在公益或道義上顯可宥恕者,得易以訓誡。(刑§43)

高手過招　易科罰金

我國刑法規定，對於無力完納罰金之人犯，應：　(A)加重其刑 (B)強制執行　(C)易服勞役　(D)強制工作　【97基層特警 - 法學緒論】	(C)
刑法關於易科罰金之敘述，下列何者正確？　(A)犯最重本刑為3年以下有期徒刑以下之刑之罪，而受6個月以下有期徒刑之宣告者 (B)犯最重本刑為5年以下有期徒刑以下之刑之罪，而受6個月以下有期徒刑之宣告者　(C)得易科罰金而未聲請者，均不得易服社會勞動　(D)易科罰金之規定於數罪併罰之情形，一律不得適用 【100五等司法特考 - 法學大意】	(B)

高手過招　易服社會勞動服務

刑法第41條關於易服社會勞動之規定，下列敘述，何者錯誤？ (A)依規定得易科罰金，而未聲請易科罰金者，得易服社會勞動 (B)服社會勞動每8小時折抵1日　(C)易服社會勞動之履行期間，不得逾1年　(D)因身心健康而執行顯有困難者，不得易服社會勞動 【102司特五等 - 法學大意】	(B)

高手過招　易以訓誡

關於易以訓誡之敘述，下列何者錯誤？　(A)以受罰金之宣告為限 (B)須犯罪動機在公益或道義上顯可宥恕　(C)易以訓誡執行完畢者，其所受宣告之刑，以已執行論　(D)此類易刑處分亦可防止短期自由刑之流弊　【106四等警察 - 法學知識】	(A)

高手過招 易服勞役

關於罰金易服勞役的敘述，下列何者錯誤？ (A)罰金應於裁判確定後 2 個月內完納。期滿而不完納者，強制執行。其無力完納者，易服勞役 (B)易服勞役以新臺幣 1,000 元、2,000 元或 3,000 元折算 1 日。但勞役期限不得逾 1 年 (C)易服勞役期間逾 1 年後，仍得以提供社會勞動 6 小時折算 1 日的方式，易服社會勞動 (D)易服勞役不滿 1 日之零數，不算 【106三等警察 - 法學知識與英文】

(C)

4 刑罰之目的

■ 刑罰目的之概念

刑法，是透過各種刑罰的手段，來達到遏止犯罪，進而保障一般民眾生命財產安全之目的，例如大統公司的高振利，因為涉及黑心油案，而遭法院判決有罪鋃鐺入獄，對於社會的正面意義，就是遏止油商為賺取暴利而黑心製油之行為。

除了壓制及預防犯罪之外，刑法還有幾種目的，諸如保護法益，讓刑法作為破壞法益行為之制裁手段；其次，透過特殊刑罰機制的設計，例如保安處分，可以達到犯罪者矯正之目的；最後，能讓行為人在監獄裡進行反省贖罪的目的，進而達到保護人權之目的。

■ 刑罰之理論

㈠ 絕對理論

又稱之為報應理論、正義理論。刑法乃對於犯罪行為之報應，以達到實現公平正義的理念，犯罪行為也得以贖罪。

㈡ 相對理論

又稱之為預防理論、目的理論。是從預防思想為出發點的刑罰理論，不再單純以報應為出發點。

㈢ 綜合理論

調和絕對理論與相對理論之主張，所建構出來的刑罰理論。除了強調犯罪報應外，還有威嚇及教育大眾而產生嚇阻犯罪之一般預防功能，進而藉由執行刑法，讓受刑人進行矯治與再社會化的工作。

刑罰之目的

保護法益

矯正

反省贖罪

保護人權

壓制與
預防犯罪

　　刑罰之目的有許多種，其中一種在於保護人權。所謂保護人權，並非如刑事訴訟法保障加害人的訴訟程序利益，而應該在於被害人的保護。

　　過度強調人權，而無法在加害者與被害者之間取得平衡，將導致無法有效地達到讓加害人反省贖罪之目的。在倡議人權之際，仍應考量被害人的心理感受，一味地減刑、放寬假釋條件，都不是一個完整性的刑法體制。

5 刑之酌科與加減

一 刑之酌科與加減之基本概念

　　刑罰為國家無上之權力，古代刑罰不由法定，審判長得以自由科刑，現代社會並不採此種制度，改採罪刑法定主義。但是，對於法定之刑，依法判斷仍有過輕過重的問題，例如長期被老公虐待而殺夫，與謀財害命的情況，雖然都是殺人罪，但是科刑程度上應該有所區別。因此，必須審酌一切情狀，再決定行為的不法內涵與罪責程度，如右表的量刑標準。這些足資法官裁量的事由，稱之為「刑罰裁量事實」。（刑§57）

二 刑之酌科

(一)罰金之酌量

　　如前及右頁圖表所述，我國刑法對於量刑之斟酌，必須審酌一切情況（刑§57）。如果刑罰的種類是罰金時，除了審酌一切情況之外，還要考量「資力」及「利益」兩項要素。依據刑法第58條規定：「科罰金時，除依前條規定外，並應審酌犯罪行為人之資力及犯罪所得之利益。如所得之利益超過罰金最多額時，得於所得利益之範圍內酌量加重。」此種情況最常見於經濟犯罪，數十億或上百億的犯罪所得，遠遠超過刑罰相關罰金規定的上限。

(二)犯罪情狀顯可憫恕

犯罪之情狀顯可憫恕，認科以最低度刑仍嫌過重者，得酌量減輕其刑。（刑§59）如果除了「顯可憫恕」的要件，還有「情節輕微」之情狀，且依據刑法第59條之規定減輕其刑仍嫌過重，依據刑法第61條規定，得免除其刑。

(三)量刑標準

科刑時應以行為人之責任為基礎，並審酌一切情狀，尤應注意下列事項，為科刑輕重之標準，茲以遭鄰居辱罵而毆打鄰居為例：（刑§57）

科刑審酌情況	實際案例
犯罪之動機、目的	基於被害人挑釁才動粗
犯罪時所受之刺激	被害人三番兩次挑釁，忍無可忍
犯罪之手段	只有打一拳，並沒有使用武器
犯罪行為人之生活狀況	平時安分守己
犯罪行為人之品行	家世清白，無不良前科紀錄
犯罪行為人之智識程度	輕度智能障礙，認知能力不足
犯罪行為人與被害人之關係	鄰居關係，長年飽受鄰居冷嘲熱諷
犯罪行為人違反義務之程度	被害人挑釁，自招災難
犯罪所生之危險或損害	被害人表皮挫傷，並無大礙
犯罪後之態度	肇事後向被害人道歉並賠償醫藥費

㈣自首

對於未發覺之罪自首而受裁判者，得減輕其刑。但有特別規定者，依其規定。（刑§62）

刑法第62條所謂發覺，固非以有偵查犯罪權之機關或人員確知其人犯罪無誤為必要，而於對其發生嫌疑時，即得謂為已發覺；但此項對犯人之嫌疑，仍須有確切之根據得為合理之可疑者，始足當之，若單純主觀上之懷疑，要不得謂已發生嫌疑。（72台上641判決）

㈤不得處死刑或無期徒刑

未滿18歲人或滿80歲人犯罪者，不得處死刑或無期徒刑，本刑為死刑或無期徒刑者，減輕其刑。（刑§63）

【立法例：中華人民共和國刑法】

中華人民共和國刑法（以下簡稱大陸刑法）第61條規定：「對於犯罪分子決定刑罰的時候，應當根據犯罪的事實、犯罪的性質、情節和對於社會的危害程度，依照本法的有關規定判處。」（翻譯：對於犯罪分子決定刑罰的時候，應當根據犯罪的事實、犯罪的性質、情節和對於社會的危害程度，依照本法的有關規定判處。）

此一規定類似於我國刑法之第57條規定，但並未如我國刑法第57條規定臚列10款的例示規定。但是，大陸刑法在具體犯罪類型的規定中，亦有具體明文列出科刑審酌的標準。例如大陸刑法第264條竊盜罪的規定，就將受害金額分成「數額較大」、「數額巨大」，以及「數額特別巨大」三種等級，而分別論處不同程度的刑罰。此一規定，如同將我國刑法第57條第9款「犯罪所生之危險或損害」加以具體化。

得免除其刑之案件（刑§61）

要件一	情節輕微，顯可憫恕
要件二	依第59條規定減輕其刑仍嫌過重
要件三：犯右列各罪之一	①最重本刑為3年以下有期徒刑、拘役或專科罰金之罪。但刑法第132條第1項、第143條、第145條、第186條及對於直系血親尊親屬犯第271條第3項之罪，不在此限。 ②第320條、第321條之竊盜罪。 ③第335條、第336條第2項之侵占罪。 ④第339條、第341條之詐欺罪。 ⑤第342條之背信罪。 ⑥第346條之恐嚇罪。 ⑦第349條第2項之贓物罪。

註：第7款應修正為第349條第1項之贓物罪。

高手過招

某甲於80年10月1日在公共場所賭博財物，贏得新臺幣300萬元，經警查獲，並扣取賭具麻將牌乙付。請問：假設法院審理結果，認就某甲贏得之金額與賭博罪之刑度相較，刑度顯然太輕，可否加重其刑，判以超過罰金刑度之罰金？ 【81司法官】

提示：法官得以加重其刑，判以超過罰金刑度之罰金

理由：刑法第58條規定：「科罰金時，除依前條規定外，並應審酌犯罪行為人之資力及犯罪所得之利益。如所得之利益超過罰金最多額時，得於所得利益之範圍內酌量加重。」某甲之犯罪所得為300萬元，遠遠超過刑法第266條第1項之1,000元以下罰金，法院遂得以在300萬元之犯罪所得利益範圍內酌量加重。

目 刑之加減

1	死刑：死刑不得加重。(刑§64Ⅰ)死刑減輕者，為無期徒刑。(刑§64Ⅱ)
2	無期徒刑：無期徒刑不得加重。(刑§65Ⅰ)無期徒刑減輕者，為20年以下15年以上有期徒刑。(刑§65Ⅱ)
3	有期徒刑：有期徒刑減輕者，減輕其刑至二分之一。但同時有免除其刑之規定者，其減輕得減至三分之二。(刑§66)有期徒刑加減者，其最高度及最低度同加減之。(刑§67)
4	拘役：拘役減輕者，減輕其刑至二分之一。但同時有免除其刑之規定者，其減輕得減至三分之二。(刑§66)拘役加減者，僅加減其最高度。(刑§68)
5	罰金：罰金減輕者，減輕其刑至二分之一。但同時有免除其刑之規定者，其減輕得減至三分之二。(刑§66)罰金加減者，其最高度及最低度同加減之。(刑§67)
6	複數刑加減之處理：有二種以上之主刑者，加減時併加減之。(刑§69)有二種以上刑之加重或減輕者，遞加或遞減之。(刑§70)
7	加重與減輕之先後：刑有加重及減輕者，先加後減。(刑§71Ⅰ)
8	多重減輕之處理：有二種以上之減輕者，先依較少之數減輕之。(刑§71Ⅱ)
9	其他規定：因刑之加重、減輕，而有不滿1日之時間或不滿1元之額數者，不算。(刑§72)酌量減輕其刑者，準用減輕其刑之規定。(刑§73)

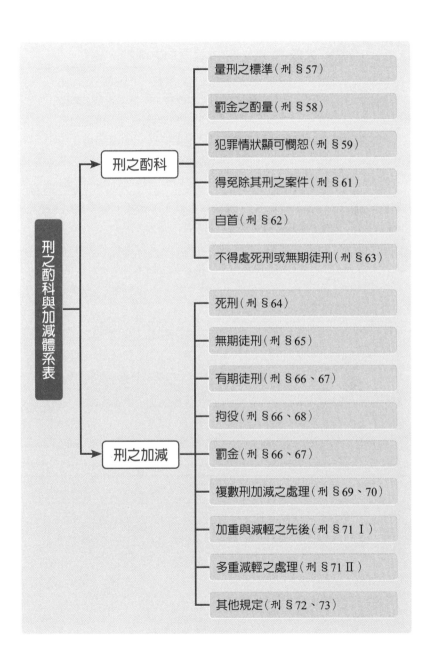

依據現行刑法之規定，對於老幼之處刑有所限制。下列關於老幼處刑之敘述，何者正確？　(A)18歲以下人犯罪者，不得處死刑或無期徒刑　(B)滿80歲人犯罪者，不得處死刑或無期徒刑　(C)18歲以下人犯殺害直系尊親屬罪者，得處死刑或無期徒刑　(D)滿80歲人犯罪者，本刑為死刑或無期徒刑者，得減輕其刑

【96五等公務-法學大意】

(B)

解析：依據刑法第63條規定：「未滿18歲人或滿80歲人犯罪者，不得處死刑或無期徒刑，本刑為死刑或無期徒刑者，減輕其刑。」

所以選項(A)「18歲以下犯罪者，不得處死刑或無期徒刑」是錯的，應該是「未滿18歲」。所謂未滿18歲，不包括18歲；18歲以下，則包括18歲。

至於選項(D)「滿80歲人犯罪者，本刑為死刑或無期徒刑者，得減輕其刑」也是錯的，選項多了一個「得」字。

17歲少年殺害自己的父親，得適用何種刑罰？　(A)得科處死刑　(B)得科處無期徒刑　(C)死刑或無期徒刑選科　(D)得宣告15年有期徒刑

【98五等地方特考-法學大意】

(D)

解析：未滿18歲人犯罪者，依據刑法第63條規定，不得處死刑或無期徒刑，本刑為死刑或無期徒刑者，減輕其刑。

無期徒刑之減輕，依據刑法第65條第2項規定，為20年以下15年以上有期徒刑。

高手過招　未滿18歲或滿80歲處刑之限制

以下何種犯罪人,不得處死刑或無期徒刑,本刑為死刑或無期徒刑者,減輕其刑? (A)10歲之犯罪人 (B)17歲之犯罪人 (C)20歲之犯罪人 (D)65歲之犯罪人　　　　　　　【101初等一般行政-法學大意】	(B)
依據我國刑法之規定,以下何者屬於限制責任能力而得減輕其刑之情形? (A)12歲之小學生甲,竊取同班同學的文具 (B)17歲之高中生乙,打傷他校學生 (C)28歲之研究生丙,在網路上散播不實訊息,並侮辱其指導教授 (D)60歲之教授丁,為圖官職,在年節禮盒內夾藏現款,賄賂具有人事權之政府首長　　　　　　　【100地方特考五等-法學大意】	(B)

高手過招　自首

犯罪人對於未發覺之罪自首而受裁判者,除有特別規定外,其法律效果如何? (A)得減輕其刑 (B)應減輕其刑 (C)得免除其刑 (D)應免除其刑　　　　　　　【102司特四等-法學知識與英文】	(A)
依刑法「自首」的規定,下列敘述何者正確? (A)即使犯行已遭刑事追訴機關查明,若行為人仍主動申告其犯行,亦屬自首 (B)若行為人係委請他人向刑事追訴機關申告犯行,則不符自首之規定 (C)行為人向刑事追訴機關申告犯行後,仍須主動接受裁判,始能適用自首之規定 (D)若行為人之犯行符合自首之規定時,其法律效果為「必減輕刑罰」　　　　　　　【101初等一般行政-法學大意】	(C)

6 死刑的存廢

一 死刑存廢之基本概念

世界各國中，有部分的國家已經廢除死刑，惟我國目前暫時依舊採取死刑的制度。只是法務部長有最後下達執行死刑命令之權力，隨著主政者心態之轉變，已經有一段時間不願簽核執行死刑之命令，造成實質上廢除死刑之結果。惟拒絕執行死刑，也引發民怨反彈，前法務部長王清峰也因此黯然下台。

二 永不停歇的死刑爭議

死刑存廢的爭議一直存在，隨著人權浪潮襲捲近代的歷史，死刑的議論隨之而來。有論者認為，死刑本身是殘虐的刑罰；死刑無異是國家殺人，所以應該廢除死刑等論據；亦有見解認為，死刑具備有效壓抑犯罪的效果，以及填補受害者的治療功能等見解，而主張不應該廢除死刑。

三 死刑的執行方法

從古至今，執行死刑的方法千奇百怪，我國古代較為常見者如絞刑、砍頭、凌遲、梟首、戮屍、腰斬等，大清律例明定之死刑，則有斬監候、斬立決、絞監候、絞立決四種。我國監獄行刑法第145條第1項規定：「死刑在監獄特定場所執行之。」另依據執行死刑規則第 6 條第1項：「執行死刑，用槍決、藥劑注射或其他符合人道之適當方式為之。」

　　為了避免死刑執行過程過於痛苦，可以注射麻醉劑。行刑應嚴守秘密，非經檢察官或典獄長許可，不得入行刑場內。所以，不會再發生古代公開執行死刑之情形，目前我國死刑之執行，通常只聞槍響，其他過程只能單憑臆測了。

死刑存在與廢止主張之比較表

主張 原因	存在論	廢止論
威嚇力	死刑有威嚇力	死刑無威嚇力
誤判	誤判之危險性，是裁判制度上應否檢討及改進之問題，與死刑之存廢，無直接關聯性	誤判時無回復可能性
人道	任何刑罰均違反人道，若代之以無期徒刑之刑罰，關到死未必符合人道。	死刑為殘酷野蠻之刑罰
符合國民法感情	基於報應感情與正義感之主張，對於窮兇惡極之徒處以死刑，符合國民法感情。	國民法感情內容頗不明確，且隨著時代演變，該如何確認被害人與社會一般人感情之消長，恐怕仍有問題。
防衛社會	廢止死刑，窮兇極惡之徒將有機會返回社會，無法確保社會安全。	可代之以絕對無期徒刑（大赦、特赦應謹慎為之），亦可達到防衛社會之目的。

7 競合論

　　一行為，在法律上不應有多次評價。但是一行為卻可能成立多種犯罪行為，所以該如何解決這個問題，就是競合論要處理的部分。透過競合論，讓一行為得以只做一次的評價，而不會做出多次評價。此外，數罪併罰、不罰之前（後）行為也是一樣的道理，對於符合特定要件的情況，該如何對當事人進行一次性的刑事處罰，也是競合論要討論的重點。

一 想像競合

　　一行為侵害數法益，成立數罪名，稱之為想像競合，從一重處斷。（刑§55）像是在菜市場丟一枚炸彈，導致多人死傷。如果只是單一法益，則非想像競合。例如甲君作偽證，要陷害乙君、丙君放火，因為侵害的法益是國家法益，法益單一，所以只構成一個偽證罪。（最高法院31年上字第1807號判決）

【刑法第55條】

　　一行爲而觸犯數罪名者，從一重處斷。但不得科以較輕罪名所定最輕本刑以下之刑。

二 法條競合

　　一行為形式上該當數個刑罰法規，侵害同一法益，其中該當一構成要件即足以評價，故只適用其中某一法規，而排斥其他之適用。例如殺害直系血親尊親屬罪及殺人罪，又如偽造私文書罪及偽造印文罪。

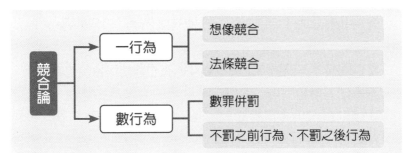

連續犯之廢除

　　目前廢除連續犯之規定，未來犯多少罪，就要被定多少次的罪名。曾有某竊賊偷遍大臺北地區，每一次竊盜行為論一罪，總共被判處超過100年，但是因為有期徒刑併合處罰之上限，所以最多只能30年。

想像競合

殺人、重傷

法條競合

殺人、傷害

實質競合（數罪併罰）

入侵電腦、侮辱他人

不罰之前行為、不罰之後行為

吸食毒品、竊盜暨贓物

學說上有分成「特別關係」、「補充關係」、「吸收關係」，以及「擇一關係」四者，分別介紹如下：

㈠特別關係：不同法條之構成要件如有普通法與特別法之關係，應優先適用特別法。例如：甲罪之法條由a和b構成，乙罪之法條則由a和b和c組成，乙罪多出一個c的要件，稱之為特別關係，例如殺人罪及殺害直系血親尊親屬罪即屬之。

㈡補充關係：其一法條之構成要件，用於補充其他法條之構成要件，若不適用其他法條之構成要件時，才予以適用之，稱之為補充關係。例如：既遂與未遂之關係即屬之。

㈢吸收關係：一行為涉及數法條時，法條之間，雖無必然之包含關係，但通常情形，均同時伴隨而生，其不法內涵及責任內涵由另一個構成要件所吸收，例如行使偽造文書與偽造文書兩罪即屬之。

㈣擇一關係：兩法條間一部分互相重疊，又各自多出其他要件。例如甲法條構成要件為abc，乙法條之構成要件則為bcd。當一行為該當甲乙兩法條，而因若同時成立兩罪將會導致雙重評價時，而立法旨趣無法同時適用，只能擇一法條而適用，稱之為擇一關係。背信罪與侵占罪，只能選擇其一適用，即屬之。

實質競合（數罪併罰）

行為人之數行為，觸犯數個罪名，該數罪名均在同一訴訟程序中接受裁判，即所謂之數罪併罰。

例如：宣告三個死刑，併合處罰後，還是只需要執行一個死刑，因為不可能把受刑人槍斃後，再把他救活，表示還要執行第二、三次死刑。宣告多數有期徒刑者，於各刑中之最長期以上，各刑合併之刑期以下，定其刑期，但不得逾30年。

【刑法第50條】

裁判確定前犯數罪者，併合處罰之。

【刑法第51條】

①宣告多數死刑者，執行其一。

②宣告之最重刑為死刑者，不執行他刑。但罰金及從刑不在此限。

③宣告多數無期徒刑者，執行其一。

④宣告之最重刑為無期徒刑者，不執行他刑。但罰金及從刑不在此限。

⑤宣告多數有期徒刑者，於各刑中之最長期以上，各刑合併之刑期以下，定其刑期。但不得逾30年。

⑥宣告多數拘役者，比照前款定其刑期。但不得逾120日。

⑦宣告多數罰金者，於各刑中之最多額以上，各刑合併之金額以下，定其金額。

⑧宣告多數褫奪公權者，僅就其中最長期間執行之。

⑨依第5款至前款所定之刑，併執行之。但應執行者為3年以上有期徒刑與拘役時，不執行拘役。

四 不罰之前行為、不罰之後行為

　　所謂「不罰之前行為」係指已合併在後行為加以處罰之前行為，亦稱為「與罰之前行為」。主要係基於對行為人在後之主要行為之處罰，已足以涵蓋在前之次要行為，故使前行為不罰。

至「不罰之後行為」則係指已合併在前行為加以處罰之後行為，故亦稱為「與罰之後行為」。由於行為人在完成一犯罪後，另為具有附隨性之利用行為或確保行為，刑法上只要處罰在前之主要行為，即已足以吸收在後之附隨行為之不法內涵之意。（最高法院111年度台上字第2806號刑事判決）

　　不罰後行為，是指後行為對於前行為所侵害之法益再行侵害，未擴大前行為所造成之損害範圍，刑法理論乃將後行為合併在前行為內評價而併予處罰。

　　例如「於竊盜得逞後將竊得之物品讓售與他人，乃竊盜之當然結果，該單純處分贓物之行為不另論罪。」（最高法院96年度台非字第24號刑事判決）

　　又如被告將機車侵占入己後，又於某日更換該機車座墊，係屬犯罪後處分贓物之不罰後行為，不另論罪。（高等法院96年度上訴字第5036號刑事判決）

有見解認為不罰後行為須具備三要件：
　㈠行為主體同一性
　㈡行為客體同一性
　㈢侵害法益同一性

高手過招

大貨車司機甲打瞌睡，追撞小客車，導致一人死亡、一人重傷、一人輕傷。應如何論處甲的罪數？ (A)想像競合，只依照過失致死罪處罰 (B)接續犯，只依照過失致死罪處罰 (C)實質競合，成立過失致死、過失重傷與過失傷害三罪，合併處罰 (D)法條競合，只依照過失致死罪處罰 【96五等錄事-法學大意】	(A)
甲為求早日獲得遺產，乃持刀將其父乙殺死。在實務上，甲僅成立殺害直系尊親屬罪，不另外成立普通殺人罪。此種情形，在學說上係以法律單數之何種關係來加以解釋？ (A)特別關係 (B)補充關係 (C)吸收關係 (D)牽連關係 【98公務初等一般行政-法學大意】	(A)
甲竊取乙的數位相機，發現機型老舊，將之丟棄水溝。應如何論處甲的行為？ (A)成立竊盜罪與毀損罪兩罪併罰 (B)只成立竊盜罪 (C)只成立竊盜罪，但必須加重處罰 (D)成立竊盜罪與侵占罪，兩罪併罰 【98司法五等-法學大意】	(B)

解析：數位相機為財產法益，先成立竊盜罪，後成立毀損罪，屬於數行為重複侵害相同之單一法益，後行為並不論處，學說上稱之為不罰後行為。

甲開槍射擊駕駛自用小客車中之乙，因而導致乙死亡、車窗破碎、流彈致路人丙受傷之結果。此種情形，屬於何種犯罪之競合？ (A)想像競合 (B)牽連犯 (C)法條競合 (D)實質競合 【97鐵公路佐級公路監理-法學大意】	(A)

解析：甲開槍射擊為一行為，導致乙死亡（乙之生命權）、車窗破碎（乙之財產權），以及路人丙受傷（丙之身體權）。

高手過招

甲因故殺死其父乙。有關甲之刑事責任，下列敘述何者錯誤？ (A)甲成立殺害直系血親尊親屬罪 (B)甲之行為同時合致普通殺人罪與殺害直系血親尊親屬罪之構成要件，僅適用其中處罰比較重的後者，排斥前者即可 (C)殺害直系血親尊親屬罪之構成要件排斥普通殺人罪構成要件的現象，屬於一行為觸犯罪名之想像競合關係 (D)如果甲並不知其所殺害之人為其父乙，則甲僅成立普通殺人罪 【99四等基警行政警察 - 法學緒論】	(C)
有關數罪併罰方式的陳述，下列何者錯誤？ (A)宣告多數有期徒刑者，於各刑中之最長期以上，各刑合併之刑期以下，定其刑期。但不得逾30年 (B)宣告之最重刑為死刑者，不執行他刑。但罰金及從刑不在此限 (C)宣告多數褫奪公權者，於各褫奪公權宣告中之最長期以上，各褫奪公權宣告合併之刑期以下，定其褫奪公權之期限 (D)宣告多數沒收者，併執行之 【99四等基警行政警察 - 法學緒論】	(C)
甲在汽車中放置炸彈，引爆炸彈後造成車內之乘客 A、B 兩人死亡，甲之行為應如何論罪？ (A)甲成立兩個殺人罪，且一罪一罰 (B)甲以一行為觸犯兩個殺人罪，成立想像競合 (C)甲以概括犯意，連續二行為觸犯殺人罪，為連續犯 (D)甲利用同一個機會觸犯兩個殺人罪，為集合犯 【102四等地方特考 - 法學知識與英文】	(B)
關於數罪併罰之敘述，下列何者錯誤？ (A)於裁判確定後，發覺未經裁判之餘罪者，就餘罪處斷 (B)數罪併罰，有二裁判以上者，依刑法第 51 條之規定，定其應執行之刑 (C)一裁判宣告數罪之刑，於定其執行刑後，如再與其他裁判宣告之刑，定其執行刑時，前定之執行刑仍然有效 (D)裁判確定後另犯他罪，不在數罪併罰規定之列 【106三等警察 - 法學知識與英文】	(C)
下列何者係屬法條競合？ (A)同種想像競合關係 (B)異種想像競合關係 (C)實質競合關係 (D)特別關係 【106司特四等 - 法學知識與英文】	(D)

第三篇

犯罪成立

1 犯罪的成立要件

一 犯罪成立要件之基本概念

犯罪的成立要件，由三個屬性所構成，包括構成要件、違法性、有責性。法律人研發的過濾機制，具備構成要件該當，無阻卻違法且具有責任，則會加以論罪科刑。

二 構成要件

立法者對於不法犯罪行為，規範其前提要件，此種法律要件，稱之為構成要件，可以分成主觀與客觀之構成要件。

- 構成要件要素，是指構成要件是由許多要素所組成，例如主觀及客觀之不法構成要件，客觀不法構成要件，又可以分成行為主體、行為客體、行為、行為時之特別情況、行為結果、因果關係與客觀歸責等內容。
- 構成要件該當性，是指特定之行為滿足構成要件之要素。

三 違法性

構成要件行為經過價值判斷後，若認為與法規範具備對立衝突性者，就認為該行為具備違法性。換言之，即便是構成要件之行為，形式上雖然已經推定違法，但並不是一切的違法行為都成立犯罪。

例如執行槍決者，雖然形式上觸犯殺人罪，但其所為是依法令之行為，並未與法規範產生對立衝突性，不具備違法性。

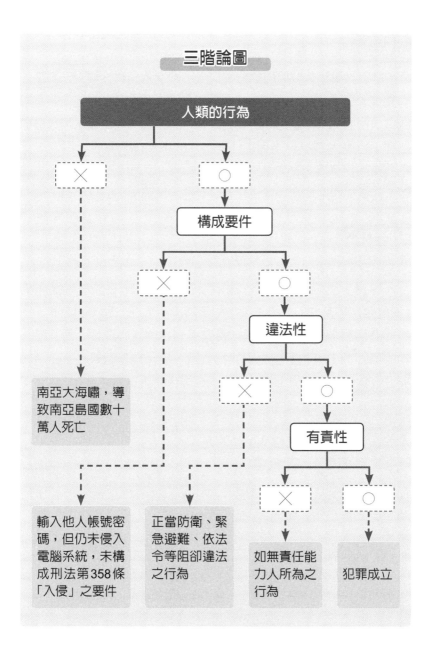

三階論圖

人類的行為

✕

○ → 構成要件

構成要件：✕ ／ ○ → 違法性

違法性：✕ ／ ○ → 有責性

有責性：✕ ／ ○

南亞大海嘯，導致南亞島國數十萬人死亡

輸入他人帳號密碼，但仍未侵入電腦系統，未構成刑法第358條「入侵」之要件

正當防衛、緊急避難、依法令等阻卻違法之行為

如無責任能力人所為之行為

犯罪成立

四 有責性

行為具備構成要件與違法性之後，則進入有責性與否之判斷。有責性，又稱之為「罪責」，是指對於行為所認定之非難或非難可能性。例如無行為能力人所為之搶奪行為，構成搶奪罪，也具備違法性，但是因為不具備有責任能力，故不具備有責性；反之，行為人若為具備責任能力人，如年滿18歲的甲君侵入他人電腦系統罪，若構成要件該當、違法性、有責性均具備，則成立犯罪。

五 二階論

有少數的學說見解採二階論，簡單來說，二階論分成「不法」及「有責」兩個階段。第一個階段的「不法」，是將三階論中的「構成要件該當性」、「違法性」兩個階段結合在一起，因為此一理論認為兩個階段是一體兩面，實在沒有拆開的必要性；而二階論中的第二階，也和三階論中的第三階一樣，也是有責性。二階論與三階論較大的差異，在於容許構成要件錯誤的議題。

三階論	構成要件	違法性	有責性
二階論	不法		有責
	積極構成要件	消極構成要件（容許構成要件）	

高手過招

關於逮捕現行犯之行為，是否成立犯罪之問題，應在何種階層來加以檢驗？ (A)構成要件該當性 (B)違法性 (C)有責任 (D)應刑罰性 【97鐵公路佐級公路監理-法學大意】	(B)

三階論體系參考表

一、構成要件

主觀不法構成要件		客觀不法構成要件						
故意、過失	不法意圖	行為主體	行為客體	行為	特別情況	行為結果	因果關係	客觀歸責

二、違法性

法定阻卻違法事由					超法規阻卻違法事由			
正當防衛	緊急避難	依法令之行為	公務員依上級命令之職務行為	業務上之正當行為	被害人之同意或承諾	推測承諾	義務衝突	

三、有責性

責任能力	不法意識	期待可能性	減免責任事由

註：上述體系表，因不同學說而有差異。

高手過招

犯罪成立的判斷，通說採取三階段的檢驗，下列何者非檢驗要件？ (A)構成要件該當　(B)消極構成要件要素　(C)違法性　(D)有責性 　　　　　　　　　　　　　　　【107普考-法學知識與英文】	(B)

2 構成要件

一 構成要件之基本概念

　　構成要件，是指立法者對於不法犯罪行為，規範其前提要件，具備該等前提要件者，若再通過違法性、有責性之檢驗，則必須負擔法律效果。構成要件要素是指構成要件是由許多要素所組成，包括主觀不法構成要件及客觀不法構成要件。

二 主觀不法構成要件

　　主觀不法構成要件：因為屬於行為人主觀上的心理狀態，無法從行為外在直接知悉內心思考之內容，但仍可以從行為的客觀狀況，推測內心的想法。例如甲君購買開山刀，隔天就拿開山刀砍殺乙君，可以推知甲君應有預謀殺害乙君，而非甲君辯稱是正當防衛。

　　主觀構成要件，可以分成構成要件故意、過失，以及不法意圖。所謂構成要件故意，是指行為人認知該當客觀不法構成要件之犯罪事實，主觀上並有實現該不法構成要件之意欲；不法意圖，是指行為人出於特定之目的，而致力於不法構成要件之實現，或期望不法構成要件之預定結果發生，以遂行其犯罪目的之主觀心態。只存在於少數的犯罪構成要件中，例如竊盜罪，其規定為「意圖為自己或第三人不法之所有，而竊取他人之動產者，為竊盜罪，處5年以下有期徒刑、拘役或50萬元以下罰金。」（刑§320 I）

傷害罪之構成要件與法律效果

傷害罪（刑法第277條）

傷害人之身體或健康者，處5年以下有期徒刑、拘役或50萬元以下罰金。

 構成要件

 法律效果

主觀不法構成要件		客觀不法構成要件						
故意、過失	不法意圖	行為主體	行為客體	行為	特別情況	行為結果	因果關係	客觀歸責
違法性								
有責性								

註：上表僅供參考，不同之學說會有不同的體系。

⊟ 客觀不法構成要件

客觀不法構成要件：是指從行為外在加以觀察，判斷是否該當各要素，包含行為主體、行為客體、行為、行為時之特別情況、行為結果，以及因果關係與客觀歸責等內容。

四 變體構成要件

刑法分則的各個罪章中，大多有最典型的基本構成要件，例如刑法第277條之傷害罪。至於所謂的變體構成要件，則是針對基本的構成要件，加以修正變化而成，例如義憤傷人罪（刑§279）、傷害直系血親尊親屬罪（刑§280）。

五 結合構成要件

只規定單一罪行的構成要件，稱之為單一構成要件，刑法各罪大多是單一構成要件。相對於單一構成要件，稱之為結合構成要件，也就是包括數個犯罪行為的構成要件，例如強盜殺人、強盜放火等，結合數個不同之單一構成要件，而成的結合構成要件，均屬之。

高手過招

犯罪之成立，首先必須具有構成要件該當性，而構成要件有主觀與客觀等二種要素。下列何者不屬於主觀構成要件要素？ (A)故意 (B)過失 (C)動機 (D)意圖 【97初等人事經建行政-法學大意】　(C)

基本與變體構成要件

單一與結合構成要件

3 故意犯與過失犯

一 故意與過失之處罰

行為非出於故意或過失者，不罰。（刑§12Ⅰ）過失行為之處罰，以有特別規定者，為限。（刑§12Ⅱ）

二 故意犯之定義

(一)直接故意：行為人對於構成犯罪之事實，明知並有意使其發生者，為故意。（刑§13Ⅰ）

(二)間接（未必）故意：行為人對於構成犯罪之事實，預見其發生而其發生並不違背其本意者，以故意論。（刑§13Ⅱ）

三 過失犯之定義

(一)無認識過失：行為人雖非故意，但按其情節應注意，並能注意，而不注意者，為過失。（刑§14Ⅰ）

(二)有認識過失：行為人對於構成犯罪之事實，雖預見其能發生而確信其不發生者，以過失論。（刑§14Ⅱ）

故意、過失類型

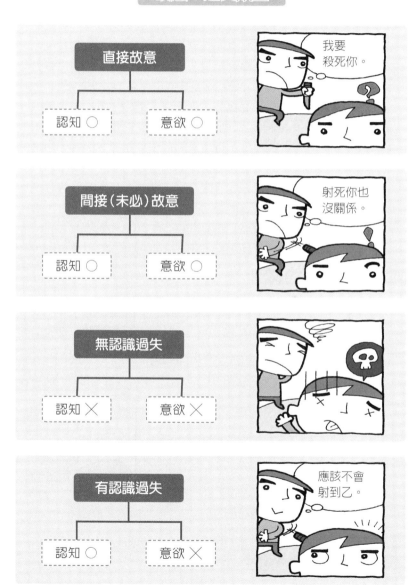

　　所稱故意，係採希望主義，不但直接故意，須行為人對於構成犯罪之事實具備明知及有意使其發生之要件；即間接故意，亦須行為人對於構成犯罪之事實預見其發生，而其發生並不違背其本意者，始克成立。（最高法院90年度台上字第156號判決）

　　有些實務上見解，將間接故意從希望主義中抽離出來，另稱之為容認主義。其見解為：「行為人對於構成犯罪之事實，明知並有意使其發生者，為故意。行為人對於構成犯罪之事實，預見其發生而其發生並不違背其本意者，以故意論。刑法第13條第1項、第2項分別定有明文。前者採希望主義，稱之為直接故意或確定故意，後者採容認主義，稱之為間接故意或不確定故意，兩者情形有別。」（最高法院98年度台上字第7226號判決）

四 動機與意圖的區別

　　所謂動機則是行為人所為不法行為之內在因素，例如「饑寒起盜心」，饑寒就是動機。意圖，是指行為人出於特定之目的，而致力於不法構成要件之實現，或期望不法構成要件之預定結果發生，以逐行其犯罪目的之主觀心態，刑法許多犯罪均有規範意圖之要件。

	動　機	意　圖
意　義	指引發在行為外的內心原因。	意圖犯之主觀不法構成要件中，所明定之特定心意趨向。
犯罪成立與否	並非主觀構成要件，但能作為量刑之參考依據。	意圖為主觀構成要件之一。

「失火了，趕快跳」事件

案例分析

　　大樓發生火景，警方尚未舖好氣墊，酒醉的某甲卻對陷於火場的住戶高喊「失火了，趕快跳！」消防隊員也對某甲大聲制止不要亂喊，但還是有多名住戶誤以為是消防人員的指示，因此法院判處某甲過失致死罪。

　　被害人認為應該成立故意殺人罪，引發到底是成立故意，還是過失的認知上差距。換言之，某甲主觀上到底有沒有想要致人於死的故意？主要差別在於有沒有「意欲」。法院從客觀事實上，認定某甲酒後神智不清，與受害人既不相識，也無任何仇隙，難以認定有直接或間接故意之意欲，因此論以過失致死罪。

上述文字看起來艱澀難懂，讓我來舉個例子，應該會比較容易區分這三個名詞的差別。還記得先前有位窮困的爸爸，為了讓兒子洗熱水澡而去偷店家瓦斯桶的悲苦故事嗎？

當腦中流露出感人、不捨的情緒時，反而容易記起來，讓我們把這個案例與動機、意圖、故意結合在一起說明：

㈠動機：想要讓兒子洗熱水澡。

㈡意圖：我想要讓瓦斯桶變成我的。

㈢故意：我很清楚知道，自己正在進行客觀不法構成要件「竊取」的動作，也就是說趁老闆下班不注意，偷偷搬走瓦斯桶就可以破壞老闆對於瓦斯桶的持有支配關係，將瓦斯桶置於自己的實力支配之下。

接著我們再回頭去看看動機與意圖的定義，是否覺得比較好理解了呢？

考試趨勢

故意過失是考試的熱門項目之一，相關國家考試之題目並不難。基本上一定要熟讀故意與過失的種類與定義，相信必定能夠輕鬆過關。「知」的部分，會考打擊錯誤及客體錯誤之觀念；「欲」的部分，會考間接（未必）故意及有認識過失之區別。

高手過招　故意犯

關於構成要件故意的敘述，下列何者錯誤？　(A)故意必須於行為時存在　(B)故意的行為人必須對於構成犯罪事實的發生有所認知　(C)故意包含對於客觀處罰（可罰性）條件的認知　(D)故意可分為直接故意與未必故意（間接故意）　【105三等警察-法學知識與英文】	(C)
關於刑法中之故意，下列何者錯誤？　(A)刑法以處罰故意犯為原則　(B)故意分為直接故意與間接故意　(C)故意分為確定故意與不確定故意　(D)行為人對於構成犯罪之事實，明知並有意使其發生者，為間接故意　【100普考-法學知識與英文】	(D)
刑法第14條規定：「行為人雖非故意，但按其情節應注意並能注意，而不注意者為過失」。下列關於刑法第14條之敘述，何者錯誤？　(A)其內容主要在於設定定義　(B)其內容亦在於解釋名詞　(C)此為立法解釋　(D)此為司法解釋【100四等行政警察-法學緒論】	(D)
行為人對於構成犯罪之事實並無認識而實現客觀不法構成要件，其對於犯罪判斷之影響為何？　(A)阻卻違法性　(B)成立誤想犯　(C)阻卻構成要件故意　(D)成立不能未遂【100四等行政警察-法學緒論】	(C)
甲忌妒乙有個漂亮的古董花瓶，趁乙不在，把花瓶打破，則甲的行為屬於下列何者？　(A)故意犯　(B)過失犯　(C)不作為犯　(D)舉動犯　【97基層特警-法學緒論】	(A)
甲嫉妒乙有個漂亮的古董花瓶，趁乙不在，把花瓶打破，甲的行為不屬於：　(A)故意犯　(B)作為犯　(C)結果犯　(D)過失犯　【96四等退除役轉任公務-法學知識與英文】	(D)
關於刑法第12條所規定之「行為非出於故意或過失者，不罰。過失行為之處罰，以有特別規定者，為限。」下列敘述，何者錯誤？　(A)刑法以處罰故意犯為原則　(B)刑法不處罰過失行為　(C)故意犯罪行為應處罰　(D)過失行為有規定才罰【109普考-法學知識與英文】	(B)

高手過招　間接故意犯

依據我國現行刑法之規定，有關「行為人對於構成犯罪之事實，預見其發生而其發生並不違背其本意者」，學說上如何稱之？　(A)直接故意　(B)間接故意　(C)有認識之過失　(D)無認識之過失 【96五等公務-法學大意】	(B)

高手過招　過失犯

下列關於過失犯之敘述，何者錯誤？　(A)過失犯之處罰，以有特別規定者為限　(B)過失犯之處罰，較故意犯為輕　(C)我國刑法就過失犯之處罰，包括未遂之情形　(D)所有之行為，非出於故意或過失者，不罰　　　　　　　　　　　　　　　【98國安局五等-法學大意】	(C)
下列有關過失之敘述，何者錯誤？　(A)過失行為之處罰，以有特別規定者，為限　(B)行為人對於構成犯罪之事實，雖預見其發生而確信其不發生者，行為人具備有認識過失　(C)公務員若一時失察，不慎將不實之事項登載於職務上所掌之公文書，足生損害於公眾或他人者，不受刑事制裁　(D)刑法上的過失，除了有認識過失和無認識過失之外，還包含重大過失和業務過失　　　　　　　　　【99四等基警行政警察-法學緒論】	(D)

解析：選項(C)，過失犯之處罰，以有特別規定者為限。(刑§12Ⅱ) 刑法第213條公務員登載不實罪，並不處罰過失犯。

高手過招 過失犯

甲在社區養蜂,認為蜜蜂不至於傷人,但卻有路人遭蜜蜂叮咬受傷。問如何評價甲的行為? (A)無罪 (B)傷害未遂 (C)傷害罪 (D)過失傷害罪 　【97初等一般行政-法學大意】	(D)
依刑法第12條規定,過失行為應否處罰? (A)以有特別規定者為限 (B)應罰 (C)不應處罰 (D)由法官決定 　【96公務初等人事-法學大意】	(A)
依據現行刑法規定,下列何種犯罪不處罰過失行為? (A)刑法第132條公務員洩漏國防以外秘密罪 (B)刑法第163條公務員縱放或便利脫逃罪 (C)刑法第183條傾覆或破壞現有人所在之交通工具罪 (D)刑法第130條公務員廢弛職務釀成災害罪 　【96調查特考-法學知識與英文】	(D)
甲私行拘禁乙,鄰居發生大火,乙逃生不及遭到焚死。問甲成立何罪? (A)私行拘禁 (B)私行拘禁致人於死 (C)私行拘禁與過失致死兩罪 (D)私行拘禁與間接故意殺人兩罪 　【98公務初等一般行政-法學大意】	(A)

甲、乙兩遊客分別乘坐A、B兩船夜遊日月潭,兩船在潭中相撞,甲、乙兩人分別落水,A船之船長丙見死不救;B船船長丁只救起甲而沒救起乙,致乙因而溺死,問丙、丁之罪責? 　【103四等行政警察-刑法概要】

- -

故意還是過失?

　　這一題網路上的解答大多直接論述為丙具有殺人的故意,我猜是依據「見死不救」這四個字。但丙的部分,是否成立不作為之殺人罪,仍應判斷其主觀為故意或過失。如果把題目改成

㈠A船之船長丙因遊客剛剛挑逗其女友,很生氣,認為船客死死就算了,遂見死不救。

(接下頁)

高手過招　過失犯

(二)A船之船長丙昨日宿醉，深知自己跳下水中有可能遭溺斃，遂見死不救。

(三)A船之船長丙因為是臨時代班，根本不會游泳，遂見死不救。

再讓我們看一個模擬實境……

（地點：日月潭）

●記者說：A船船長丙，你身為船長為何對乙見死不救？

●A船船長丙說：哪有見死不救，我沒有要乘客乙死啊！因為船上剛好沒有救生設備，我昨天晾乾忘記放回船上。加上乘客乙太胖，我怕下水也救不上來，就等岸上的救生艇開來，大概5分鐘就到了，沒想到附近有一艘船馬上開來，把乘客乙救起來了。

這時候，你是否改變了「見死不救」四個字的想法。

換言之，我們要檢視未必故意的要件：「行為人對於構成犯罪之事實，預見其發生而其發生並不違背其本意者，以故意論。」一般教科書大概是這樣子描述：行為人對於構成要件之實現有所預見，並容任其自然發展，終致發生構成要件該當之結果。舉個例子，甲騎機車在小巷內急行，因鄰居頑童乙出而觀看，甲雖有撞到乙之預見，但認為乙童頑劣難馴，縱予撞死，亦在所不惜，仍狂飆急駛，終撞倒乙，因而斃命。（黃仲夫，第76-77頁）這一段論述就很明顯地提到「不違背其本意」，也就是「認為乙童頑劣難馴，縱予撞死，亦在所不惜」。「不違背其本意」是未必故意成立的要件之一。

（接下頁）

高手過招　過失犯

本題中似乎沒有提到縱然泳客乙溺斃亦在所不惜，則哪一個犯罪事實符合「不違背其本意」呢？

很多網路上的解題都直接將「見死不救」四個字，當作符合主觀上「不違背其本意」，所以會這樣解題：A船船長丙眼見船客落水，明知不救乘客將導致溺斃之死亡結果，卻容任其發生，假設發生死亡之結果與船長丙本意不相違背，則構成未必故意。

可是這樣子寫還是有風險的，因為有可能是過失。因此在國家考試的解題上，若時間允許，可以參考下列的寫法：

> 乘客落水，船長丙明知不救乘客將導致溺斃之死亡結果，其見死不救若不違背本意，則成立不純正不作為之殺人罪；然若因其他原因而無法下水救人，雖客觀上仍屬見死不救，但主觀上對於乘客溺斃之死亡結果並不構成「不違背本意」，仍僅成立業務過失致死罪。

綜上，網路上各補習班的解題均直接認定是不純正作為之故意殺人罪，若是因為解題時間有限，這樣子的解題也無可厚非。但在平常練習的時候還是可以多思考一下可能的情況，才會讓解題的思考力更完整。另外，本題有關於B船船長丁的部分，則比較單純，討論違法性中的「義務衝突」，就不再贅言了。

4 因果關係

一 因果關係之基本概念

　　因果關係，是指行為與結果間之原因與結果之連鎖關係。例如甲君騙說乙君遇有劫難，要幫乙君辦法會，希望乙君捐錢蓋廟。乙君因官司纏身，逐相信甲君所言而捐錢，甲君取得上億款項後捲款潛逃，無法再與之聯繫。甲君欺騙乙君之內容，與乙君捐錢蓋廟之事，兩者間有因果關係。

　　由於因果關係概念模糊，學說上向來有不同的見解，如條件理論、相當因果關係理論、客觀歸責理論等。

二 條件理論

　　具有刑法意義的原因，是指造成具體結果之發生，不可想像其不存在，若不存在結果仍舊發生，則非刑法上的原因。例如甲君綁架乙君並殺害之，危急之下，警察破門救出乙君，並將之送醫救治；送醫途中，救護車翻車導致乙君身亡。若無甲君綁架殺害乙君的行為，乙君就不可能翻車死亡，故甲君的行為在條件理論中是具備有刑法上的意義。

　　條件說的缺點是過於氾濫，任何一種條件可能都會被認為具有刑法上的意義，例如媽媽生小孩，若是沒有生小孩，這個小孩也就不會成為殺人犯，所以生小孩的行為，在條件說中恐怕也會具備有刑法上意義。這就好像是「蝴蝶效應」理論，紐約的蝴蝶拍動翅膀，可能在亞洲造成大風暴。

殺人，但是卻因為醫療疏失而死

甲君殺乙君

乙君送醫救治，未死

後續治療過程發生錯誤，導致乙君
死亡

思考點：
乙君之死，是否與甲
君之殺人行為有關？
兩者間是否存在因果
關係？

　　廖國豪涉嫌殺了翁奇楠，投案時，宣稱是教育害了他，當年教導他的老師不認同他的見解，從此誤入歧途。

　　一般人看到這一段，大概會認為廖某太會「牽拖」了，自己殺人還要牽拖當年的老師。但也真的有可能是因為老師的一席話，而改變了他的一生，產生「蝴蝶效應」而讓其誤入歧途，成為一位殺人犯。

　　從因果關係的論點來看，國中老師某甲未能教育好學生，而創造了殺手，殺手殺了翁奇楠，某甲是否要為翁奇楠的死負責，也就是某甲是否成立殺人罪？這就是所謂的「條件理論」，「若無前者，即無後者」、「若有前者，即有後者」，可是這樣子推論下去，恐怕連生下廖某的媽媽，接生的婦產科醫生都成為殺人兇手了。所以，才有所謂的「相當因果關係說」、「客觀歸責理論」等見解的出現，調整「條件理論」的不合理現象。

三 相當因果關係理論

　　所謂相當因果關係，係指依經驗法則，綜合行為當時所存在之一切事實，為客觀之事後審查，認為在一般情形下，有此環境、有此行為之同一條件，均可發生同一之結果者，則該條件即為發生結果之相當條件，行為與結果間，即有相當之因果關係；反之，若在一般情形下，有此同一條件存在，而依客觀之審查，認為未必皆發生此結果者，該條件與結果即不相當，不過為偶然之事實而已，其行為與結果間，難認有相當之因果關係。（76台上192）

延續前開教育殺人案,所謂相當因果關係理論的「相當」二字,就必須把可能的原因,限縮在一定的時間範圍內,時間上過於遙遠的原因當然不論,因為任何時間點的一個改變,可能都會產生不同的結果走向,例如國中老師的一席話雖然讓廖某誤入歧途,但也有可能碰到一個女友,拉他回到正途。所以,時間點太遙遠的原因變化太大,就不屬於「相當」二字所要討論的範圍,只論述時間、空間較為直接的原因。

再配合經驗法則,綜合行為當時所存在之一切事實,為客觀的事後審查,認為在一般情況下,有此環境、有此行為之同一條件,均可發生同一之結果者,則該條件即為發生結果之相當條件,行為與結果間,即有相當之因果關係。故從刑法因果關係之觀點,本案應該要關注的重點,應該是在廖國豪開槍「原因」,與翁奇楠的死「結果」,兩者之間,有沒有相當因果關係。

相當因果關係=條件說+相當

「……『相當因果關係說』者認為,其行為與結果間,不僅須具備『若無該行為,則無該結果』之條件關係,更須具有依據一般日常生活經驗,有該行為,通常皆足以造成該結果之相當性,始足令負既遂責任……」(最高法院102年度台上字第310號刑事判決)

高手過招　因果關係

關於相當因果關係理論,依我國實務見解,下列敘述何者正確? (A)相當因果關係,係依經驗法則為判斷　(B)相當因果關係,係依客觀之事中審查而定　(C)偶然事實亦可認定具有相當因果關係　(D)相當因果關係係以行為人主觀認知而定 【111高考-法學知識與英文】	(A)

因果關係學說之比較

類型	內容說明	評論
條件說 不可想像其不存在	甲被殺死，可能是乙拿刀殺甲，也可能是因為丙賣刀給乙，也可能是丁生下了乙，這些都可能是導致結果的原因，也就是在條件說下，乙拿刀殺甲、丙賣刀給乙、丁生下了乙，都是造成甲被殺死的條件。	此學說的缺點是太廣泛了。
重要性理論 從規範之構成要件及其所保護法益認定「重要」	重要性理論，是比較性的概念，當有多重原因會導致結果之際，必須要剔除掉一些顯然不重要的因素，一般而言，是指從規範構成要件及其所保護法益來進行不重要原因之剔除。簡單來說，就是只挑「重要」的行為，不重要的就將之剔除。	不過，什麼是重要呢？也只能利用一些抽象的文字規範出一個框框，框框以外非重要的就予以排除。所以，一般考生會認為如果沒有「具體標準」，還是用很抽象的文字來描述，即使此一文字已經有所限縮，對於判斷因果關係還是沒有太大的幫助。所以，最後仍必須靠「具體個案」來累積「重要」的內涵。

類型	內容說明	評論
相當因果關係說 經驗法則、客觀事後審查	所謂相當因果關係，係指依經驗法則，綜合行為當時所存在之一切事實，為客觀之事後審查，認為在一般情形下，有此環境、有此行為之同一條件，均可發生同一之結果者，則該條件即為發生結果之相當條件，行為與結果即有相當之因果關係。反之，若在一般情形下，有此同一條件存在，而依客觀之審查，認為不必皆發生此結果者，則該條件與結果不相當，不過為偶然之事實而已，其行為與結果間即無相當因果關係。（76台上192）	此學說是通說，但也是很抽象，從「經驗法則」這四個字，其實後面的客觀事後審查，就是法官的主觀審查，在相同情況下，法官會假設自己是行為人，是否也會有一樣的結果。所以有些汽車竊盜案例，菸蒂在車子後座，然後竊嫌辯稱是第三人所竊，有些法官依據其經驗法則，就會認為這種辯解不無可能。
客觀歸責理論 創造法所不容許之風險	客觀歸責理論認為，唯有行為人之行為對於行為客體製造（或是升高）了一個法所不容許之風險，並且該風險在具體事件歷程中實現，而導致構成要件結果之發生者，則該結果方可歸責於行為人。亦即，被告如果未為違反注意義務之行為，即可避免構成要件結果之發生，則被告之行為對於該結果始具有結果不法；否則，被告縱然保持必要之注意義務，採取合法之防範措施，仍無法避免結果之發生，則被告對於該結果而言，即無結果不法。	此學說為近來不少學者所採，依舊很抽象，也是以「風險創造是否為法容許」來排除因果關係。這就是法律抽象條文之特性，必須以具體個案進行判斷。

四 客觀歸責理論

「客觀歸責理論」者則將結果原因與結果歸責之概念作區分，認為除應具備條件上之因果關係外，尚須審酌該結果發生是否可歸責於行為人之「客觀可歸責性」，祇有在行為人之行為對行為客體製造並實現法所不容許之風險，該結果始歸由行為人負責。而實務上於因果關係之判斷，雖多採「相當因果關係說」，但因因果關係之「相當」與否，概念含糊，在判斷上不免流於主觀，而有因人而異之疑慮，乃有引進「客觀歸責理論」之學說者，期使因果關係之認定與歸責之判斷，更為細緻精確。

至於因果關係是否因第三人行為之介入而中斷，就採「相當因果關係說」者而言，其行為既經評價為結果發生之相當原因，則不論有無他事實介入，對該因果關係皆不生影響；而就主「客觀歸責理論」者以觀，必也該第三人創造並單獨實現一個足以導致結果發生之獨立危險，始足以中斷最初行為人與結果間之因果關係。

易言之，結果之發生如出於偶然，固不能將結果歸咎於危險行為，但行為與結果間如未產生重大因果偏離，結果之發生與最初行為人之行為仍具「常態關聯性」時，最初行為人自應負既遂之責。又刑法傷害致人於死罪之因果關係屬「雙重因果關係」，不僅傷害行為對傷害結果須有因果關係，對非一般行為結果之死亡部分（加重結果），亦須有因果關係。（最高法院102年度台上字第310號刑事判決）

「……且其所為之幫助行為，基於行為與侵害法益結果間之連帶關聯乃刑事客觀歸責之基本要件，固須與犯罪結果間有因果關聯，但不以具備直接因果關係為必要，舉凡予正犯以物質或精神上之助力，對侵害法益結果發生有直接重要關係，縱其於犯罪之

進行並非不可或缺,或所提供之助益未具關鍵性影響,亦屬幫助犯罪之行為。」(最高法院102年度台上字第1650號刑事判決)

五 車禍導致腦中風?

被害人甲於某年6月間因車禍就醫,輕微昏迷,幾天後出院均屬正常。其後於同月跌倒又赴院診治,再次昏迷,並發現缺血性腦中風等疾病,隔月又因發燒及肺炎就醫,經多次診治,於同年12月底死亡。

法院認為甲因車禍出院時意識清楚,其後跌倒二次、發燒數次,並非被告製造並實現了危及生命之風險,自非其負責之領域,無客觀歸責可言。(最高法院96年度台上字第5992號刑事判決)

六 反常因果歷程

所謂「客觀歸責理論」係指:唯有行為人之行為對於行為客體製造或昇高了法所不容許的風險,並且該風險也在具體事件歷程中實現,導致構成要件結果之發生者,該結果始可歸責於行為人。

就風險實現言,結果之發生必須是行為人所製造之不容許風險所引起外,該結果與危險行為間,必須具有「常態關聯性」,行為人之行為始具客觀可歸責性;換言之,雖然結果與行為人之行為間具備(條件)因果關係,惟該結果如係基於反常的因果歷程而發生,亦即基於一般生活經驗所無法預料的方式而發生,則可判斷結果之發生,非先前行為人所製造之風險所實現,此種「反常

因果歷程」(不尋常的結果現象)即阻斷客觀歸責,行為人不必對於該結果負責。

　　且採取相當因果關係理論之說法,因立基於條件因果關係的判斷,在判斷是否「相當」時,也應先判斷是否有所謂「因果關係超越」之情形,亦即每個條件必須自始繼續作用至結果發生,始得作為結果之原因,假若第一個條件(原因)尚未對於結果發生作用,或發生作用前,因有另外其他條件(原因)的介入,而迅速單獨地造成具體結果,此其後介入之獨立條件(原因)與具體的結果形成間,具有「超越之因果關係」,使得第一個條件(原因)與最終結果間欠缺因果關係,即所謂「因果關係中斷」或「因果關係超越」。

　　換言之,最終結果因為係其他原因所獨立造成者,即有超越之因果,與前述客觀歸責理論所持「反常的因果歷程」概念類似,在客觀上無法歸責予形成第一個條件(原因)的行為人。(最高法院 111 年度台上字第 5170 號刑事判決)

高手過招

甲撞傷乙，其後乙因為傷勢過重而死亡，甲須對乙之死亡負責，乃因撞傷與死亡間具有因果關係，此一因果關係通稱為： (A)直接因果關係 (B)跳躍因果關係 (C)相當因果關係 (D)條件因果關係 【98五等地方特考-法學大意】	(C)
甲下毒殺乙，乙被送醫急救，救護車發生事故，乙因而死亡。問甲成立何罪？ (A)殺人既遂 (B)殺人未遂 (C)殺人未遂與過失致死罪併罰 (D)過失致死 【99初等一般行政-法學大意】	(B)
下列理論，何者與因果及歸責關聯的判斷無關？ (A)條件理論 (B)相當理論 (C)客觀歸屬（歸責）理論 (D)客觀未遂理論 【105普考-法學知識與英文】	(D)

5 錯誤

━ 構成要件錯誤

　　構成要件錯誤，是指行為人主觀上未認識客觀不法構成要件之犯罪事實，導致其主觀上所認識之事實內容，與客觀上所發生之犯罪事實不相一致之結果。構成要件錯誤，可以分成主體錯誤、客體錯誤、行為錯誤，以及因果歷程錯誤等四種。

　　㈠**主體錯誤**：通常存在於純正與不純正身分犯之情況。例如甲君殺死乙女，但是甲君並不知道乙女為其生母。因此，甲君主觀上並沒有殺害直系血親尊親屬之故意，所以不成立殺害直系血親尊親屬罪，僅成立普通殺人罪。許多電視劇情中，遭遺棄之小孩，長大後在不知道對方是自己親生父親的情況下殺死對方，亦同。

　　㈡**客體錯誤**：是指行為人主觀上所認識的客體，與客觀上所侵害的客體不一致。例如：甲君欲殺害乙女，卻誤將丙女殺害。

　　㈢**行為錯誤**：行為人因為不認識其行為竟然成立犯罪。例如甲君是賣場員工，下班將賣場上鎖，卻不知仍有客戶在廁所，而構成妨害自由罪之構成要件。

　　㈣**因果歷程錯誤**：

　　　1.行為人主觀上與客觀上之因果歷程發生不一致之結果。例如甲君殺乙君，殺害行為完畢後，誤認為乙君業已死亡，遂將乙君綑綁，移往他處砍頭復棄屍，成立殺人、棄屍二罪，並不另外成立刑法第302條妨害自由罪。（最高法院28年度上字第1026號判決）

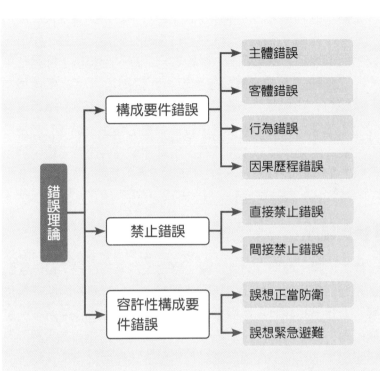

打擊錯誤

　　打擊錯誤，是指行為人之犯罪行為因為實行上的失誤，導致其所希望犯罪之行為客體，與實際上發生之犯罪客體不相一致。例如甲君拿棍子要打傷乙君，乙君閃避後，反而打到丙君。

2. 概括故意下之因果關係錯誤：指一個行為事實先後由兩個階段完成，因為行為人對於行為過程判斷之錯誤，相信其所欲達到之結果在第一階段業已完成，但實際上卻是在第二階段才完成。概括故意說將此二階段之行為事實視為「單一行為過程」，第二階段之行為事實已由第一階段之殺人故意所概括，故不考慮錯誤事實之發生，仍成立故意既遂。例如甲以殺A的故意，用繩索勒住A的脖子後，誤以為陷入昏迷的A已經死亡，而將A丟入河裡，結果A因此溺死。【97-調查特考】

二 禁止錯誤

禁止錯誤，是指行為人主觀上認為是合法的行為，但是客觀上卻是違法的行為，致使欠缺不法意識，可分成直接與間接禁止錯誤。直接禁止錯誤，是指行為人誤以為其行為是法律所不加禁止的行為；間接禁止行為，又稱「容許錯誤」，是指行為人誤以為符合阻卻違法事由，而誤以為其行為是法規範所許可，例如誤以為父親的命令，該當「依法令之行為」（刑§21 I）。容許性之錯誤，也是依禁止錯誤處理，亦即依據刑法第16條規定：「除有正當理由而無法避免者外，不得因不知法律而免除刑事責任。但按其情節，得減輕其刑。」

三 容許性構成要件錯誤

容許性構成要件錯誤，是指行為人誤認為存有足以阻卻違法之事實情狀，而實施防衛或避難之行為，類型包括誤想防衛、誤想緊急避難。所以，容許錯誤是「誤解法律」，容許性構成要件錯誤則是「錯判情勢」。

四 中斷（超越）之因果

係指前一條件已經開始發生作用，但在結果尚未發生前，因前一條件所觸發之後一條件介入，並獨立完成結果之發生，從而造成前一條件之效力發生中斷。

高手過招 中斷（超越）之因果

甲駕車不慎撞倒乙，致乙左腳骨折。乙被救護車送醫途中發生車禍，救護車翻覆，乙被摔出車外腦破裂當場死亡，問甲是否須為乙死亡負責？

【99三等身障特考一般行政-民法總則與刑法總則】

破題重點：本題重點為中斷之因果關係。

申論寫法：依序直接點出爭點，並從定義、學說爭議、實務見解分別依序論述之。

擬答：甲撞傷乙，成立刑法第277條過失致傷罪，不必對乙之死亡負責，其理由如下：

(一)甲駕車不慎撞倒乙，致乙左腳骨折，係屬應注意、能注意而不注意，屬於刑法第14條第1項規定之無認識過失，成立過失致傷罪。

(二)乙於救護車送醫途中發生車禍，救護車翻覆，乙被摔出車外腦破裂當場死亡，涉及「中斷之因果關係」之概念。此觀念主要係指前一條件已經開始發生作用，但在結果尚未發生前，因前一條件所觸發之後一條件介入，並獨立完成結果之發生，從而造成前一條件之效力發生中斷。

(三)本案例中，甲之過失致傷行為，因為救護車送醫發生車禍而中斷，與乙之死亡結果欠缺相當因果關係，此種因為不相干的第三人行為介入，造成乙死亡結果之發生，其評價方式，不同學說之見解如下：

　1. 條件理論：認為先後條件，均是結果發生之原因；但此一論點致使當事人為死亡結果負責可能過於廣泛，故此一理論遂以修正，認為只有後條件與結果間具有因果關係。

　2. 相當理論：僅後條件與結果間具有相當因果關係，前條件則無。

　3. 客觀歸責理論：結果發生僅可歸責於後條件，前條件與結果之發生不具客觀歸責。（如果內容已經很多，這些理論可以一筆帶過，如果缺乏內容，可以利用學說來填補）

(四)結論：依據上開學說，均認為甲之過失行為與乙之死亡結果欠缺因果關係，僅就過失致傷罪之部分負責即可。

某甲誤某乙為某丙而射殺之，乙死亡，請問甲的刑責如何？　(A)甲成立殺人未遂罪與過失致死罪，二罪想像競合　(B)甲成立故意殺人既遂罪　(C)甲成立過失致人於死罪　(D)甲成立殺人既遂罪與殺人未遂罪，二罪想像競合　【100三等行政警察-法學知識與英文】	(B)
甲欲殺乙，某日誤認丙為乙而開槍，丙不治死亡。試問：依我國實務見解，甲之行為成立何罪？　(A)故意殺人既遂罪　(B)過失致死罪　(C)殺人未遂罪與過失致死罪之實質競合犯　(D)殺人未遂罪與過失致死罪之想像競合犯　【99地方特考五等-法學大意】	(A)

解析：這一題應該是連勝文遭槍擊案後所出的時事題，唯一的差別是本題遭誤殺的人死亡，但連勝文卻活了下來。

甲欲殺害乙家之猛犬，恰巧乙之兒子在自家庭院做狗爬狀遊玩，甲將乙之兒子誤當猛犬而將其射殺。此種情形，在學理上稱為何種錯誤？　(A)行為錯誤　(B)客體錯誤　(C)打擊錯誤　(D)方法錯誤　【97五等身心障礙特考-法學大意】	(B)
甲誤乙為丙而殺之，甲所犯何罪？　(A)過失致死　(B)殺人未遂　(C)傷害致死　(D)殺人既遂　【100地方特考五等經建行政-法學大意】	(D)

甲殺乙後，以為乙死了，將乙丟到大海，經法醫檢驗，乙是生前落水，依照我國實務見解，甲成立何罪？　(A)殺人未遂與過失致死數罪併罰　(B)故意殺人既遂罪　(C)故意殺人未遂、遺棄屍體未遂及過失致死數罪　(D)殺人既遂罪與遺棄屍體未遂罪　【97高考三等-法學知識與英文】	(B)
甲殺乙後，以為乙死了，將乙丟到大海，經法醫檢驗，乙是生前落水。此為：　(A)因果流(歷)程錯誤　(B)目的錯誤　(C)方法錯誤　(D)法律錯誤　【96公務關務升等-法學知識與英文】	(A)

高手過招 　因果歷程錯誤

A與B共謀殺甲，某日深夜趁甲睡覺時侵入甲宅，共同以枕頭悶死甲。事實上，當時甲僅是昏迷而已，A、B卻誤以為甲已經死亡，而將甲丟入河裡，甲因此溺死。試問A、B之行為應如何處斷？

【95普考四等法律政風-刑法概要】

破題重點：本題重點為因果歷程錯誤。

申論寫法：依序直接點出爭點，並從定義、學說爭議、實務見解分別依序論述之。

解析：

(一)A、B深夜侵入甲宅，依據刑法第306條第1項規定及刑法第28條，成立侵入住宅罪之共同正犯。(共同正犯之部分省略介紹)

(二)A、B意圖以枕頭悶死甲並將之丟入河裡，導致甲死亡之行為，構成刑法第271條第1項規定普通殺人既遂罪之共同正犯，其理由如下：

1. A、B以枕頭欲悶死甲，誤以為第一個行為已經造成某甲已死，實際上僅係昏迷，而甲死亡之結果，係因另外將其丟入河裡之第二個行為，此種客觀上實際發生之因果歷程，與行為人主觀上所預期的因果歷程發生不一致，即所謂之因果歷程錯誤。

2. 學說爭議向有下列不同看法：

   (1)二行為分別處理說：A、B前後兩行為犯意各別，前行為具有殺人故意但未遂，成立殺人未遂罪；後行為並未具備殺人故意，成立過失致死。

   (2)概括故意說：以A、B是否一開始即具有殺人及毀屍之故意，若有，則殺人及丟入水中之行為，均為概括故意之範疇所及，而成立殺人既遂罪。反之，則結果與二行為分別處理說相同。

   (3)風險實現說：A、B之行為製造法益侵害的危險，而結果的發生就是風險的實現，則行為人具備犯罪故意。

   (4)相當因果關係說：以A、B之行為與結果之發生是否有相當因果關係，此亦為實務向來所採之見解。(28上2831)

(三)結論：管見以為，A、B共謀殺甲並著手於殺人之行為，無論死亡原因為第一或第二行為，均係二人所創造法所不容許之風險，此種客觀與主觀因果歷程不一致之結果，於犯罪目的之實現影響輕微，主觀上仍係A、B殺人犯意之範圍內且已達成，行為與死亡結果亦有相當因果關係，A、B二人應成立侵入住宅罪及普通殺人既遂罪之共同正犯。(競合的部分省略)

高手過招　構成要件錯誤

甲從美國寄一盒有毒的巧克力給住在臺北的乙，乙出國，小偷丙食用後毒發身亡。這不屬於：　(A)事實錯誤　(B)法律錯誤　(C)構成要件錯誤　(D)因果流程錯誤　　　　　【97三等警特-法學知識】	(B)
不知道自己的行為違法，且無正當理由者，依照刑法的規定，應該如何處理？　(A)成立故意犯罪，但得減輕處罰　(B)成立故意犯罪的未遂　(C)成立過失犯罪　(D)一律不罰【99初等一般行政-法學大意】	(A)

高手過招　禁止錯誤

下列關於我國刑法規定之敘述，何者錯誤？　(A)依法令之為，不罰　(B)業務上之正當行為，不罰　(C)依所屬上級公務員命令之職務上行為，不罰　(D)不知法律者，不罰　　　【99初等人事行政-法學大意】	(D)
下列關於刑事責任之敘述，何者正確？　(A)故意行為之處罰，以有特別規定者，為限　(B)行為人對於構成犯罪之事實，預見其發生而其發生並不違背其本意者，以過失論　(C)行為人對於構成犯罪之事實，雖預見其能發生而確信其不發生者，以故意論　(D)除有正當理由而無法避免者外，不得因不知法律而免除刑事責任　　　　　　　【102四等地方特考-法學知識與英文】	(D)

高手過招　打擊錯誤

甲在百公尺外埋伏欲射殺仇人乙，當時乙、丙站在一起談話，甲明知可能會誤射中丙，仍執意開槍，丙果真中槍死亡。甲對丙之死亡應負何種罪責？　(A)過失殺丙既遂　(B)故意殺丙既遂　(C)過失殺丙未遂　(D)故意殺丙未遂　　　　　【100普考-法學知識與英文】　(B)

解析：

● 過失致死，一般並不會使用過失殺丙的用詞。

● 本題如果題意是甲欲殺乙，卻殺了丙，是等價打擊錯誤。實務見解認為：「關於打擊錯誤，本院歷年來見解及我國學者通說，均採具體符合說，認為因行為錯誤致實際上發生之犯罪事實與行為人明知或預見之犯罪事實不符時，關於明知或預見之事實，應成立未遂犯，而實際上發生之犯罪事實，則應分別其有無過失及處罰過失與否，決定應否成立過失犯，並依想像競合犯之例，從一重處斷。」（74台上591判決）所以，對於丙死亡的部分，端視有無成立過失致死罪。

● 但本題又有所不同，甲已經看到乙、丙站在一起談話，甲明知可能會誤射中丙，仍執意開槍。是否這樣子就該當間接故意「不違背其本意」之要件？

　「欲」在間接故意中，指的就是行為人容任或聽任其發生。換言之，只要無法確信不會發生（有認識過失），而屬於容許任由自己所創造風險之行為導致一定結果之發生，就是間接故意。

A與B共謀殺甲，某日撞見甲與其友人乙正在路邊聊天，於是同時朝甲開槍，A的槍雖擊中甲之手臂，B的槍卻意外擊中乙之心臟，乙當場斃命。試問A、B之行為應如何處斷？　　　　　【100四等司法特考-刑法概要】

擬答：

對甲部分：A、B二人應成立殺人罪未遂之共同正犯。

對乙之部分：B打擊失誤，成立過失致死（刑§276 I）。

然而乙之死亡，端視是否已經超過A、B兩人共謀範圍或是否可預見之，若是，則A不必對乙之死亡負責。

甲乙丙與張三有仇。某日，甲等人探知張三將於飯店用餐，乃共謀殺害張三。甲持槍、乙持開山刀、丙持西瓜刀共同前往。剛抵達飯店，丙接聽手機後匆忙離去。甲、乙兩人對張三展開圍殺，張三躲避敏捷，只受到輕微槍傷；乙未砍中張三卻誤中一同用餐的李四，李四傷重，送醫不治。問甲乙丙三人的罪責如何？　　　　【98高考三級法制、法律政風-刑法】

破題重點：本題重點爲打擊錯誤。

申論寫法：先論乙之打擊錯誤，再論甲，最後討論先匆忙離開的丙。丙的部分可以討論著手之認定（釋字第109號解釋），如行有餘力，還可以論述一下共同正犯之中止未遂。

解析：甲與乙、丙二人基於犯罪之決意，持槍械、開山刀、西瓜刀前往飯店殺張三，涉及是否屬於共同正犯，而須爲全體之行爲負責，負責之範圍爲何？有關三人之罪刑，說明如下：

㈠乙的部分：

1. 乙未砍中張三卻誤中一同用餐的李四，李四傷重，送醫不治，屬打擊錯誤，依通說之見解，對於目的客體成立未遂犯，失誤之客體成立過失犯。

2. 乙對張三之部分，成立刑法第271條第2項之殺人未遂罪；對李四的部分，成立刑法第276條第1項規定之過失致死罪，乙一行爲侵害數法益，依想像競合規定，從一重之殺人未遂罪處斷。（底線這一段可省略，因爲最後結論會再說一次）

㈡甲的部分：

1. 甲主觀上有殺人故意，客觀上有槍殺之著手殺人行爲，因張三僅受有輕微槍傷，故成立刑法第271條第2項之殺人未遂罪。

2. 甲應否爲乙打擊錯誤而砍死李四之行爲負責？通說認爲其他共同正犯若能預見該打擊錯誤者，亦應負責。因甲乙二人持槍與開山刀殺張三之處所爲飯店餐廳，李四與張三同桌吃飯，無論是持槍或開山刀，都可預見有誤傷在場第三人之可能性，故仍有共同正犯「直接交互歸責原則」之適用，即一人既遂，全體既遂；一人著手，全體著手。甲對於李四之死亡，亦應負責。

（接下頁）

高手過招 打擊錯誤

3. 故甲一行為侵害數法益,依想像競合規定,從一重之殺人未遂罪處斷。(這一段可省略)

(三) 丙的部分:

1. 依據刑法第28條規定:「二人以上共同<u>實行</u>犯罪之行為者,皆為正犯。」本條有關共同正犯之規定已改為「實行」,故主觀上為構成要件之故意,客觀上為構成要件或構成要件以外之行為,均屬正犯。甲乙二人均有殺人之故意,也均為殺人之行為,故屬共同正犯而無疑義。

2. 惟丙剛抵達飯店,即接聽手機後匆忙離去,涉及著手之認定。有關著手之認定,現多採「主客觀混合理論」,以行為人主觀為基礎,參酌實質客觀說,倘若依行為人對於犯罪之認識或整體犯罪計畫以觀,屬於開始實行犯罪構成要件或足以招致法益直接接受侵害之行為時點,即認為業已著手。丙剛抵達飯店,一般而言,與餐廳尚有相當之距離,其雖手持西瓜刀,然難謂業已著手為殺人之行為,故依據刑法第28條之規定,尚難論以共同正犯。

3. 另依釋字第109號解釋,以自己共同犯罪之意思,事先同謀,而由其中一部分人實施犯罪之行為者,也是共同正犯,亦即所謂的「共謀共同正犯」。僅事先同謀者均須為全體行為負責,某丙與甲乙二人亦事先共謀殺害張三,僅因臨時狀況而未為構成要件行為,更應為全部行為負責。

4. 丙不構成共同正犯之中止未遂:共同正犯之中止未遂,依據刑法第27條第2項規定,係指正犯或共犯中之一人或數人,因己意防止犯罪結果之發生,亦即防止行為與結果之不發生有因果關係。然而張三未發生死亡之結果,係因其躲避敏捷,丙僅因接聽手機後匆忙離去,並無為防果行為,自不構成中止未遂。

(四) 結論:

甲乙丙三人均成立殺人未遂罪與過失致死罪,依刑法第55條想像競合規定,從一重殺人未遂罪處斷。

6 容許性構成要件錯誤

■ 容許性構成要件錯誤之基本概念

　　所謂容許性構成要件錯誤，是指行為人對於法定阻卻違法事由發生錯誤，也就是說行為人誤以為存在阻卻違法事由的事實，而實施防衛或避難之行為。通說採「限制法律效果之罪責理論」，具有構成要件故意，但欠缺故意罪責。包括「誤想正當防衛」以及「誤想緊急避難」兩種類型，分別論述如下：

(一)誤想正當防衛

　　行為人誤以為客觀上存在不法侵害之事實，而誤以為其所為之防衛行為得以阻卻違法。行為人仍具有構成要件故意，但欠缺故意罪責，可能成立過失犯罪。

　　例如甲見乙伸手撈衣，懷疑乙要拿槍攻擊，以為自己有正當防衛的權利，遂向乙攻擊，並未有犯罪之故意。實務上認為此種情形，甲應該判斷乙是否取槍抗拒，對此情節應注意，又非不能注意之事，竟貿然向乙攻擊，致使乙受傷死亡，成立過失致死罪。(最高法院29年度上字第509號判決)

(二)誤想緊急避難

　　行為人誤以為客觀上有阻卻違法之事實存在，而錯誤地為緊急避難行為。其行為並沒有阻卻違法事由之適用，無得以阻卻違法，仍具備違法性。

誤想防衛

① 導演在馬路上拍攝強盜殺人劇情

② 演員上演強盜持刀殺害路人之情節

③ 路人甲誤以為劇中演員乙拿刀砍人是真實事件

④ 路人甲將乙手中的刀奪下，並打傷乙

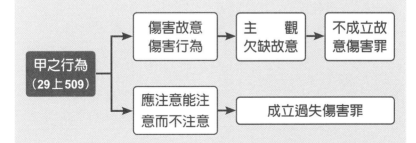

甲之行為 （29上509）	傷害故意 傷害行為	主　觀 欠缺故意	不成立故 意傷害罪
	應注意能注 意而不注意	成立過失傷害罪	

二 反面容許性構成要件錯誤

又稱之為「偶然防衛」，指行為人違犯行為之際，不知客觀上存有阻卻違法事由，並無阻卻違法事由之適用，無法阻卻違法，仍具違法性。誤打誤撞地救了他人，而成為「偶然英雄」。

例如，甲為了報復鄰居乙，投擲石塊打破乙之窗戶，乙家因瓦斯外洩，生命垂危之際，甲打破窗戶之行為反而救了乙全家之性命。【91司】

本例中，甲未認識緊急危難之事實，欠缺避難意思，不符合緊急避難之要件，仍然具備違法性，應依既遂犯處罰之。（若採二階論者，認為既遂犯除客觀構成要件該當外，須客觀上無阻卻違法事由，本題客觀上具備阻卻違法事由，故成立未遂；另有一說，認為行為人之行為客觀上有效防止法益侵害，欠缺結果非價，應類推適用未遂犯。）

高手過招

甲在捷運車上，眼見一名男子撫摸女子臀部，女子表情不悅，狀似不敢聲張。甲以為女子遭到侵害，趨前賞給男子一記耳光，男子臉頰腫大。事實上，這是一對情侶因故嘔氣，男子為了示好，安慰女子。問如何評價甲的行為？　(A)屬於正當防衛，不罰　(B)防衛過當，得減輕處罰　(C)屬於誤想防衛，成立過失傷害罪　(D)多管閒事，成立傷害罪　　　　　　　　【97初等人事經建政風-法學大意】	(C)
甲以為想替自己拍掉肩上頭皮屑的乙要打自己，將乙推倒，乙受普通傷害，此為：　(A)正當防衛　(B)緊急避難　(C)誤想防衛　(D)偶然防衛　　　　　　　　【96退除役轉任公務-法學知識與英文】　　　　　　　　　　　　　　　　【96二次警察特考-法學知識與英文】	(C)

誤想防衛

一對男女在捷運上摸來摸去，某甲以為女子遭到色狼騷擾。

某甲揍了其誤以為是色狼的男子一拳。

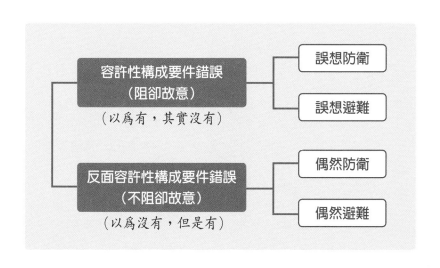

某縣市即將發放消費券，警方為防止歹徒覬覦，於是結合郵局舉行防搶演練。路人甲見頭戴半罩式安全帽的Ａ、Ｂ，分別持刀控制警衛與上車行搶，甲見義勇為，拾起路旁的鐵條棒打持刀的Ａ，造成Ａ受傷，事後才得知Ａ、Ｂ是假扮搶匪的警員。問：甲的刑責為何？

【98三等書記官（司法事務官、檢事官、監獄官）-刑法】

破題重點：本題重點為容許性構成要件錯誤中的「誤想防衛」。

申論寫法：三段論法，先寫大前提（輔以學說實務之見解），再寫小前提（案例事實），最後寫結論。

（因為無法馬上看出明確的答案，所以一開始就不把答案寫在開頭，以免猜錯答案反而有低分的風險）

(一)誤想防衛，屬於容許性構成要件錯誤之一種型態，係指行為人誤以為客觀上存在不法侵害之事實，而認為其所為之防衛行為得以阻卻違法。本案中，警方實施防搶演練，甲誤以為假扮搶匪之Ａ、Ｂ為真正的搶匪，乃毆打Ａ致傷，但因Ａ、Ｂ二人並非真正之搶匪，不構成正當防衛之「不法侵害」要件，故不具備正當防衛之客觀要件，但甲具備正當防衛之主觀要件，此涉及「誤想防衛」之議題。（一開始就以定義的方式，告訴閱卷老師考生知道問題的關鍵點）

(二)誤想防衛，學說見解如下：

1. 故意理論：古典與新古典犯罪理論，認為行為人對於客觀構成要件與阻卻違法事由，均屬於責任故意認知之範圍。故誤以為正當防衛不法侵害之前提要件存在，即阻卻故意。但此論點之基礎，不符合現行犯罪階層理論。

2. 罪責理論，又可分為：

   (1)嚴格罪責理論：容許構成要件錯誤之行為人認識所有行為情狀，故將此錯誤視為禁止錯誤，錯誤可避免者，減輕或免除罪責；不可避免者，則阻卻罪責。

（接下頁）

高手過招

  ⑵限縮罪責理論：容許構成要件錯誤與構成要件錯誤均為犯罪事實要件之錯誤，兩者有其類似性，因此主張法律效果類推適用構成要件錯誤，否定行為人之故意。

  ⑶<u>限縮法律效果之罪責理論</u>：容許構成要件錯誤非為構成要件錯誤，亦非為禁止錯誤，其係一種獨立之錯誤類型。但是法律效果仍應適用構成要件錯誤，而在罪責階段減免其故意罪責。目前<u>通說採此說</u>。

㈢實務見解：被告因見某甲伸手撈衣，疑其取槍抗拒，誤為具有正當防衛權，向其槍擊，固係出於錯覺防衛，而<u>難認為有犯罪之故意</u>，惟被告目睹某甲伸手撈衣，究竟是否取槍抗拒，自應加以注意，又非不能注意之事，乃竟貿然開槍，致某甲受傷身死，核其所為，仍與過失致人於死之情形相當（29上509）。(這是一個常見的實務見解，可以改寫成「實務見解認為誤想防衛者，難認為有犯罪之故意，惟應加以注意，又非不能注意之事，應負過失之責。」)

㈣若依限縮法律效果之罪責理論，甲可能欠缺故意罪責，不成立故意傷害罪；然甲對於A、B二人客觀具體事實只是演習而不具有正當防衛之前提要件是否有所預見，而能避免做出誤想防衛之行為，從題意上尚難作出明確之判斷。吾人以為從A、B頭戴半罩式安全帽，且持刀與警衛上車行搶，甲情急之下難以期待為正確之判斷與預見，而不認為具有過失，故不成立刑法第284條第1項前段之過失致傷罪。

㈤結論：甲不成立犯罪。

記憶法：29上509，諧音：惡狗我喝酒（誤想）。

(本題比較不適合用刑法三階論之寫法)

甲與乙為夫妻，某日二人正要開車外出卻發生嚴重爭執，乙怒氣下車。乙隔了十幾分鐘後準備再上車時，看見甲在已經發動的車上駕駛座睡著，乙突升殺機，竟將其所有但向來供甲使用之該車排氣管廢氣引入密閉車室內，希望甲在熟睡中中毒身亡。乙完事後，甲不知為何突然醒來，見乙仍未上車，一時暴怒，想起該車為乙所有，甲隨手拿起車上尖物，將前擋風玻璃擊碎，卻不知因此救了自己一命。試問甲之行為依刑法應如何論處？（25分）

參考法條（刑法）：

第352條毀棄、損壞他人文書或致令不堪用，足以生損害於公眾或他人者，處3年以下有期徒刑、拘役或1萬元以下罰金。

第353條毀壞他人建築物、礦坑、船艦或致令不堪用者，處6月以上5年以下有期徒刑。因而致人於死者，處無期徒刑或7年以上有期徒刑，致重傷者，處3年以上10年以下有期徒刑。第1項之未遂犯罰之。

第354條毀棄、損壞前二條以外之他人之物或致令不堪用，足以生損害於公眾或他人者，處2年以下有期徒刑、拘役或500元以下罰金。

【106高考-民法總則與刑法總則】

擬答重點：

（一）乙殺人未遂，核先敘明。

（二）甲偶然防衛，一般來說有下列見解：

　　1.有認為欠缺防衛意思，不符合正當防衛之要件，仍然具備違法性，應依既遂。

　　2.二階論者，認為既遂犯除客觀構成要件該當外，須客觀上無阻卻違法事由，本題客觀上具備阻卻違法事由，故成立未遂。

　　3.亦有論者謂行為人之行為客觀上有效防止法益侵害，欠缺結果非價，應類推適用未遂犯。

補充說明：

第352條罰金部分，現已修改為3萬元以下罰金。

第354條罰金部分，現已修改為1萬5千元以下罰金。

7 不作為犯

一 不作為犯之基本概念

　　不作為犯，是指行為人以消極不作為之方式進行犯罪，類型包括純正不作為犯，以及不純正不作為犯。

二 純正不作為犯

　　純正不作為犯，是指以消極不作為之方式，觸犯構成要件為不作為之犯罪，例如刑法第306條無故不退去罪、第149條聚眾不解散罪、第185-4條肇事逃逸罪。（一定是不作為才會成立犯罪）

實務案例 佔領立法院

　　邱毅帶領群眾向檢方抗爭、衝撞法院大門，經舉牌三次仍不解散，違反集會遊行法第29條聚眾不解散等罪，遭法院判處有期徒刑1年2月。另外，2014年，民眾不滿政府與大陸簽署服貿協議，遂有學生率眾入侵並佔領立法院，與警方長期對峙，涉嫌違反集會遊行法與刑法之聚眾不解散罪。

三 不純正不作為犯

　　是指以不作為之方式，犯得以作為成立犯罪之罪名。行為人必須具備一定作為義務者，並為一定消極之不作為，成立不純正不作為犯。例如：生母拿刀殺嬰兒，屬於生母殺嬰罪（刑§274Ⅰ）之作為犯；生母有餵養嬰兒的義務，不餵乳給嬰兒喝，

雖然沒有殺的作為，但仍會導致嬰兒死亡，成立生母殺嬰罪之不作為犯。（也會成立保護責任者遺棄致死或重傷罪，參照本書第364-367頁）

作為與不作為犯之區別

作 為

不純正不作為

（好餓…）

純正不作為

我不走！！

三次不解散

> **【刑法第15條第1項】**
>
> 　　對於犯罪結果之發生，法律上有防止之義務，能防止而不防止者，與因積極行為發生結果者同。

實務見解　參加春吶的媽咪

　　生性好玩的媽媽生了個嬰兒，不但不照養他，還跑去參加墾丁春吶（作為）。嬰兒因為沒有人餵食（不作為），最後一個人在家餓死，媽媽是殺人罪之作為犯？還是殺人罪之不作為犯？

　　人只要活著，就一定會有一定的作為，跑去參加春吶，是作為，因此沒有餵食小孩，是不作為。所以，人有作為時，也就會有不作為。重點在於法規範的評價重點，而不餵食嬰兒才應該是法規範責難之重點所在，法規範並不會責難跑去墾丁春吶的作為，所以應該是殺人罪之不作為犯。

四 保證人地位

　　不純正不作為犯，行為人必須居於「保證人地位」，防止結果發生之義務。包括刑法第15條第1項所謂之「法律上有防止之義務」，如父母對於子女之保護教養義務、救生員與泳客、高峰登山的隊員之間成立危險共同體之關係、危險物之監督，如帶著眼鏡蛇散步；另外還有所謂的「危險前行為」，也就是行為人所為之前行為，具有導致結果發生之急迫危險，且須具備違反保護他人法益之義務違反性，所產生之保證人地位。

> **【刑法第15條第2項】**
>
> 　　因自己行為致有發生犯罪結果之危險者，負防止其發生之義務。

保證人地位之類型

保證人地位（作為義務）

→ 法律上防止之義務──如父母對子女之保護教養義務

→ 契約──救生員及泳客、褓母及小孩

→ 危險團體──高峰登山隊員之間

→ 危險物監督──帶著眼睛蛇散步

→ 危險前行為（刑§15Ⅱ）

　　例如甲君追打乙君至海邊，乙君迫不得已跳水而溺斃，甲君可以救起乙君，卻坐視不管，眼睜睜看著乙君溺斃。某甲具有危險前行為，對乙君成立殺人罪之不純正不作為犯。

　　甲女嫁給家庭科醫師乙男，甲女乳房有不正常分泌物及硬塊，向乙男求診，但乙男另結新歡，遂對甲女謊稱無大礙，只是內分泌失調或精神過度緊張所致。甲女想要看乳房專科時，亦遭乙男禁止，僅開類固醇藥物給甲女服用，致使甲女失去及時診治之時機。等到病情更加嚴重而送醫治療時，才發現業已罹患乳癌第三期。檢察官認為夫妻係<u>最近親屬</u>，對於生命法益與身體法益互居<u>保證人地位</u>，且被告乙男又是甲女之醫師，在法律上有防止之義務，卻未盡其保證人及醫師之責任，故以殺人未遂罪之不純正不作為犯起訴。

　　本案原一、二審分別認定殺人未遂及使人受重傷罪，後經最高法院發回，高等法院認為<u>夫妻互負扶養之義務並不包括包含有生命權保障義務之概念</u>；其次，是否為保證人，必須有一危險之前行為。本案中，乙男具有醫師資格，然並未在家執業，其與甲女間係基於夫妻情誼，就有關甲女身體健康之事互為商談，並無醫師與就診病患間之「醫病關係」；甲女癌症之病因，又非被告所致之，故不認為有危險前行為之存在。自不得僅因被告具有醫師資格，即課以醫師之保證責任，並遽以被告未盡告知之責任，而遽認被告已著手消極殺人之犯行。（高等法院90年度上更㈠字第94號刑事判決）

　　本案甲女業已身亡，雖然刑事部分最後無罪，但民事部分，一審法院則判決乙男應給付新臺幣35,642,188元之高額賠償金，其中包括3,000萬元的慰撫金。

高手過招

刑法第15條第1項規定：「對於犯罪結果之發生，法律上有防止之義務，能防止而不防止者，與因積極行為發生結果者同。」此項所謂之「對於犯罪結果之發生，法律上有防止之義務」，學說上如何稱呼？ (A)客觀注意義務 (B)主觀注意義務 (C)客觀歸責 (D)保證人地位 【98四等司法特考-法學知識與英文】	(D)
救生員甲在游泳池畔值班時打瞌睡，未注意泳池內有人呼救，以致於溺水死亡。問如何評價甲的行為？ (A)過失致人於死 (B)沒有積極行為，無罪 (C)傷害致人於死 (D)預備殺人 【97鐵公路佐級公路監理-法學大意】	(A)
下列何者在刑法上仍須處罰？ (A)幻覺犯 (B)迷信犯 (C)不能犯 (D)不作為犯 【99四等基警行政警察-法學緒論】	(D)
公然聚眾，意圖為強暴脅迫，已受該管公務員解散命令三次以上，而不解散者，已經成立刑法上之犯罪。此種犯罪型態，在學理上稱為： (A)純正作為犯 (B)純正不作為犯 (C)不純正作為犯 (D)不純正不作為犯 【98公務初等一般行政-法學大意】	(B)
甲在河岸散步，見鄰居小孩跌落河流呼救，不伸援手，小孩慘遭溺斃。應如何評價甲的行為？ (A)無罪 (B)成立過失致死罪 (C)成立間接故意的殺人罪 (D)成立遺棄致死罪 【100五等國安特考-法學大意】	(A)
刑法關於不純正不作為犯之作為義務依據，下列敘述何者錯誤？ (A)基於法令 (B)基於契約 (C)基於純粹的倫理原因 (D)基於前行為 【100地方特考五等-法學大意】	(C)

甲某日持500元鈔至書店購買一本價值200元之書籍，店員乙誤認為1,000元紙鈔，而欲找予800元時，對甲云：「找您800元吧！」甲雖明知乙找錯錢而仍取之。試論甲成立何罪？　　【99四等地特法律政風-刑法】

破題重點：本題重點為不純正不作為犯。

申論寫法：三段論法，先寫法條再寫案例事實（輔以學說實務之見解），最後寫結論。

解析：甲之行為不構成刑法第339條及第15條之不作為之詐欺取財罪，其理由如下：

(一)按刑法第339條詐欺取財罪，是指行為人施以詐術，使被害人陷於錯誤，進而為財產處分，致使財產受到損害。施以詐術並不以積極作為之手段，尚包括消極不作為之利用他人錯誤之行為，但消極不作為以具有保證人地位而負有作為義務為前提，如本題即必須負有真實告知義務。

(二)本案中，某甲並沒有積極地施以詐術，僅係消極地未告知店員乙找錯錢之不作為，此一消極不作為若要成立詐欺取財罪之消極不作為犯，則須負有告知義務為前提。

　　1.告知義務：是指對於法律行為之重要事實，法律上有予以告知之義務。

　　2.某甲不具有通知真實之作為義務：民法買賣契約規範中，並未針對找錯錢之部分，賦予某甲告知之義務，乙僅得於事後主張不當得利請求返還之。雖有實務見解認為可以主張基於誠信原則及社會交易習慣衍生之通知真實義務，利用他人之錯誤而使之交付，認為有成立不作為詐欺之可能。（臺灣高等法院暨所屬法院89年法律座談會刑事類提案第9號）然此一論點顯然賦予某甲過重之義務，致使單純民事責任而由刑事規範加以相繩，並不妥適。

　　3.惟實務上多數見解認為消極不作為之詐欺，須以違背通知真實之義務，始足充之，若未積極施以詐術，對於他人匯款登入其帳戶之錯誤行為，並無告知義務。（臺灣高等法院暨所屬法院89年法律座談會刑事類提案第9號）

結論：吾人以為對於店員多找錢之客觀事實，實難以依據空泛之誠信原則及社會交易習慣，即課予當事人通知真實之義務，從刑法謙抑思想與上開實務見解，應認為某甲並不成立不作為之詐欺取財罪。

類似考題

甲在銀行櫃檯填寫提款單，提領1萬元，行員誤讀，交給甲10萬元。甲明知有誤，如數取走。甲將詳情告知女友乙，並分贈2萬元，乙欣然受領。問甲乙成立何罪？　　　　　【99三等地特法制、法律政風-刑法】

補充資料：

發文字號：臺灣高等法院暨所屬法院89年法律座談會刑事類提案第9號

發文日期：民國89年11月00日

座談機關：臺灣高等法院暨所屬法院

資料來源：89年法律座談會彙編第285-287頁

法律問題：某甲於以提款卡提款時，發現其郵局帳戶內多出新臺幣（下同）55萬元（按該款係郵局之郵政儲金匯業局處理跨行通匯作業時，誤將他人匯款登入某甲帳戶），某甲明知該款項非屬其所有，仍每日按提款卡所得提領之最高限額即每日10萬元，以提款卡自郵局之提款機內，接續於6日內提領完畢，嗣經郵政儲金匯業局查覺有誤，向某甲追討時，某甲即拒絕返還所領之錢。問某甲所為是否構成犯罪？

討論意見：

甲說：按刑法上之詐欺罪，必須行為人自始意圖為自己不法之所有，施行詐術使被害人陷於錯誤，而為財物之交付、或以此得財產上不法利益，始能構成，且所謂之詐術，並不以欺罔為限，即利用人之錯誤而使之交付，亦不得謂非詐欺。本件依誠信原則及社會交易上習慣，應認某甲有通知真實之義務，是某甲明知非屬其所有之款項，利用郵局作業之錯誤，仍予提領該款項，並拒不返還，顯有不法所有意圖，應構成刑法第339條第1項之詐欺取財罪名。

乙說：某甲既明知該款項，係郵局之郵政儲金匯業局作業錯誤所誤匯入其帳戶內，非屬其所有，仍持提款卡由自動付款設備即提款機予以提領，並拒不返還，是某甲所為應構成刑法第339-2條第1項之由自動付款設備取得他人之物罪名。

（接下頁）

類似考題

丙說：該款項既係郵局之郵政儲金匯業局作業錯誤所誤匯入某甲帳戶內，雖非屬某甲所有，但既已登入其帳戶內，即屬其所持有中，某甲予以提領，嗣後並拒不返還，顯有易持有為所有之不法意圖，某甲所為應構成刑法第335條第1項之侵占罪名。

丁說：該款項係郵局之郵政儲金匯業局作業錯誤所誤匯入某甲帳戶內，郵局並無拋棄權利之意思，僅係喪失其持有狀態，某甲予以提領，嗣後並拒不返還，某甲所為應構成刑法第337條之侵占遺失物罪名。

戊說：按欺罔行為，兼及積極欺騙行為與消極之利用他人錯誤行為，惟消極之詐欺，須以違背通知真實之義務，始足充之。本件某甲對於郵局誤將他人匯款登入其帳戶之錯誤行為，<u>並無告知義務</u>，是以某甲之提領其帳戶內非屬其所有款項之行為，既未積極施詐，又無違背通知真實義務，顯與詐欺罪之構成要件不合。另存入某甲帳戶內之該款項，因某甲與郵局間有「消費寄託」關係，某甲僅有請求郵局給付其帳戶內款項之權利，在提領前並未實際持有帳戶內之該款項，自亦無變易持有為所有之可言。從而，某甲明知非屬其所有之款項仍予提領之行為，應僅係民法上不當得利之問題，尚難認構成犯罪。

初步研討結果：採乙說。

審查意見：多數採<u>甲說</u>。

研討結果：

　　經付表決結果：

　　甲說：二十四票。

　　乙說：十一票。

　　丁說：八票。

　　<del>戊說：三十七票。</del>

高手過招

甲、乙皆為某海水浴場的救生員。某日甲、乙的輪班表為：甲是上午10
點至下午4點，乙是下午4點至晚上8點。甲該日值班至下午4點，乙卻
因塞車遲遲未能夠趕到海水浴場，甲因有私事，沒有等到乙趕到海水浴場
交接值班即自行離去。乙後來於下午6點始趕到海水浴場，但已有泳客丙
因腳抽筋且無人救援而溺斃。丙的家屬因而對甲、乙提告。請依下列問題
討論甲、乙刑責：

(一)甲、乙兩人誰對泳客丙居於保證人地位？

(二)甲、乙兩人是否成立不純正不作為之過失致死罪？

【100三等書記官-刑法】

解析：在此僅簡單討論乙之部分。

(一)保證人地位：

1. 概念：

2. (1)甲之部分：略

(2)乙之部分：

依實務見解，防止結果發生之義務，仍應於「事實上」具防止避
免之可能性為前提。（最高法院96年度台上字第2250號刑事判決）
本題中，乙於應當班的時間，因為尚未趕至游泳池，事實上對於
泳客抽筋無法加以救援，難謂有事實上具防止避免之可能性。

(3)故乙不具備保證人地位。

8 違法性

一 違法性之概念

構成要件行為經過價值判斷後,若認為與法規範具備對立衝突性者,就認為該行為具備形式上之違法性。然而,即便是構成要件該當之行為,雖具有形式之違法性,但非必均成立犯罪。例如執行槍決的劊子手,雖然形式上觸犯殺人罪,但其所為是依法令之行為,不具備違法性。

㈠**形式違法性**:行為具備構成要件該當性時,形式上就具備違法性。

㈡**實質違法性**:實質違法性,不單單只是違反法律規範,還須有危害社會之行為。行為雖適合於犯罪構成要件之規定,但如無實質之違法性時,仍難成立犯罪。(最高法院74年台上字第4225號判決,侵占空白紙一張)

二 阻卻違法事由

探討完形式違法性以及實質違法性之概念後,進一步要分析有無阻卻違法事由。所謂阻卻違法事由,是指因一定事由之存在,而否定構成要件該當行為之違法性,包括「法定阻卻違法事由」以及「超法規阻卻違法事由」。

法定阻卻違法事由,法律明文規定,認為不具備違法性之事由。包括正當防衛、緊急避難、依法令之行為、公務員依上級命令之職務上行為、業務上之正當行為。超法規阻卻違法事由,是指法律雖未明文規定得以阻卻行為之違法;但是,依據法理,其行為仍得以阻卻違法,包括被害人之同意或承諾、推測承諾,以及義務衝突。

三階論之違法性內涵

構成要件							
	法定阻卻違法事由				超法規阻卻違法事由		
違法性	正當防衛	緊急避難	依法令之行為	職務行為／公務員依上級命令之	業務上之正當行為	被害人之同意或承諾	推測承諾	義務衝突
有責性							

執行死刑之違法性探討

構成要件	主觀構成要件	客觀構成要件
	知道在殺人	砍頭構成殺人的行為

執行死刑

違法性	依法令之行為,不具備違法性
有責性	已經不具備違法性,故無庸探討有責性

下列何者非刑法上的阻卻違法事由？　(A)緊急避難　(B)業務上的正當行為　(C)依法令的行為　(D)中止行為 【98五等地方特考 - 法學大意】	(D)
下列何者非我國刑法上之法定阻卻違法事由？　(A)義務衝突　(B)依法令之行為　(C)業務上之正當行為　(D)正當防衛 【98普考 - 法學知識與英文】	(A)
解析：義務衝突為「超法規阻卻違法事由」。	
下列何者非刑法上的阻卻違法事由？　(A)逮捕現行犯　(B)自助行為　(C)業務上的正當行為　(D)他人間接強制 【98三等地方特考 - 法學知識與英文】	(D)
下列何者係刑法上的阻卻違法事由？　(A)行為不能發生犯罪之結果，又無危險者　(B)業務上之正當行為　(C)已著手於犯罪行為之實行，而因己意中止或防止其結果之發生者　(D)行為時因精神障礙，致不能辨識其行為違法者　【98四等地方特考 - 法學知識與英文】	(B)
解析：選項(A)：不能犯 　　　選項(C)：中止犯 　　　選項(D)：原因自由行為	
下列阻卻違法事由，何者刑法未明文規定？　(A)正當防衛　(B)依法令之行為　(C)業務上之正當行為　(D)得被害人承諾之行為 【101初等一般行政 - 法學大意】	(D)
下列何者不屬於法定阻卻違法事由？　(A)依上級公務員命令之職務上行為　(B)業務上正當行為　(C)瘖啞人行為　(D)依法令行為 【102五等地方特考一般民政 - 法學大意】	(C)

9 可罰違法性

一 可罰違法性之概念

「法與瑣事無關」，此乃羅馬法之名諺。許多符合構成要件之犯罪行為情節輕微，基於謙抑思想，如果認其成立犯罪，容易產生刑罰過於苛刻之感覺。

例如偶爾以公家影印紙書寫情書，雖成立侵占公務持有物罪，其侵害之法益及行為均極輕微，在一般社會倫理觀念上尚難認有科以刑罰之必要。且此項行為，不予追訴處罰，亦不違反社會共同生活之法律秩序，自得視為無實質之違法性，而不應繩之以法。（最高法院74年台上字第4225號判決）

二 判斷標準

究竟如何才算是輕微，而不具備可罰的違法性，界線上應有一定的判斷標準，有見解提出下列兩判斷標準：

(一)法益輕微性

此係違法性「量」之問題，對於法益之侵害或危險須極為輕微，即不具備可罰違法性。

(二)逸脫輕微性

法益侵害行為之方法或態樣，違反社會倫理規範或社會相當性，如果是極為輕微，就不具備可罰的違法性。

法益輕微性

撿到 1 元

撿到 500 萬元

逸脫輕微性

撿到 100 元

強盜 1 元

三 可罰違法性融入法令之現況

「可罰違法性」此一概念融入我國相關法令，例如刑法第61條規定，針對特定輕微案件，情節輕微，顯可憫恕，認為依第59條規定減輕其刑仍嫌過重者，得免除其刑。刑事訴訟法第253條規定：「第376條所規定之案件，檢察官參酌刑法第57條所列事項，認為以不起訴為適當者，得為不起訴之處分。」這些都是微罪不舉、可罰違法性的概念。

四 可罰違法性體系地位

在三階段體系中，分成兩種見解：

(一)構成要件阻卻說：

形式上雖該當於構成要件，但是未具備預想值得處罰程度之實質違法性，而阻卻構成要件該當性。

(二)違法性阻卻說：

認為雖屬違法行為，但並不是一切違法行為均成立犯罪。行為如未具備一定質與量之違法性，即欠缺可罰的違法性，不成立犯罪。

五 理論的批評

此一理論因為欠缺具體明確的判斷標準，向為學說所批評。本書認為，只有當所侵害的法益顯然具備法益輕微性、逸脫輕微性，才適用本論點，否則檢察官得以不起訴、緩起訴加以處置，法官論以易科罰金、緩刑，亦可達到相同之效果。

Note

10 正當防衛

一 正當防衛之概念

　　對於現在不法之侵害，而出於防衛自己或他人權利之行為，稱之為正當防衛。依據刑法第23條本文規定，正當防衛之行為，不罰。

　　正當防衛是「正對不正」的關係，也就是說侵害必須是不法，方能成為防衛自己或他人權利之正當化基礎。如果進行反擊行為，波及第三人時，因為第三人並非不法之侵害，非屬不正之狀態，此時屬於「正對正」的關係，應依據緊急避難之規定處理。

二 正當防衛之要件

(一)客觀上存在緊急防衛之情況

1. **侵害權利行為：**

　　限於人的行為，但如果是動物遭人所挑撥者，例如甲命其愛犬咬乙，乙拿木棍擊斃甲之愛犬，可主張正當防衛。

2. **現在侵害：**

　　侵害或攻擊即將發生，或業已開始且持續進行中。例如甲腰間插上一根棍子，乙看到之後，覺得甲是要來殺自己，遂拿刀將甲刺死。因為甲只是帶棍子在身，根本沒有現在 不法的侵害，某乙不能主張正當防衛。

3. **不法侵害權利：** 是指具有違法性的行為侵害被害人之權利。

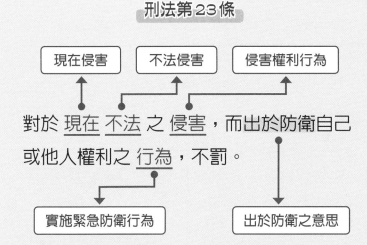

刑法第 23 條

| 現在侵害 | 不法侵害 | 侵害權利行為 |

對於 現在 不法 之 侵害，而出於防衛自己
或他人權利之 行為，不罰。

| 實施緊急防衛行為 | | 出於防衛之意思 |

但防衛行為過當者，得減輕或免除其刑。

防衛權濫用

　　如果只是輕微的侵害，則不得主張正當防衛。例如 A 女手
無縛雞之力，攻擊強壯的 B 男，B 男持木棍反擊，顯然攻擊與
防禦行為不符合比例原則。

㈡實施緊急防衛行為

緊急的防衛行為,從客觀上加以觀察,必須必要且不過當。

㈢防衛行為須出於防衛之意思

主觀上也是出自於防衛者的防衛意思。

三 互毆與正當防衛

雙方互相使用暴力攻擊,導致死傷結果之行為。常見的情況都是臨時起意的偶然互毆,此種情況若當事人具有防衛的意思,且互毆行為間仍具有「正對不正」的關係,仍然可以主張正當防衛。

但是,有時候是行為人雙方預先約定在特定之時間地點互毆,則因為此種行為不被我國法律所允許,互毆則屬於「不正對不正」,不能主張正當防衛。

實務見解 互毆與正當防衛

正當防衛必須對於現在不法之侵害始得爲之,侵害業已過去,即無正當防衛可言。至彼此互毆,又必以一方初無傷人之行爲,因排除對方不法之侵害而加以還擊,始得以正當防衛論。故侵害已過去後之報復行爲,與無從分別何方爲不法侵害之互毆行爲,均不得主張防衛權。(30上1040)

高手過招

下列有關正當防衛之敘述，何者正確？　(A)正當防衛僅得對現在不
法侵害實施　(B)正當防衛係屬阻卻罪責事由　(C)正當防衛係將法益
不受侵害者攻擊之不利益，轉嫁無辜第三人承擔　(D)第三人不得為
保護受不法侵害者之利益，而對侵害者進行正當防衛　　(A)

【100地方特考五等經建行政-法學大意】

高手過招

甲男、乙女係為情侶，某日深夜二人至某深山約會時，遭歹徒丙男持刀恐
嚇，丙男並將甲男、乙女二人以繩索綑綁，搜刮二人身上財物，正欲離開
之際，丙男見乙女頗有姿色，遂心生歹念對乙女予以性侵害，當丙男為性
侵害時，乙女趁機踢傷丙男之下體，致其血流如注疼痛不已，乙女解開甲
男身上綁繩，並越想越氣憤，遂拿起丙男因疼痛掉落於地之刀，將受傷之
丙男砍成重傷，經送醫急救不治死亡。試論乙女之罪責。

【94檢察事務官偵查實務組-刑法】

重點提示：

分別討論乙女踢傷丙男下體，以及砍殺丙男致死之行為，是否屬於正當防
衛之「現時不法侵害」。

可以寫下列內容：

行為人已經血流如注倒地疼痛不已，從客觀情事判斷，似難對被害人有更
進一步危害之產生，故可論以正當防衛之「現時不法侵害」業已不存在。
既然無現時不法侵害之客觀情事存在，被害人另行以傷害、重傷害或殺人
故意，而將行為人刺至重傷，自應依其犯意視情況論處傷害致重傷罪、重
傷罪或殺人未遂等罪，而無得主張正當防衛。

如果要加上實務見解，可以寫出：實務上亦認為正當防衛必須對於現在不
法之侵害始得為之，侵害業已過去，即無正當防衛可言。（30上1040）

睡於透天厝二樓的原住民甲在清晨4點多時被樓下的嘈雜聲響所吵醒，甲的直覺判斷很可能是小偷，於是拿起其合法擁有的獵槍，迅速衝到二樓外面陽臺上，對著樓下正搬運甲所產銷的二箱水梨（市價約3,000元）往外離去之竊賊乙大喊：「不要動，否則我要開槍了。」但乙繼續往前奔跑。甲見此狀，便朝乙的腳開槍射擊，雖然甲知道有可能射擊到乙之其他致命部位，但其根本無所謂，結果甲一槍擊中乙之心臟，乙一命嗚呼。問甲之行為應如何論罪？　　　　　　　　　　　　【102司特四等-刑法概要】

重點提示：

㈠甲是成立傷害致死還是殺人罪。

㈡是否可以主張正當防衛而阻卻違法，討論防衛過當。

甲、乙缺錢花用，乃決意向公園約會情侶抽取「戀愛稅」。某夜甲、乙開車至某公園，兩人下車尋找目標，發現幽暗處丙男與丁女正在親熱，甲、乙分持西瓜刀與藍波刀架住丙、丁脖子，喝令不准出聲，然後乙拿出繩索與膠布，分別將丙、丁嘴巴貼上膠布並捆綁手腳，搜刮其財物。甲、乙得手後，甲臨時起色念，欲對丁性侵，遂向乙佯稱尿急，要其先去開車，乙不疑即先行離去。正當甲對丁強制性交之際，丙不知何時已解開繩索，拿著石塊悄然走到甲背後，往其後腦一砸，甲立即昏厥，惟丙基於除惡務盡之意，又拿起掉落在地的西瓜刀對其連砍十幾刀後，始偕同丁逃離。待乙折返找甲時，見其身受重傷倒地，趕緊將甲送醫，幸逃過死劫。問甲、乙、丙之行為應如何論罪？（25分）　　　【105高考-民法總則與刑法總則】

重點提示：

㈠甲性侵丁之部分：共同正犯之逾越，乙是否須要負責任？

㈡丙連砍十幾刀：是否主張正當防衛？

高手過招

甲與乙發生口角後，甲聲稱要將乙殺掉，並且到五金行買了一把水果刀，乙怕被甲殺死，於是在甲回來的路上，先下手為強，開槍將甲擊斃。乙的行為屬於：　(A)正當防衛　(B)防衛過當　(C)誤想防衛 (D)故意犯罪　　　　　　　　　　　　【98四等基層警察-法學緒論】	(D)
甲刻意羞辱乙，乙怒極出手，甲反擊將乙打傷，應如何評價甲的行為？　(A)正當防衛，不罰　(B)防衛過當，減輕處罰　(C)濫用防衛權，成立傷害罪　(D)緊急避難，不罰　　　　　　　　　　　　　　　　　　　　　【99初等人事行政-法學大意】	(C)

11 緊急避難

一 緊急避難之概念

　　避難行為，是指行為人在緊急危難的情況下，為了避免自己或他人生命、身體、自由、財產之現時危險，而出於不得已之侵害他人行為。

　　如果緊急避難所保全的法益，相當於或大於所侵害的法益，基於法益權衡之角度，緊急避難行為阻卻違法。例如為了救助他人的生命，而擊破、毀壞他人的車輛，因為生命法益優先於財產法益，所以得以阻卻違法。反之，如果所侵害的法益，明顯超過所要保護的法益，則僅減免罪責，而不能阻卻違法。例如甲為保護自己的珠寶，避免因為火災而毀損，遂將珠寶從高處推落，竟將樓下經過的乙砸死，從法益權衡的角度，甲不能主張緊急避難而阻卻違法。

【刑法第24條】

Ⅰ 因避免自己或他人生命、身體、自由、財產之緊急危難而出於不得已之行為，不罰。但避難行為過當者，得減輕或免除其刑。

Ⅱ 前項關於避免自己危難之規定，於公務上或業務上有特別義務者，不適用之。

緊急避難之特別義務

明天過後

「明天過後」的電影中，因為大風雪即將來襲，美國人民紛紛逃離北方，往墨西哥方向撤離。劇中某醫院的醫生和護士，為了自己的生命均先撤離，留下一名無法離開的重病兒童，業已違反其特別義務。

鐵達尼號

「鐵達尼號」的電影中，船長與船員必須安排旅客先行逃難後，才能逃生，不能主張為了自己的生命，因緊急避難而先行棄船逃離。但在電影中仍出現將次等的旅客惡意地鎖在船艙中的情形發生。

二 超法規緊急避難

我國緊急避難所規範保障的法益，僅限於生命、身體、自由、財產四種，如果是為了這四種以外之法益所受到的危難，所採取的緊急行為，則稱之為超法規緊急避難。例如為保護名譽權，而搶走撕毀他人內含侵害其名譽之信件，實務上應視具體個案，從法益衡量之角度，容許此種超法規阻卻違法事由。

三 自招危難

危難事由行為人本身所引起，例如故意將鄰居的狼犬激怒，待其攻擊時，再予以殺害，此種情形是否可以主張緊急避難？（如右頁圖）

實務見解 過失造成危難，可否主張緊急避難？

「刑法第24條所稱因避免緊急危難而出於不得已之行為，係基於社會之公平與正義所為不罰之規定。倘其危難之所以發生，乃因行為人自己過失行為所惹起，而其為避免自己因過失行為所將完成之犯行，轉而侵害第三人法益；與單純為避免他人之緊急危難，轉而侵害第三人法益之情形不同。依社會通念，應不得承認其亦有緊急避難之適用。否則，行為人由於本身之過失致侵害他人之法益，即應成立犯罪，而其為避免此項犯罪之完成，轉而侵害他人，卻因此得阻卻違法，非特有背於社會之公平與正義，且無異鼓勵因過失即將完成犯罪之人，轉而侵害他人，尤非立法之本意。至其故意造成『危難』，以逐其犯罪行為，不得為緊急避難之適用，更不待言。」（最高法院72年度台上字第7058號刑事判決）

學說見解

　　然學理上持不同之見解，有認為難道法律秩序會要求避難者不要避難，而去完成過失犯行所造成之嚴重後果嗎？例如卡車司機某甲疏於車輛定期維修，導致行經路上煞車失靈，在即將撞到過馬路學童之際，將卡車撞向路邊民宅，防止學童傷亡慘劇發生。固然危難之發生是某甲過失未定期維修車輛所導致，但是任何理智之人，發生相同情況，也會選擇撞毀房舍，因此過失行為而導致之危難，是否能主張緊急避難，關鍵點在於利益衡量，而非空洞之社會公平正義。(林山田，《刑法通論(上冊)》，86年9月增訂六版，第234頁)

激怒小狗事件

某甲故意激怒鄰居的狼犬

狼犬受到刺激，生氣地衝向某甲

某甲以棍棒毆打狼犬

狼犬倒地死亡，狼犬主人控告某甲毀損罪，某甲主張緊急避難

甲有狼犬一隻,看管不周,乃追逐兒童乙甚急,丙見狀,則立即奪路人丁之雨傘擊之,狗退傘毀。丁對丙主張傘毀損之賠償時,丙之所為係屬何種自力救濟行為,得阻卻違法,不須對丁負賠償之責任? (A)正當防衛 (B)緊急避難 (C)自助行為 (D)無因管理 【112普考-法學知識與英文】	(B)
甲某日突然察覺其鄰居乙之屋內有濃厚的瓦斯味,甲為救人起見,立即持磚塊將乙屋之窗戶打破讓新鮮空氣流入,甲之行為: (A)仍構成毀損罪,但應減輕其刑 (B)可依刑法「正當防衛」之規定阻卻違法 (C)可依刑法「緊急避難」之規定阻卻違法 (D)可依刑法「業務上正當行為」之規定阻卻違法 【96普考-法學知識與英文】	(C)
某航空公司班機降落時,起火燃燒,乘客驚慌逃生,機組人員甲爭先逃生,將乘客乙之腳踝踩傷。問如何評價甲之行為? (A)正當防衛,不罰 (B)緊急避難,不罰 (C)甲在業務上有特別義務,不可主張緊急避難,成立傷害罪 (D)避難過當,但得減輕處罰或免除其刑 【96五等公務-法學大意】	(C)

解析:機組人員甲應等待乘客逃生後再行離開,此為其擔任機組人員之特別義務。違反此一義務而踩傷乘客,不可以主張緊急避難。

高手過招

B前往A家作客，A為防其所飼養之猛犬侵擾客人，逐將該犬以鐵鍊栓於院子之狗籠內，並以標示「猛犬勿近」之字牌懸掛於狗籠上。B獨自在院中遊玩，見有該犬，不顧字牌之警告，擅自打開狗籠之門，並以竹竿挑逗該犬，致該犬兇性大發，掙斷鐵鍊，猛咬B，B情急之下，亦拾起一根木棍對犬攻擊；最後，B身受重傷，犬遭擊斃。試問：

(一)A是否應負過失致重傷之刑責？

(二)B擊斃犬之行為，可否阻卻違法？理由為何？　　【86高考政風-刑法】

重點提示：

(一)單純動物攻擊不成立正當防衛。

(二)猛犬咬傷B之行為，係B挑逗所自招，雖然
實務上認為，故意或過失之自招危難，不得
主張緊急避難(72台上7058)；但是因為所
保護之身體法益，遠大於猛犬遭擊斃之財產
法益，仍得主張緊急避難為宜。

甲見乙家門前狗籠內的狗兒長相可愛，乃興起逗弄之意，雖狗籠上貼有字條警告「內有惡犬，請勿騷擾」，惟其認為係乙為遏止狗被偷的唬人字句，並不以為意，甲不停逗弄該犬，終致其兇性大發，恰狗籠並未關緊，該犬衝出籠外撲向甲攻擊，甲為自保，順手拾起木棒，打死該犬。試問：甲之刑責為何？其抗辯緊急避難，有無理由？

【100四等司法特考-刑法概要】

解析：

甲該當毀損罪之構成要件。

甲不得主張正當防衛阻卻違法，因為不法行為必須是人之行為。

甲自招危難，是否成立緊急避難，實務採否定見解(72台上7058)，學說持肯定見解。

12 依法令之行為

■ 一 依法令行為之概念

依法令之行為，是指依據法律規則、行政命令所為之權利義務行為，雖然符合刑事法規之構成要件，但得以阻卻違法。

【刑法第21條】

Ⅰ 依法令之行爲，不罰。

Ⅱ 依所屬上級公務員命令之職務上行爲，不罰。但明知命令違法者，不在此限。

㈠自助行為

來不及尋求法律公權力之援助，而為了保護自己權利，對於他人之自由或財產施以拘束、押收或毀損者，不必負刑事責任。

【民法第151條】

爲保護自己權利，對於他人之自由或財產施以拘束、押收或毀損者，不負損害賠償之責。但以不及受法院或其他有關機關援助，並非於其時爲之，則請求權不得實行或其實行顯有困難者爲限。

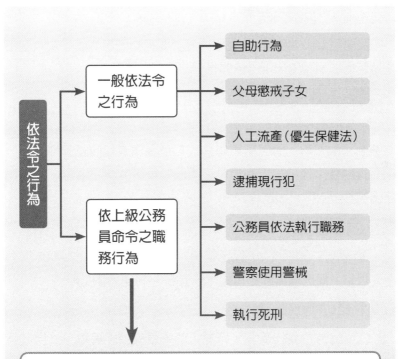

軍官與魔鬼的紅色紀律

湯姆·克魯斯在電影「軍官與魔鬼」(A Few Good Man，大陸翻譯為「好人寥寥」)中，扮演丹尼爾上尉。劇中兩名士兵接受長官命令執行「紅色紀律」(Code Red)，導致一名士兵遭到不當管教死亡。丹尼爾最初勸兩人認罪，只要關上半年即可，如果不認罪，最後可能會終身監禁。兩名士兵堅持清白，認為是執行上級命令，不願與檢察官達成認罪協商，於是攻防雙方展開一場精采的清白之爭。

(二)父母懲戒子女之行為

民法第1085條規定，父母得於必要範圍內懲戒其子女。但若是逾越必要範圍內，則仍依傷害等罪行加以處斷。

(三)人工流產（優生保健法）

依據優生保健法的規定，符合一定情況下，醫師得以幫助孕婦墮胎。例如驗出胎兒罹患唐氏症、愛滋病或其他先天性疾病，或有其他醫學理由，認為懷孕有害孕婦身體健康之情況，得以在醫師的診斷下進行墮胎行為。

(四)現行犯之逮捕

現行犯，不問何人得逕行逮捕之，我國刑事訴訟法第88條有明文規定。但應儘速解送相關司法機關，不得動用私刑。

(五)公務員依法執行職務

公務員依法執行職務，行為人必須具備公務員身分，且其行為屬為執行職務之範疇。例如遊行人違反集會遊行法，執法人員依據法令進行逮捕，又如依法拘提被告之妨害自由行為均屬之。

二 依上級公務員命令之職務行為

公務員依所屬上級公務員命令之職務行為，只要非明知命令違法者，不罰。例如總統命令所屬公務員將國務機要費轉到國外帳戶，若其不知總統轉帳目的為洗錢，而以為是進行秘密外交之金錢轉帳，屬於依總統命令之職務上行為，並不成立幫助洗錢罪。

高手過招

警察鳴空示警後，逃犯不理，警察開槍打傷逃犯的左大腿，此行為： (A)成立傷害罪 (B)因為是正當防衛的行為不成立傷害罪 (C)因為是緊急避難的行為不成立傷害罪 (D)因為是依法令的行為不成立傷害罪 【97三等海巡-法學知識與英文】	(D)
父母親懲罰小孩的行為，如未過當，屬於下列何者？ (A)因為是依法令的行為而不罰 (B)因為是自助行為而不罰 (C)因為是得承諾的行為而不罰 (D)因為是正當防衛而不罰 【97四等警察特考-法學知識與英文】	(A)

13 安樂死

一 安樂死之概念

安樂死，一詞源自希臘文euthanasia，意為「無痛苦的死亡」，其意義是「在瀕死者明確要求下，刻意在他人協助下結束生命」。

最早之安樂死法案是1906年美國俄亥俄洲之安樂死法案，目前已立法容許安樂死的地區包括荷蘭、比利時、美國奧勒岡州等。以荷蘭為例，要執行安樂死，必須出自於病人的任意性，且須提出醫生證明病人正處於「不能減輕」或「不能忍受」之痛苦中，醫生與病人也達成共識，認為安樂死是唯一的選擇，才能夠進行安樂死。

二 電影賞析：登峰造擊

電影「登峰造擊」（Million Dollar Baby），描述一位女拳擊手Maggie，因為有拳擊的天分，在教練細心調教下，快速成為頂尖的拳擊手。

但在一次拳擊賽的過程中，遭對手惡意突襲，不慎受傷而四肢癱瘓，因為不能再參加拳擊比賽，痛苦的Maggie多次自殺未果，疼愛她的教練選擇幫助她安樂死，拔除其呼吸器，並注射一支過量的藥劑，走到Maggie耳邊說：「Mocuishle」（意指我的孩子、我的寶貝），結束她這一場無奈的生命旅程。

植物人泰莉拔管案

1990年2月，26歲的泰莉·席亞佛（Terry Schiavo）在家中昏倒，後來診斷出她因鉀離子嚴重不均衡而心臟衰竭，醫師懷疑可能源於飲食障礙併發症，之後成為植物人。

泰莉的丈夫麥可堅稱，他妻子生前曾一再談到不要靠人工方式維生，但他拿不出白紙黑字證明，碰到岳家不同意拔管，只好上法院裁決。

打了7年的官司後，2005年2月25日，麥可贏得佛州巡迴法官裁決可以拔管。2005年3月31日，在拔管13天後，泰莉逝世。泰莉的案子使得有關生命和死亡權利，以及預立病危時醫療指示（Living Will）的辯論，在美國曾引發激烈爭辯。

安樂死的基本要件

我國雖然還沒有安樂死合法化，但是下列要件，可作為未來立法之參考，作為安樂死阻卻違法之前提要件：

㈠患者死亡期限接近，或已無治癒之可能或難以治癒。

㈡患者承受難以忍受之肉體上痛苦。

㈢除了積極進行安樂死之外，並無其他代替手段，得以除去或緩和苦痛。

㈣患者有為願意安樂死之主觀表意。

三 安樂死之類型

(一)消極性安樂死：

在病患要求下，拔除維生裝置，不進行積極的治療行為，但也不以注射藥劑或其他積極性安樂死之作為，讓病患能夠自然死亡。

(二)積極性安樂死：

病患主動要求，由另一人下手致病患死亡。例如由醫師以人工作為方式，為重症末期病患或植物人注射高劑量嗎啡或其他類似藥劑，加速死亡。美國密西根州的凱佛基安醫師案，其在1998年替一名病人注射毒藥，進行安樂死，他卻被判二級謀殺罪，入獄服刑。

(三)醫師協助自殺：

由醫師提供資訊或方法，包括購買高劑量安眠藥管道或使用一氧化碳自殺之方法，讓病患自行結束生命。

(四)非自願性安樂死：

病患未明確要求下，由家屬或其他人決定以安樂死方式結束其生命，前頁所述女植物人泰莉‧席亞佛即屬此一類型。

四 安寧緩和醫療

緩和醫療的宗旨，是對於現今醫療科技已無法治癒的疾病，為了讓病患能解除生理上的病痛，以「不延長或縮短病人生命期限」的原則，提供人性化的照顧，讓病患免除身體病痛折磨的同時，也能在心理方面獲得寧靜與安詳，以求得尊嚴方式走向人生的終點。

五 相關法令

　　醫生協助病患安樂死，或者是第154頁談到教練協助癱瘓的女拳擊手自殺，構成刑法第275條第2項之加工自殺罪。

【刑法第275條】

Ⅰ 受他人囑託或得其承諾而殺之者，處1年以上7年以下有期徒刑。

Ⅱ 教唆或幫助他人使之自殺者，處5年以下有期徒刑。

Ⅲ 前二項之未遂犯罰之。

Ⅳ 謀為同死而犯前三項之罪者，得免除其刑。

14 被害人同意或承諾

■ 被害人同意或承諾

　　被害人同意或承諾，是指被害人對於他人侵害自己之權利，表達同意或承諾之意思表示，屬於「超法規阻卻違法事由」。法益持有人對於其所有之法益，基於自我決定權，對於他人之侵害加以同意，足以讓限制他人侵害行為發生之禁止規範，不產生其應有之作用，並讓侵害行為不具備實質之違法性，像是比武擂台即屬之。

　　其阻卻違法之前提要件，必須是法律所允許的範圍，一般而言，個人法益才是得以被害人同意或承諾，社會法益、國家法益並不得以同意或承諾。其次，被害人必須具有該法益的處分權，例如甲對乙說，你可以打丙，但因為甲對於丙的身體權之法益沒有處分權，所以當然不能同意或承諾。

　　有些犯罪行為，雖然所侵犯者為個人法益，但是基於特定之立法目的，此種同意不被法秩序所認同，因此以法律明文規定，即便獲得被害人之同意或承諾，依舊屬於犯罪行為，例如加工自殺罪、加工自傷罪，以及加工墮胎罪等。(參考右頁圖表)

罪名	條號	案　例
準強制性交罪	刑法 §227 I	25歲的甲與13歲的乙兩情相悅，進而發生性關係。
加工自殺罪	刑法 §275 I	甲看完自殺完全手冊，請乙幫忙他注射藥劑自殺。
加工自傷罪	刑法 §282	邪教的教徒，同意接受其他教友的鞭打、凌虐等傷害行為而造成重傷或死亡者。
加工墮胎罪	刑法 §289 I	密醫得到孕婦的要求替其墮胎，逐拿藥給孕婦服用，使其墮胎。

⬛ 準強姦罪

　　與未滿14歲的男（女）發生性行為，本質上是對方自願，也就是得其同意或承諾，而未施以強暴、脅迫、藥劑、催眠術等妨害其性自主之手段。蓋因整體社會價值，著重於未滿14歲青少年的保護，即便獲得青少年的同意所為的性行為，仍成立準強姦罪。

【刑法第227條第1項規定】

　　對於未滿14歲之男女爲性交者，處3年以上10年以下有期徒刑。

⬛ 日本摔角節目

　　日本人的摔角節目非常有名，第四台通常可以看到，也是部分國人的重要娛樂。然而，此種摔角節目，雙方互相攻擊、摔打，時常會發生受傷的結果，客觀上該當傷害罪的構成要件。

　　是否具備違法性？

　　此時，摔傷他人之摔角選手，即可依據被害人同意或承諾之法理，阻卻其違法性，而不必負擔傷害罪之罪責。

　　但是，刑法第282條規定：「受他人囑託或得其承諾而傷害之，因而致死者，處6月以上5年以下有期徒刑；致重傷者，處3年以下有期徒刑。教唆或幫助他人使之自傷，因而致死者，處5年以下有期徒刑；致重傷者，處2年以下有期徒刑。」本條稱之為加工自傷罪，本質上就是要被害人自願，而且本罪屬於非告訴乃論之罪。只要是重傷或致死，即不能主張「被害人同意或承諾」而阻卻違法，或許可以主張非法所不容許之風險，而得以阻卻違法。

四 推測承諾

　　是指被害人雖無現實的承諾，但是整體客觀情事判斷，若被害人知道其情事，就當然會為承諾之推定。例如，甲每次出門旅遊，都會請乙幫忙拆閱信件；某日臨時出遊，未請乙代為處理，乙見有信件，仍代為拆閱信件，即可依推測承諾阻卻違法。

　　推測承諾之成立，主觀上須有利於被害人之意思；客觀上被害人對於法益有處分權，且該承諾之推測具有客觀上合理之可能判斷，亦即法益持有人在理性之情況下，處於相同之情況，亦會為該承諾行為。

高手過招

裝修工人甲受屋主乙委託，將乙宅的圍牆拆除，甲的拆除行為不構成毀損罪是因為：　(A)客觀處罰條件未成就　(B)具備阻卻罪責(責任)事由　(C)欠缺刑法上的行為　(D)具備排除違法性事由 【103四等司特-法學知識與英文】	(D)

義務衝突

一 義務衝突

　　志明與春嬌是男女朋友，某日春嬌想要瞭解志明是否愛她，於是嬌聲地問志明說：「如果你媽媽跟我同時跌落水裡，只有機會救一個人，你會先救誰？」愛情經驗豐富的志明，很頭痛地想說：「怎麼女生都喜歡問這種問題？」

　　行為人同時必須履行兩個以上之義務時，因無法履行全部，而僅履行其中一部分，對於未履行之部分，阻卻其責任。例如海水浴場有兩個人溺水，救生員應該要先救哪一位？如果只救其中一位，另外一位溺斃時，則依據義務衝突的法理，毋庸負擔法律上業務過失致死的罪名。

二 酒醉駕車與違規停車案

　　右頁圖中，某甲喝了酒沒開車，坐在違規停在馬路中央的車上休息。警方行經附近，要求其把車停好，然後走進便利商店執行勤務。

　　某甲聽從警方的命令將車子往前移動幾公尺，但還是停在馬路中央，警方發現車子還是沒停好，又再次命其將車停妥，才發現某甲喝酒，遂將某甲帶回酒測，並依刑法第185-3條酒醉駕車移送法辦。某甲大聲喊冤，辯解是因為聽從警方指示，避免違規停車，而將車移動幾公尺，就被判酒醉駕車。二審判決確定酒醉駕車有罪後，檢察總長認為與其他高等法院見解不符，遂提起非常上訴，認為這是移動，不是駕駛；且其無法同時滿足處理違規停車，且不酒醉駕駛之雙重義務。（最高法院見解參見右頁）

酒醉駕車與違規停車

甲喝醉酒，違規停車

警察要求甲將車停好

甲開車向前移動幾公尺，但是依舊違規停車

警察發現甲有喝酒，依酒醉駕車移送法辦

最高法院見解

　　最高法院駁回檢察總長的非常上訴，認為：

- 酒醉駕車之立法目的，主要在於酒醉者的注意力較正常人為差，與駕駛距離之長短無關。

- 違規停車，只是行政罰；酒醉駕駛，則是行政罰加上刑罰，當然具有較高位階的義務。某甲居然不遵守較高位階的不得酒醉駕駛的義務，反而去遵守不得違規停車的義務，當然不能主張義務衝突。

（最高法院92年度台非字第168號刑事判決）

三 義務衝突的要件

(一)同時存在兩個以上不相同的義務。

(二)行為人只能履行其中一部分之義務。

(三)義務衝突之狀況非因可歸責於行為人。

(四)原則上必須為履行位階較高之義務。

四 阻卻違法之判斷原則

為履行價值較高之義務，而不履行價值較低的義務，或兩者價值相同或接近，則能阻卻違法性。反之，若為了履行價值較低之義務，而不履行價值較高的義務，則不能阻卻其違法性，以符合「最小損害原則」及「優越利益原則」。

但是，有時情況危急，要求行為人能判斷價值之高低，則強人所難；因此，應依具體個案加以判斷，以決定是否阻卻違法，履行義務價值之高低僅是參考標準之一。

五 電影機械公敵及義務衝突

電影「機械公敵」(I, ROBOT)中，由威爾史密斯主演的警探史普納調查一起第五代機器人謀殺案，最後發現機器人已經不被控制了。劇中提到史普納曾經被第四代機器人拯救，在一起車禍事件中，史普納與一名12歲的小女孩掉入水中，小女孩的存活機率只有11%，遠低於史普納45%的存活率，於是機器人選擇救他，而放棄拯救小女孩。機器人沒有救小女孩，並不會被責難，因為發生了義務衝突的客觀事實。當然，另外一個不被責難的原因，在於它是機器人。

六 不作為義務於不作為義務之衝突

作為義務與作為義務，可以成立義務衝突的情況，作為義務與不作為義務，也會發生義務衝突的狀況，像是父親要保護小孩子（作為義務），因此在山難中殺死同夥（不作為義務），烹煮其肉來餵食小孩子。但是，不作為義務與不作為義務，似乎就難以想像有成立義務衝突之必要性。

高手過招

甲、乙兩遊客分別乘坐A、B兩船夜遊日月潭，兩船在潭中相撞，甲、乙兩人分別落水，A船之船長丙見死不救；B船船長丁只救起甲而沒救起乙，致乙因而溺死，問丙、丁之罪責？　【103四等行政警察-刑法概要】

16 信賴保護原則

一 信賴保護原則

行為人對於防止危險之發生，業已遵守相關法令，且盡相當之注意義務，以避免危險結果之發生；基於信賴他人也會遵守相關法令，及盡相當之注意義務，但是他人卻未符合行為人之期待，導致危險之發生；此時，行為人得主張信賴保護原則。

二 車禍事件之信賴保護原則

實務上信賴保護原則之適用，較常發生在車禍事件。過去，針對車禍事件之過失要件，應注意、能注意而不注意，非常容易成立，導致行為人必須對其過失行為負其責任。只是，許多情況，行為人已經遵守相關法令，但客觀事實仍然發生，若仍苛責當事人要負過失責任，則顯然強人所難。此時，得依據信賴保護原則，當可以信賴他人也應該遵守交通規則，必且善盡同等注意義務的同時，免除其過失責任。

三 行政法上之信賴保護原則

除了前述刑法所討論之信賴保護原則之外，較常見者為行政法上之論述。參酌司法院大法官會議釋字第589號解釋「行政法規公布施行後，制定或發布法規之機關依法定程序予以修改或廢止時，應兼顧規範對象信賴利益之保護。受規範對象如已在因法規施行而產生信賴基礎之存續期間內，對構成信賴要件之事實，有客觀上具體表現之行為，且有值得保護之利益者，即應受信賴保護原則之保障。」

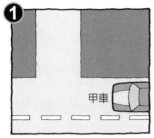

甲車遵守交通法規駕駛

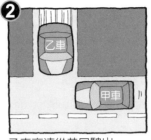

乙車高速從巷口駛出

已盡相當注意義務，仍遭違規
之乙車撞擊，乙車車主受傷

甲車依信賴原則而得以免責

實務見解

　　汽車駕駛人對於防止危險發生之相關交通法令之規定，業已
遵守，並盡相當之注意義務，以防止危險發生，始可信賴他人亦
能遵守交通規則並盡同等注意義務，因此而發生交通事故，方得
以信賴原則為由免除過失責任。

（最高法院84年台上字第5360號判決）

　　從本判例之見解，可分析出車禍事件之信賴保護原則必須具
備下列要件：

● 遵守相關交通法令：例如不超速。

● 已盡相當之注意義務，以防止結果發生。

　　若具備上述要件，目前實務上的判決認為，行為人即得信賴
他人能遵守交通規則並盡同等注意義務，依據信賴保護原則加以
免責。

17 有責性

一 有責性之概念

行為人構成要件該當，並具備違法性時，則必須判斷有無有責性（罪責）。有責性是指從刑法規範的角度觀察，行為人從事不法犯罪行為時，其意思決定過程是否具備可非難性，若行為人具備認識法律規範、辨識行為合法與否的能力，並且能據此來控制及支配自己的行為，卻仍舊決定從事不法行為，則具備可非難性。具備違法性的構成要件該當行為，還必須行為人具備有責性，才會成為具有刑罰效果的犯罪行為。因此，有罪責，始有刑罰之問題；無罪責，即無刑罰。

二 理論基礎

(一)心理責任論

本理論之見解認為行為人對其行為之心理關係，以故意或過失為其二種責任形式或條件，亦即有故意或過失則有責任，此為其理論之基礎，而故意及過失責任之區分標準，完全在於其結果之意思。

(二)規範責任論（通說）

有責性之非難，在於意思決定與意思活動之可責性或可非難性。在故意與過失之外，加上可責性的概念。換言之，並非行為人具有故意過失，就具備可責性，而是指行為人之故意或過失行為，從法律規範之評價角度觀察，認定具備可非難性，始有罪責。因此，罪責應包含責任能力、罪責形態、不法意識，以及期待可能性。

目 無罪責，無刑罰

刑罰，以責任為基礎，若無罪責的存在，就無刑罰之問題。具備違法性之構成要件該當行為，進一步要探討的就是有責性，具備有責性之行為人所為之行為，才會構成具有刑罰效果的犯罪行為。

	構成要件 ↓	
	違法性 ↓	
	有責性理論	理論之內涵
有責性	(1)心理責任論	有故意或過失則有責任
	(2)規範責任論（通說）	罪責應包含責任能力、罪責形態、不法意識，以及期待可能性。

高手過招

依據我國現行刑法之規定，行為人於行為時欠缺不法意識，如有正當理由且無法避免者，其法律效果為何？　(A)阻卻構成要件　(B)阻卻違法　(C)阻卻罪責　(D)阻卻客觀歸責 【97初等一般行政-法學大意】	(C)

解析：規範責任論中，不法意識是屬於罪責之內涵之一，故欠缺不法意識，即阻卻罪責。

高手過招　　有責性

下列何者不屬於現代刑法上的責任原則？　(A)沒有責任，就沒有刑罰　(B)主觀責任原則　(C)個人責任原則　(D)連坐責任原則 【102司特五等-法學大意】	(D)
依照現今刑法理論，下列何者屬於罪責（有責性）階層所要審查的要素？　(A)客觀處罰條件　(B)違法性意識（不法意識）　(C)個人之解除刑罰事由　(D)行為能力　【102司特四等-法學知識與英文】	(B)

18 責任能力

一 責任能力的概念

責任能力，是指行為人具有判斷違法與否之意識能力，並依據其判斷而為行為之控制能力。行為人若不具備責任能力，縱使行為構成要件該當，且具備違法性，但仍不構成犯罪。其判斷標準包括年齡、精神障礙或其他心智缺陷、生理狀態。

二 年齡

(一)**無責任能力人**：未滿14歲人之行為，不罰。（刑§18Ⅰ）但是若屬12歲以上未滿14歲之人，仍有少年事件處理法之適用。

(二)**限制責任能力人**：14歲以上，未滿18歲人之行為，以及滿80歲人之行為，得減輕其刑。（刑§18Ⅱ、Ⅲ）例如某甲持有刀械，屬於行為的繼續，在行為終了時，被警方查獲持有刀械，業已年滿18歲，就不能主張得減輕其刑。

(三)**有責任能力人**：非屬無責任能力人及限制行為能力人以外之人。

三 精神障礙或其他心智缺陷

舊法原採用心神喪失與精神耗弱，現行法修正為下列兩種：

(一)**重度精神障礙**：行為時因精神障礙或其他心智缺陷，致不能辨識其行為違法或欠缺依其辨識而行為之能力者，不罰。（刑§19Ⅰ）

(二)**輕度精神障礙**：行為時因精神障礙或其他心智缺陷，導致其辨識行為違法或依其辨識而行為之能力，顯著降低者，得減輕其刑。（刑§19Ⅱ）

責任能力判斷類型

類　　　型		法 律 效 果
年齡 （刑§18）	無責任能力人	不罰
	限制責任能力人	得減輕其刑
	有責任能力人	負完全刑事責任
精神障礙或其他 心智缺陷 （刑§19）	重度精神障礙	不罰
	輕度精神障礙	得減輕其刑
生理狀態 （刑§20）	瘖啞人	得減輕其刑

【刑法第18條】

Ⅰ 未滿14歲人之行為，不罰。

Ⅱ 14歲以上未滿18歲人之行為，得減輕其刑。

Ⅲ 滿80歲人之行為，得減輕其刑。

四 生理狀態

瘖啞人之行為，得減輕其刑。（刑§20）所謂，瘖啞人，是指自出生及自幼瘖啞者而言，也就是欠缺聽力且欠缺語言能力的人；所謂自幼，是指未滿7歲者而言。如果是瘖而不啞，或啞而不瘖，均非屬瘖啞人。瘖啞人之行為減輕與否，應由法院自由裁量。

實務案例 ▸ 如何判斷有無精神障礙？

精神狀況通常都必須經過醫院或其他專業鑑定機構進行判斷。

綜合潘員之過去生活史、疾病史、身體檢查、精神狀態檢查及心理評估結果，認為潘員犯行時可能受酒精影響而導致衝動控制力較差，此為潘員自行招致之行為；且考量潘員當日之飲酒量和其平日飲酒量相當，飲酒後仍能騎乘機車返家等複雜運作，推估潘員犯行當時應未達精神耗弱之程度。即潘員行為時未因精神障礙或其他心智缺陷，至其辨識行為違法或依其辨識而行為之能力顯著減低。（最高法院97年度台上字第5047號刑事判決）

高手過招　　生理狀態

甲20歲，無故殺人。甲主張，於少年時期因病失聰，語言能力也受到影響，以致於情緒容易衝動。問如何評價甲的行為？　(A)屬於瘖啞人的行為，必須減輕處罰　(B)屬於瘖啞人的行為，得減輕處罰　(C)不屬於瘖啞人的行為，但屬於心智缺陷，必須減輕處罰　(D)不屬於瘖啞人的行為，而且無須減輕處罰 【97初等人事經建政風 - 法學大意】	(D)
依據我國刑法規定，瘖啞人是：　(A)減輕責任能力人　(B)完全責任能力人　(C)無責任能力人　(D)沒有規定 【96三等公務 - 法學知識與英文】	(A)

高手過招　　混合考題

有關刑事被告之責任能力的敘述，以下何者正確？　(A)未滿18歲人之行為，不罰　(B)滿80歲人之行為，不罰　(C)瘖啞人之行為，不罰　(D)行為時因精神障礙，致不能辨識其行為違法者，不罰 【100四等行政警察 - 法學緒論】	(D)
依據我國現行刑法之規定，下列之敘述，何者為正確？　(A)14歲以下人之行為，不罰　(B)14歲以上18歲以下人之行為，得減輕其刑　(C)滿80歲人之行為，減輕其刑　(D)因故意自行陷入精神障礙狀態，致行為時不能辨識其行為之能力者，為具有責任能力人 【96五等公務 - 法學大意】	(D)

解析：(A)依據刑法第18條第1項規定：「未滿14歲人之行為，不罰。」並非14歲以下人之行為，不罰。(B)依據刑法第18條第2項規定：「14歲以上未滿18歲人之行為，得減輕其刑。」並非18歲以下，因為18歲以下，包含18歲；未滿18歲，則不包含18歲。(C)依據刑法第18條第3項規定：「滿80歲人之行為，得減輕其刑。」並非減輕其刑，因為得減輕其刑，表示可以減輕其刑，也可以不減輕其刑。所以答案應該選(D)。

高手過招

下列何人有刑法上的限制責任能力？ (A)80歲的甲 (B)19歲的乙 (C)7歲的丙 (D)13歲的丁 【98四等司法特考 - 法學知識與英文】	(A)
依照刑法的規定，未滿14歲人之行為，不罰。此所謂不罰，是指下列何種情況？ (A)成立犯罪，得同時宣告刑罰與保安處分 (B)成立犯罪，但不能宣告刑罰，只能宣告保安處分 (C)原則上不成立犯罪，除非殺害直系血親尊親屬 (D)欠缺刑法上的責任，不成立犯罪 【99初等人事行政 - 法學大意】	(D)
下列關於刑事責任之敘述，何者錯誤？ (A)未滿14歲人之行為，不罰 (B)14歲以上未滿18歲人之行為，應減輕其刑 (C)滿80歲人之行為，得減輕其刑 (D)瘖啞人之行為，得減輕其刑 【99四等關務 - 法學知識】	(B)
依我國刑法規定，滿幾歲之精神正常人應對其犯罪行為負完全刑事責任？ (A)15歲 (B)16歲 (C)17歲 (D)18歲以上，未滿80歲 【99四等基警行政警察 - 法學緒論】	(D)
依我國刑法第18條規定，下列何人無責任能力？ (A)13歲之人 (B)14歲之人 (C)18歲之人 (D)20歲之人 【97基層行政警察 - 法學緒論】	(A)
關於犯罪成立或法律效果之敘述，下列何者正確？ (A)即使不具有故意或過失，仍可能成立犯罪 (B)防衛過當，雖仍成立犯罪，但得減輕或免除刑罰 (C)行為時為16歲，則不成立犯罪 (D)行為時有精神障礙者，一律減輕刑罰 【102五等地方特考一般民政 - 法學大意】	(B)

高手過招

在夢遊中所為的動作不會被評價成犯罪，因為整個事實中欠缺了那個犯罪成立要件？ (A)違法性 (B)責任能力 (C)刑法上的行為 (D)因果關係 【103四等司特 - 法學知識與英文】	(C)
下列何者在現行刑法中並非絕對不罰？ (A)依法令之行為 (B)不能發生結果又無危險之行為 (C)未滿 16 歲人之行為 (D)有正當理由而無法避免不知法律 【106普考 - 法學知識與英文】	(C)
下列何種情形，雖屬不法，但仍可阻卻故意犯及過失犯的罪責（有責性）？ (A)行為人未滿 16 歲 (B)行為人對於構成犯罪之事實欠缺完整認知 (C)行為人無法避免認識自己的行為是違法 (D)行為人係依法令而行為 【108普考 - 法學知識與英文】	(C)
法院以行為人屬精神障礙為由而判決無罪。關於無罪的敘述，下列何者正確？ (A)行為人不具備期待可能性 (B)行為不具備違法性 (C)行為不具備構成要件該當性 (D)行為人不具備責任能力 【110普考 - 法學知識與英文】	(D)

19 期待可能性

一 期待可能性

　　期待可能性，是指對於行為人可以期待其為合法之行為，以代替其所為之違法行為。如果並無期待可能性之存在，無法期待行為人為合法之行為，則難以要求其負擔刑事上之責任。

二 癖馬繞韁案

　　馬車駕駛人發現所駕駛的一匹馬，有用馬尾纏繞韁繩的習慣，遂以安全為由要求主人換馬，但未獲得允許。1896年7月19日，該馬又用馬尾繞韁，致使馬車失控狂奔而撞傷行人。馬車駕駛人被控傷害罪，最後由德意志帝國法院審理，

　　法院認為：要認定被告具有過失責任，僅憑其認識到該馬有以尾繞韁的習慣，並可能導致傷人仍不足夠，還必須以被告基於此認識，而向雇主提出拒絕駕馭此馬為必要條件。然而，事實上無法期待被告人不顧丟失工作的危險，而向雇主拒絕駕馭此馬，故被告人不應負過失責任。

三 判斷標準

(一) **行為人標準說**：以行為人個人之能力為判斷標準，其標準依據實際情況判斷，可能較平均人標準為高，也可以較平均人標準為低。

(二) **修正行為人標準說**：以行為人個人之能力為判斷標準，但其標準之上限為平均人標準說。

癖馬繞韁案

馬伕以安全理由，要求主人換馬。

主人拒絕，馬伕續騎該馬工作。

馬尾又繞韁，失控撞傷行人。

馬伕不負過失責任。

㈢**平均人標準說**：以通常具有理性判斷者之能力為判斷標準，
如通常具有理性者也會為相同之違法行為時，則難以期待其
為合法之可能性存在。

㈣**國家標準說**：以國家法秩序之要求為標準。

最高法院認爲「投票行賄罪」有諸多不確定之法律概念，連法院都必須引用諸多判例、判決，才能闡明其要旨，讓下級法院有所遵循。更何況是一般非法律背景的人民，難以認爲具有期待可能性。　　　　　　　　（最高法院97年度台上字第2777號刑事判決）

相關概念　因無期待可能性之「拒絕證言」機制（刑事訴訟法）

證人本應負據實陳述證言之義務，惟證人如與當事人具有刑事訴訟法第一百八十條所定一定身分關係之情形，難免互爲容隱，欲求據實證言，顯無期待可能性，法律乃賦予其得爲拒絕證言之特權。此種特權，並非絕對性，故如證人放棄其特權，其證言仍具有容許性，但必須證人主張其特權，始得拒絕。是證人於作證時，祇須釋明其與訴訟當事人間有前述一定之身分關係，即得主張概括拒絕證言，法院或檢察官即應予許可，不得再行訊問或詰問。

證人於依法行使其一定身分關係之拒絕證言權時，應認其證言義務之解除條件已成就，法院或檢察官不得強使證人爲證言，否則不啻剝奪其此項特權，所取得之證人證言，因違反法律正當程序，不論是否出於蓄意而爲，概不具證言容許性，應予排除。（最高法院101年度台上字第5763號刑事判決）

期待可能性判斷標準

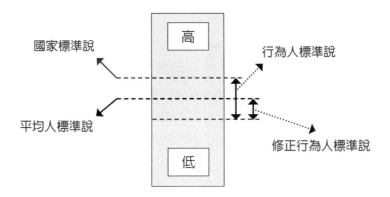

國家標準說

行為人標準說

高

低

平均人標準說

修正行為人標準說

20 原因自由行為

▉ 一 原因自由行為

原因自由行為，是指行為人在精神、心智正常，具備完全責任能力時，本即有犯罪故意，故意使自己陷入精神障礙或心智缺陷狀態，而於辨識行為違法及自我控制的能力欠缺或顯著降低，已不具備完全責任能力之際，實行該犯罪行為；或已有犯罪故意後，偶因過失陷入精神障礙或心智缺陷狀態時，果然真的為該犯罪。（最高法院96年度台上字第6368號刑事判決）

例如先計畫強盜後，始飲酒及施用藥物，藉以達精神興奮之目的，縱使其辨識行為違法及自我控制的能力欠缺或顯著降低，依據原因自由行為之法理，還是必須要負擔責任。

▉ 二 責任能力與行為同時存在原則

原因自由行為之行為人，在具有完全刑事責任能力之原因行為階段時，既對構成犯罪之事實，具有故意或能預見其發生，即有不自陷於精神障礙、心智缺陷狀態及不為犯罪之期待可能性，竟仍基於犯罪之故意，或對應注意並能注意，或能預見之犯罪事實，於故意或因過失等可歸責於行為人之原因，自陷於精神障礙或心智缺陷狀態，致發生犯罪行為者，自應與精神、心智正常狀態下之犯罪行為同其處罰。

因此，原因自由行為之行為人，於精神、心智狀態正常之原因行為階段，即須對犯罪事實具有故意或應注意並能注意或可得預見，始符合犯罪行為人須於行為時具有責任能力方加以處罰之原則。（最高法院96年度台上字第6368號刑事判決）

（A）甲看到前女友與其他男子聚餐，心生醋意、喝酒壯膽。

（B）甲喝酒後，遂持刀殺前女友。

	原 因 階 段	行 為 階 段
行為人之行為	喝酒	殺人
責任能力	有責任能力	無責任能力

責任能力與行為同時存在原則	→	行為人行為階段，無責任能力無罪
原因自由行為	→	原因階段行為，仍有判斷能力有罪

【刑法第19條】

Ⅰ 行為時因精神障礙或其他心智缺陷，致不能辨識其行為違法或
　 欠缺依其辨識而行為之能力者，不罰。

Ⅱ 行為時因前項之原因，致其辨識行為違法或依其辨識而行為之
　 能力，顯著減低者，得減輕其刑。

Ⅲ 前二項規定，於因故意或過失自行招致者，不適用之。

高手過招　原因自由行為

甲欲殺害仇人乙，事先喝了大量的酒以壯膽，終在意思不清的狀態
下將乙殺死。下列敘述何者正確？ (A)甲殺人時處於精神障礙或
其他心智缺陷狀態，故不處罰 (B)依未遂犯之規定減輕甲之刑責
(C)甲殺害乙時已不能清楚辨識自己之行為，故只能依過失犯論處
(D)甲是故意喝酒招致欠缺辨識自己行為之能力，不構成不罰或減輕
其刑　　　　　　　　　　　　　【100五等司法特考-法學大意】

（D）

甲獨居山中，地勢荒僻，絕少人跡。月黑之夜，甲獨斟獨飲，不覺飄飄然
恍兮惚兮，醉之極矣。甲步履蹣跚，身體如風之擺柳，拿起鐮刀亂舞，吆
喝不斷。此時，有登山迷路的乙，循聲走近甲的立身處，正欲出聲發問，
卻遭鐮刀掃中頸部，甲則渾然未察。翌日清晨，甲酒醒，發現陌生人倒臥
血泊中，已無生命跡象。檢察官以過失致死罪將甲提起公訴。問：如果你
是甲的律師，如何答辯？　　　　　　　　　　　【94律師-刑法】

- -

破題重點：本題與原因自由行為有關，判斷甲對於乙之死亡，是否有故意
或有預見可能性。

申論寫法：這題以答辯的角度出發，有多少可以起死回生的通通點出來，
不過還是要遵照構成要件該當、違法性及有責性的順序寫下來。

解析：甲喝醉酒揮鐮刀砍殺乙致死，可能成立刑法第276條過失致死罪，
其可能答辯方向如下：

（接下頁）

高手過招　原因自由行為

(一)欠缺主觀犯意：某甲於喝酒之際，並無預見其揮舞鐮刀之行為，在客觀上將會發生侵害他人生命法益之行為，且在荒山遍野中，絕少人跡，即便預期自己會喝醉酒，甚至於有可能舞刀弄槍，亦難以期待甲有預見他人接近，而要求某甲有防止他人受傷之注意義務，故不具有過失，並不成立過失致死罪。(這是第一階的主觀構成要件)

(二)主張無責任能力：

1. 退萬步言，即便甲主觀上得以預期該山上有登山客前往，對於在此山中揮舞鐮刀可能導致他人死亡有所預見，而有成立過失致死之構成要件，且無阻卻違法事由，但仍可在有責性階段，依據刑法第19條第1項主張阻卻罪責而不罰。(現在討論到第三階)

2. 依據刑法第19條第1項規定：「行為時因精神障礙或其他心智缺陷，致不能辨識其行為違法或欠缺依其辨識而行為之能力者，不罰。」舊法稱之為「心神喪失」，然因文字上並不明確，遂修法如上。因此，某甲因酒醉，其精神或心智狀況，從事後判斷，居然用鐮刀掃中乙之頸部渾然未覺，顯然已達不能辨識其行為違法或欠缺依其辨識而行為之能力。(這是三段論的寫法)

3. 非屬原因自由行為：

   (1)依據刑法第19條第3項規定：「前二項規定，於因故意或過失自行招致者，不適用之。」所以要成立原因自由行為，除其精神障礙等心智缺陷之狀態係行為人以故意或過失行為所導致外，還必須行為人陷入精神障礙前，於精神狀態正常時，對其陷入精神障礙中之侵害法益行為有故意或有預見可能性，始足當之。若成立原因自由行為，即不得主張刑法第19條第1項規定而不罰。

   (2)本案中，甲雖故意自陷於無責任能力狀態，但是對於在絕少人跡之山區砍殺乙之事實，卻難以認定其有故意或有預見可能性，故非屬原因自由行為，而得主張刑法第19條第1項無責任能力而不罰。(這是三段論的寫法)

(三)結論：甲殺害乙之行為，並無故意過失，應屬無罪；即便有過失，亦符合刑法第19條第1項規定而不罰。

(刑法第19條第1項及第2項規定是「原則」，只要符合此兩項之要件，就分別不罰或得減輕其刑，同條第3項則是「例外」，所以在寫的順序上，應該先寫原則，再寫例外)

甲有躁鬱症,醫師警告,必須服藥控制病情,否則可能因為精神障礙而傷人。甲連續數日拒絕服藥,躁鬱症發作,在街上毆打路人成傷。問如何評價甲的行為? (A)甲雖成立傷害罪,但因為精神障礙,不罰 (B)如果甲刻意利用躁鬱症病情而傷人,屬於故意的原因自由行為,成立傷害罪,不能減輕處罰 (C)甲成立傷害罪,但因為精神障礙,得減輕處罰 (D)甲無法預見可能傷害路人,既無故意,亦無過失,所以無罪 【98公務初等人事經建-法學大意】 (B)

我國刑法第185-3條「服用藥物駕駛交通工具罪」與「原因自由」之關係為何? 【93調查特考-法律實務組】

重點提示:

(一)先簡單介紹刑法第185-3條。

(二)接著討論刑法第第19條第1、2項規定。

(三)最後以第19條第3項規定作為結論。

第四篇

行為階段與犯罪類型

1 故意犯罪行為之階段

一 故意犯罪行為階段之概念

犯罪行為可以切割成各個階段，刑法對於各個不同之階段，有不同之規範加以評價。故意犯罪之行為階段，可以區分成決意、陰謀預備、著手實行、完成行為、發生結果等階段。

(一)決意

行為人萌生犯意，由於不處罰思想犯，所以對於內在的意思決定，尚未顯露於外，刑法並不加以處罰。

(二)陰謀與預備

陰謀，是指兩人以上為特定犯罪之目的，犯罪實行行為之謀議，且達成一致之協議。

預備，是指犯罪實行的準備行為。

陰謀，只是兩人以上犯意之交換並達成一定之協議；預備，則逾越犯罪決議之階段，進而為犯罪行為實行之準備。例如甲想要打傷乙，到超級市場買棍子。

(三)著手實行

是指開始為犯罪構成要件之實行行為。未達到實行行為之階段，包括決意、陰謀預備，已達到實行之著手，則進一步討論既遂、未遂之問題。實務見解：「已著手於犯罪行為之實行，係指對於構成犯罪要件之行為，已開始實行者而言，若於著手此項要

詐欺罪之犯罪行為階段

一、決意

甲想要進行ATM匯款詐欺

二、陰謀與預備

甲準備人頭帳戶、人頭電話號碼

三、著手實行

甲開始打電話詐騙，要求被害人轉帳

四、完成行為

甲用三寸不爛之舌，完成詐騙行為

結果發生　**五、被害人乙受騙，將錢轉帳給甲**

件行為以前之準備行動，係屬預備行為，除法有處罰預備犯之明文，應依法處罰外，不能遽以未遂犯罪論擬。」（最高法院30年上字第684號判決）如前述甲買棍子的行為，屬於傷害罪的預備行為，但傷害罪不處罰預備犯。

㈣完成行為

故意犯罪行為，一經著手實行，行為即可完成，為行為犯。否則，行為完成後，仍須待結果之發生，則為結果犯。

㈤發生結果

若屬結果犯，則除了行為完成外，還必須有結果之發生，始成立既遂犯。若行為完成後，但未發生行為之結果者，則成立未遂犯。例如殺人而被害人死亡，成立殺人既遂；若被害人未生死亡之結果，則為殺人未遂。

電　影　關鍵報告

電影「關鍵報告」（The Minority Report）中，由湯姆克魯斯所主演，以三位先知為基礎的犯罪預知系統，讓未來即將殺人的犯罪者，能及早遭到逮捕。許多犯罪者根本還沒有著手就被逮捕，只為了預防未來可能發生的殺人犯罪行為，因為行為人頂多只有主觀上的殺人犯意，這種「決意」的階段並不犯罪，除非還有其他預備的行為，加上犯罪預知系統來佐證其主觀犯意，充其量只屬預備殺人，依據刑法第271條第3項規定，成立預備殺人罪。

處罰陰謀犯之規定	
內亂罪章	刑§101 II
外患罪章	刑§103～107、109、111

處罰預備犯之規定	
內亂罪章	刑§100～101
外患罪章	刑§103～107、109、111
公共危險罪章	刑§173、185-1
殺人罪章	刑§271～272
搶奪強盜及海盜罪章	刑§328
恐嚇擄人勒贖罪章	刑§347

高手過招　　預備犯

下列何種行為，依刑法之規定，有處罰預備犯？　(A)傷害直系血親尊親屬　(B)強制性交　(C)妨害公務　(D)殺人 【100四等司法特考-法學知識與英文】	(D)

下列犯罪有無預備犯？　㈠過失犯　㈡加重結果犯

【96普考政風-刑法概要】

重點提示：

㈠預備犯之本質乃故意犯，所以過失犯不成立故意犯。

㈡加重結果犯，行為人對於加重結果並無故意，所以也無法成立預備犯。

下列何者有預備犯的處罰規定？　(A)殺人罪(刑法第271條)　(B)傷害罪(刑法第277條)　(C)有義務者遺棄罪(刑法第294條)　(D)強制罪(刑法第304條)　【102五等地方特考一般民政-法學大意】	(A)

2 既遂犯與未遂犯

一 既遂犯

已著手於犯罪行為，且已造成犯罪結果者，稱之為既遂犯。例如潛入他人家中竊取財物得手，屬於竊盜罪的既遂犯。

二 未遂犯

已著手於犯罪行為之實行而不遂者，稱之為未遂犯。（刑§25 I）未遂犯，必須主觀上有犯罪的意思，客觀上有著手之實行，犯罪構成要件無法完全實現，而其無法完全實現是因為意外障礙的結果，且法律有明文處罰之規定。未遂犯之處罰，以有特別規定者為限，並得按既遂犯之刑減輕之。（刑§25 II）

三 未遂犯之種類

(一)**障礙未遂**：又稱之為普通未遂。因意外障礙而未能產生犯罪之結果者，稱之為障礙未遂。例如在飲料中下毒殺人，但飲料遭寵物打翻，殺人行為已經著手，但因為客觀意外障礙事實之出現，導致結果未發生。

(二)**中止未遂**：因行為人之己意中止，或防止結果發生之行為。（刑§27）如殺人之後懊悔，立即打電話叫救護車，救回被害人。

(三)**不能未遂**：其行為不能發生犯罪之結果，又無危險者。（刑§26）不能未遂，不罰。甲搶奪乙裝金塊的箱子，但乙怕別人搶，先將金塊換成石頭。（最高法院70年台上字第7323號判決）

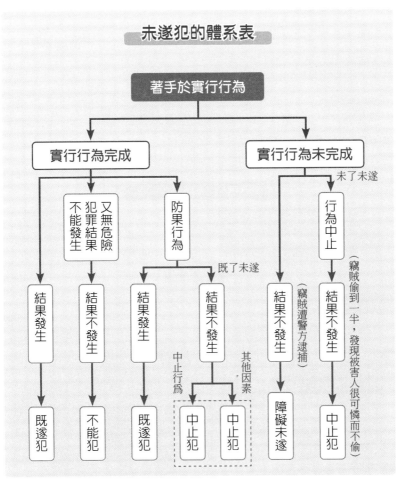

未遂犯的體系表

著手於實行行為

實行行為完成 | 實行行為未完成
未了未遂

不能犯罪結果發生 | 又無危險犯罪結果 | 防果行為
| | 既了未遂

行為中止
（竊賊偷到一半，發現被害人很可憐而不偷）

結果發生 | 結果不發生 | 結果發生 | 結果不發生
中止行為　其他因素

結果不發生
（竊賊遭警方逮捕）

結果不發生 | 結果不發生

既遂犯 | 不能犯 | 既遂犯 | 中止犯　中止犯

障礙未遂

中止犯

註解：上述虛線框框部分，差異在於「積極為中止
　　　行為(防果行為)」與「結果不發生」兩者之
　　　間，是否具備因果關係，如果有因果關係，
　　　則是中止犯，如果沒有因果關係，也就是說
　　　結果的不發生，非防止行為所致。但是，
　　　只要行為人已盡力為防止行為，也成立中止
　　　犯。(刑§27)

四 無成立未遂之型態

(一)行為犯(著手犯)

行為人之行為只要進入著手實行階段，犯罪立即既遂，例如普通內亂罪，只要施以強暴脅迫而著手實行者，立即成立既遂犯，即無未遂犯之情況。

【刑法第100條第1項】

意圖破壞國體，竊據國土，或以非法之方法變更國憲，顛覆政府，而以強暴或脅迫著手實行者，處7年以上有期徒刑；首謀者，處無期徒刑。

(二)加重結果犯

加重結果犯，須有加重結果之發生始成立之，因此無未遂之問題，相關加重結果犯亦無未遂犯之處罰規定。

(三)預備犯及陰謀犯

未遂犯是已著手實行，陰謀犯及預備犯則尚未著手實行，故無成立未遂犯之餘地。

高手過招	未遂之明文規定	
下列何種行為成立犯罪？　(A)詐欺未遂行為　(B)毀損未遂行為 (C)普通傷害未遂行為　(D)過失毀損他人物品之行為 【98四等基層警察 - 法學緒論】		(A)

有處罰未遂犯之犯罪型態

罪章	條文	罪章	條文	罪章	條文
內亂罪章	無	妨害性自主罪章	§221 I II、§222 I II、§225 III、§227 I V、§228 III、§229 I II	妨害名譽及信用罪章	無
外患罪章	§103 I II、§104 I II、§105 I II、§106 I II、§107 I II、§109 I II III、§111 I II	妨害風化罪章	§231-1 I IV	妨害秘密罪章	§315-2 I IV
妨害國交罪	無	妨害婚姻及家庭罪章	§240 I IV、§241 I IV、§242 I II、§243 I II	竊盜罪章	§320 I III §321 I II
瀆職罪章	§129 I II III	褻瀆祀典及侵害墳墓屍體罪章	§247 I III §248 I II	搶奪強盜及海盜罪章	§325 I III §326 I II §328 I IV §330 I II
妨害公務罪章	§137 I II	妨害農工商罪章	§251 I II	侵占罪章	§335 I II §336 I III
妨害投票罪章	§142 I II §146 I II III	鴉片罪章	§256 I III、§257 I IV、§258 I II、§259 I II、§260 I III	詐欺背信及重利罪章	§339 I III §341 I III §342 I II
妨害秩序罪章	無	賭博罪章	無	恐嚇擄人勒贖罪章	§346 I III §347 I III
脫逃罪章	§161 I II III IV §162 I II III IV §163 I III	殺人罪章	§271 I II、§272 I II、§273 I II、§274 I II、§275 I II	贓物罪章	無
藏匿人犯及湮滅證據罪章	無	傷害罪章	§278 I III	毀棄損壞罪章	§353 I III
偽證及誣告罪章	無	墮胎罪章	§291 I III	妨害電腦使用罪章	無

下列關於刑法上未遂犯之敘述,何者錯誤? (A)須著手於犯罪行為之實行 (B)其處罰以有特別規定者為限 (C)其處罰必按既遂犯之刑減輕之 (D)過失犯無處罰未遂之規定 【98公務初等人事經建-法學大意】	(C)
甲砍傷乙之後後悔,將乙送醫急救,乙僅受皮肉之傷,則甲是普通傷害罪的: (A)不能未遂 (B)障礙未遂 (C)中止未遂 (D)既遂犯 【97鐵公路人員】	(D)

解析:普通傷害罪屬於結果犯,須有結果之發生,犯罪始屬既遂。甲砍傷乙後,乙已經受傷了,故甲構成傷害罪之既遂犯,應選(D)。

下列關於我國刑法未遂犯之敘述何者錯誤? (A)行為不能發生犯罪之結果,又無危險者,不罰 (B)已著手於犯罪行為之實行,而因己意中止或防止其結果之發生者,不罰 (C)未遂犯之處罰,以有特別規定者為限 (D)未遂犯之處罰,得按既遂犯之刑減輕之 【99初等一般行政-法學大意】	(B)

考試趨勢

未遂犯是重點項目,應仔細閱讀。首先要瞭解既遂與未遂的區別;其次,則要瞭解障礙未遂(普通未遂)、中止未遂、不能未遂三種態樣的內涵。

高手過招

甲欲持槍殺人，但在行兇前，同居人將該槍換成玩具槍，甲開槍後，始發現該槍為玩具槍。下列敘述何者正確？ (A)甲之行為係障礙未遂 (B)甲之行為係不能未遂 (C)甲之行為係中止未遂 (D)甲之行為係準中止犯 【108地特四等-法學知識與英文】	(A)
下列何種行為，不成立犯罪？ (A)殺人未遂行為 (B)使人受重傷未遂行為 (C)竊盜未遂行為 (D)偽造、變造私文書未遂 【100四等司法特考-法學知識與英文】	(D)
下列何種行為並不成立犯罪？ (A)普通傷害未遂行為 (B)重傷害未遂行為 (C)過失傷害行為 (D)背信未遂行為 【100地方特考四等-法學知識與英文】	(A)
下列何種犯罪不罰未遂犯？ (A)刑法第271條之殺人罪 (B)刑法第277條之傷害罪 (C)刑法第320條之竊盜罪 (D)刑法第221條之強制性交罪 【100地方特考五等經建行政-法學大意】	(B)
以下何者為刑罰減輕或免除事由？ (A)依法令之行為 (B)已著手於犯罪行為之實行，因己意中止或防止其結果之發生者 (C)未滿14歲人之行為 (D)不知法律而有正當理由無法避免者 【100地方特考五等-法學大意】	(B)
甲打開乙的水瓶，欲將毒藥粉放到瓶口時，乙突然出現，甲匆忙將藥粉丟到地上。甲的行為屬於： (A)中止未遂 (B)障礙未遂 (C)不能未遂 (D)既遂犯 【97三等警特】	(B)

解析：甲欲毒害乙，乙並未服用毒水，自然無達到既遂的階段。甲已經著手下毒，毒藥粉能達到殺人或傷害之結果，故非不能未遂；甲也非因浪子回頭、懸崖勒馬而已意中止犯罪行為，純粹是客觀上乙突然出現，甲趕緊將藥粉丟在地上，屬於障礙未遂，應選(B)。

甲持槍企圖殺人，對準被害人頭部連續扣扳機，由於裝填的子彈規格不合，皆無法擊發，甲憤而離去。問如何評價甲的行為？ (A)屬於不能犯，不罰 (B)屬於中止犯，必須減輕處罰或免除其刑 (C)屬於普通未遂，得按殺人罪減輕處罰 (D)預備殺人

【96五等公務-法學大意】

(C)

解析：甲所使用的槍枝具有殺傷力，只是因為裝填的子彈規格不合，故非屬不能犯，也不具備己意中止，也不是中止犯，所以是普通未遂，應選(C)。

「小偷甲聽到主人乙返家，因而放棄其偷竊的行為」，甲的行為構成那一種未遂類型？ (A)準中止 (B)障礙未遂 (C)不能未遂 (D)既了未遂

【99四等基警行政警察-法學緒論】

(B)

甲持槍連續朝乙頭部扣擊扳機2下，惟因子彈未上膛，乙倖免於死。試問甲殺害乙之行為如何論處？ (A)其犯罪結果不能發生，且沒有危險，甲不受處罰 (B)甲成立殺人未遂罪，僅得減輕其刑 (C)甲僅成立殺人預備罪 (D)甲成立殺人未遂罪，應減輕其刑

【98四等地方特考-法學知識與英文】

(B)

下列關於故意犯罪行為階段與未遂犯之敘述，何者正確？ (A)我國刑法不處罰陰謀犯 (B)形式（附屬）預備犯係非類型化犯罪 (C)我國刑法以處罰未遂犯為原則，不處罰為例外 (D)我國刑法對於未遂犯採取必減制

【103普考-法學知識與英文】

(B)

關於我國刑法未遂犯之處罰規定，下列敘述何者正確？ (A)不能未遂應減輕或免除其刑 (B)中止未遂應減輕或免除其刑 (C)所有犯罪都有未遂處罰規定 (D)未遂犯與既遂犯之處罰相同

【109高考-法學知識與英文】

(B)

高手過招

甲男有高血壓宿疾,長期服用抗高血壓藥物。某日與網友乙女相約見面,隨後因乙女突然肚痛難耐,甲即載乙至附近的汽車旅館休息。在汽車旅館房間中,甲男因情緒高亢而血壓升高,故等待乙女如廁沐浴中甲服用抗高血壓藥物。隨後乙女沐浴完畢,甲男突然獸性大發將乙女壓倒在床上,但甲卻因服用抗高血壓藥物導致性功能不佳而無法勃起,以致於未能對乙女為性交行為。請依下列問題討論甲男刑責:

㈠何謂不能未遂?

㈡甲男應成立刑法第221條強制性交罪之不能未遂或普通未遂?

【100三等書記官-刑法】

解析:本題有關不能未遂之判斷,主要是判斷是否絕無發生結果之可能及有無危險,若甲沒有服用抗高血壓藥物,同樣情況不同時間可能就會導致強制性交之結果,故應論以普通未遂罪。

3 中止犯

一 中止犯

中止犯，是指行為人主觀上須有任意中止之意思，而為阻止犯罪完成之行為，刑法評價上給予減輕或免除其刑。

【刑法第27條】

I 已著手於犯罪行為之實行，而因己意中止或防止其結果之發生者，減輕或免除其刑。結果之不發生，非防止行為所致，而行為人已盡力為防止行為者，亦同。

II 前項規定，於正犯或共犯中之一人或數人，因己意防止犯罪結果之發生，或結果之不發生，非防止行為所致，而行為人已盡力為防止行為者，亦適用之。

二 任意性之判斷

中止犯必須具備有中止的意思、己意中止或自願中止，並且要有中止行為，而犯罪行為尚未既遂。其中中止意思須具備「任意性」，學說討論如下：

㈠主觀說：由行為人主觀的意思來判斷是否具備任意性。外觀障礙並未存在，行為人認為存在而中止，例如誤以為消防車為警車，而中止犯罪行為，屬障礙未遂；外觀障礙存在，行為人認為不存在而中止，例如警車前來，以為是消防車，仍然中止犯罪行為，屬中止未遂。

中止意思	中止行為
中止意思，須具備任意性，任意性之判斷有三學說： ● 主觀說 ● 限定主觀說 ● 客觀說	中止行為，有兩種： ● 著手中止（未了未遂） ● 實行中止（既了未遂）

① 甲持刀殺乙

② 甲逃離現場

糟糕！快逃！

③ 甲因後悔而打電話給救護單位

有人受傷

119

④ 乙已被路人丙發現送醫救治

OK!

AHHH～

中止行為與真摯性

　　甲已盡力為防止結果之行為，應該認為有真摯性。此種犯罪結果之不發生與中止行為間，雖不具因果關係，但因行為人真摯之努力，仍與中止犯相同之評價，稱之為「準中止犯」。

㈡限定主觀說：著眼於主觀上不可以實行犯罪之感情，換言之，就是對於自己行為的價值加以否定而為中止行為，而中止的動機還必須限定在廣義的後悔之中。

㈢客觀說：未遂之原因，按照社會上一般的通念，是否認為是一般障礙事由的發生。如果不認為有普通障礙之事由存在，是己意中止，則屬於中止未遂；反之，則為障礙未遂。

三 中止行為之種類

中止行為，分成下列兩種：

㈠**著手中止**：實行著手後，在其行為終了前，放棄其實行，又稱之為未了未遂。

㈡**實行中止**：實行行為終了後，防止其結果發生，又稱之為既了未遂。

四 準中止犯

準中止犯常見於國家考試的考題中，從簡單的名詞解釋到申論題都很常出現。所謂準中止犯，係指在既了未遂的情況下，行為人因為己意中止，且「已盡力」為防止結果發生之行為，但是，結果之不發生與防止行為無因果關係時，仍得比照中止未遂犯減輕或免除其刑之情形。

刑法第27條第1項後段「結果之不發生，非防止行為所致，而行為人已盡力為防止行為者，亦同」。即準中止犯亦能適用減免其刑之規定。

高手過招

甲從美國寄一盒有毒的巧克力給住在臺北的乙，乙出國，回國後，將已發霉的巧克力丟掉。甲的行為是： (A)既了未遂 (B)未了未遂 (C)中止未遂 (D)不能未遂　　　　【96高考三級-法學知識與英文】	(A)

解析：甲寄送有毒巧克力給乙後，沒有中止行為或防果行為，所以不成立中止犯，(C)的答案錯誤；有毒的巧克力會致人於死，所以不是不能未遂，(D)的答案也錯誤；巧克力送到乙家中，犯罪行為業已完成，故屬於既了，所以在既了未遂與未了未遂之間，應該選(A)既了未遂。

刑法對於中止犯規定「減輕或免除其刑」，此種存在於個人之情狀，在學理上稱為： (A)個人阻卻刑罰事由 (B)個人解除刑罰事由 (C)個人阻卻責任事由 (D)個人解除責任事由　　【98公務初等一般行政-法學大意】	(B)
刑法上中止犯之法律效果為何？ (A)不罰 (B)減輕其刑 (C)免除其刑 (D)減輕或免除其刑　　【98公務初等人事經建-法學大意】	(D)
下列關於刑法上中止犯之敘述，何者為錯誤？ (A)已著手於犯罪行為之實行，而因己意中止或防止其結果之發生者，減輕或免除其刑 (B)結果之不發生，非防止行為所致，而行為人已盡力為防止行為者，不得減輕或免除其刑 (C)正犯或共犯中之一人或數人，因己意防止犯罪結果之發生，亦適用減輕或免除其刑之規定 (D)中止犯之規定係個人解除刑罰事由　　【98三等地方特考-法學知識與英文】	(B)
甲入侵住宅行竊，正在翻搜財物，聽聞屋外警鈴響聲，以為警察來，跳窗離去。事實上，警鈴聲為鄰居測試消防器材。問如何評價甲的行為？ (A)預備竊盜，無罪 (B)不能犯，不罰 (C)中止犯，應減輕處罰或免除其刑 (D)普通未遂，得按竊盜罪減輕處罰　　【97鐵公路佐級公路監理-法學大意】	(D)

解析：甲之中止竊盜之行為，是因為聽到警鈴響聲，並非因為己意中止，故並非中止犯，而屬普通未遂。

甲持槍殺人，被害人倒臥血泊中，甲突然心生不忍，電召救護車。救護車未到，被害人由鄰居緊急送醫，保住一命。問如何評價甲的行為？　(A)殺人的中止犯，應減輕處罰或免除其刑　(B)被害人並非甲電召救護車而倖存，屬於普通未遂，得減輕處罰　(C)屬於普通未遂，但因為犯罪後態度良好，應減輕處罰　(D)屬於普通未遂，但可依緊急避難而減輕處罰或免除其刑。 | (A)

【97初等一般行政-法學大意】

解析：甲持槍殺人，犯罪實行行為業已完成，但是卻因內心不忍，而積極為中止行為（防果行為）——電召救護車。雖然結果之不發生，是因為由鄰居緊急送醫，被害人始保住一命，並非電召救護車的行為，防果行為與結果的不發生並沒有因果關係，但是我國刑法第27條規定「結果之不發生，非防止行為所致，而行為人已盡力為防止行為者」，也屬於中止犯，減輕或免除其刑。所以應該選(A)。

甲乙二人相約在山上決鬥，乙重傷倒地無法自行下山，甲下山後良心發現，告知路人，有人受傷，即返家休息，而乙被另一名山友救下山。下列敘述何者正確？　(A)甲成立中止未遂　(B)甲成立準中止犯　(C)甲成立障礙未遂　(D)甲不成立犯罪 | (C)

【106地特三等-法學知識與英文】

高手過招　中止犯

甲於某日晚間與乙發生口角，雖無殺人之意，但基於傷害犯意，持棍棒接續毆打乙，使乙受有原足致生死亡結果之多處傷害。甲於離去時見乙臉色有異，囑咐丙將乙送醫，惟丙因當時酒醉，而未將乙送醫。乙延至翌日上午因傷重不治死亡。問甲之行為，應如何論處？試說明之。

【99調查局-刑法總則】

破題重點：本題重點包括傷害致死罪、加重結果犯、保證人地位、準中止犯。

申論寫法：直接點出所認定成立罪名之理由。

解析：甲毆打乙致死，成立刑法第277條第2項規定之傷害致死罪，其理由如下：

㈠該當傷害罪之構成要件：如題意所述，甲主觀有傷害故意，客觀上也有持棍棒接續毆打之傷害行為，成立刑法第277條第1項傷害罪之構成要件當無疑義。

㈡成立傷害致死罪之加重結果犯：因某乙最後死亡，某甲是否成立傷害致死罪之加重結果犯，端視客觀上有無能預見性？本題某甲毆打的力度有使乙致生死亡結果之多處傷害，又因乙遭毆打後，臉色有異，亦為某甲所查覺，客觀上有預見乙可能因為遭毆打而導致傷勢過重死亡之結果，所以甲才會囑咐丙將乙送醫。因此，若是甲主觀上並無欲乙死亡之直接或間接故意，純粹因為所託非人導致乙死亡之結果，則屬於應注意、能注意而不注意之過失行為；此外，甲所囑咐之丙業已酒醉，未將乙送醫，並不能因為囑咐丙之行為，而使甲免於送乙至醫院之作為義務。因此，甲基於傷害某乙所產生之保證人地位，具有將乙送醫之義務，甲未將乙送醫之行為，成立刑法第277條第2項傷害致死罪。

㈢不成立中止犯或準中止犯：依據刑法第27條第1項規定，已著手於犯罪行為之實行，而因己意中止或防止其結果之發生者，但是結果之不發生，非防止行為所致，只是因為行為人已盡力為防止行為者，所以得以與中止犯一樣減輕或免除其刑。然而，中止未遂之前提須為犯罪結果之不發生，本案業已既遂，故不可論中止犯或準中止犯。（中止犯與準中止犯不成立的原因，在此還是要論述一下）

㈣結論：甲成立傷害致死罪之加重結果犯。

4 不能犯

一 不能犯

不能犯，指已著手於犯罪行為之實行，而不能發生犯罪之結果，又無危險者，不罰。(刑§26)例如某甲誤以為巧克力能殺人，遂請乙吃巧克力。

二 不能犯修正前後之差異

修正前刑法第26條規定：「未遂犯之處罰，得按既遂犯之刑減輕之。但其行為不能發生犯罪之結果，又無危險者，減輕或免除其刑。」現行刑法第26條則修正為：「行為不能發生犯罪之結果，又無危險者，不罰。」

(一)修正前採「處罰主義」：修正前刑法所謂之「不能犯」，係採處罰主義，僅應減輕或免除其刑而已。

(二)修正後採「不罰主義」：現行刑法則基於刑法謙抑思想、法益保護之功能及未遂犯之整體理論，改採不罰主義。(最高法院97年度台上字第2824號刑事判決)

三 不能發生結果

所謂「不能發生結果」，係指絕無發生結果之可能而言，此與「未發生結果」係指雖有發生之可能而未發生者不同，亦即前者絕無發生之可能，為不能犯，後者雖有發生之可能而未發生，為一般未遂犯。

不能犯修正前後的差異

項目	修正前	修正後
刑法第26條條文內容	未遂犯之處罰，得按既遂犯之刑減輕之。但其行為不能發生犯罪之結果，又無危險者，減輕或免除其刑。	行為不能發生犯罪之結果，又無危險者，不罰。
修正方向	處罰主義	不罰主義

迷信犯，指行為人主觀上雖欲達成犯罪之目的，然客觀上卻施以無法以科學解釋之迷信方式實行之。例如下符咒誤以為能殺人，又不足以造成一般民眾之不安，只是基於行為人之嚴重無知，欠缺自然法則之知識，稱之為「迷信犯」，不予處罰。另外，尚有「幻覺犯」，誤認其行為應屬法律加以處罰之行為。

甲改造玩具手槍，槍身結構及材質強度都有可能製成具有殺傷力的手槍，但是因為擊錘技術無法突破而無法實際擊發。此改造行為仍然足以造成一般民眾之不安，自有危險性，實務上認為並非不能犯。（最高法院97年度台上字第2824號刑事判決）

四 無危險

　　無危險，指行為而言，危險之有無，學說向有客觀危險說，主觀危險說及重大無知說之論點。本書偏向重大無知說，倘非出於行為人之嚴重無知，則非屬不能犯；而行為人之行為復足以造成一般民眾之不安，自非「無危險」，尚難認係不能犯。

五 與幻覺犯之比較

　　幻覺犯，行為人因為誤解法律，誤認其行為應屬法律加以處罰之行為。例如甲仿製乙製作的文書，但沒有簽上乙的姓名，誤以為觸犯偽造文書罪。此種犯罪態樣，亦不加以處罰。

高手過招　　不能犯

關於不能未遂之法律效果，我國現行刑法之規定為何？　(A)得減 (B)必減　(C)必減免　(D)不罰 【102三等行政警察-法學知識與英文】	(D)
甲想殺 X，向知情的乙借來左輪手槍與六發子彈。甲持槍射擊 X，因從未練習，完全沒有打中 X，X 平安離去。有關甲、乙的敘述，下列何者正確？　(A)X 未死亡，甲犯殺人未遂罪　(B)甲從未練習射擊，沒有打死 X 的可能性，應成立不能犯　(C)六發子彈完全沒有打中，對 X 生命沒有造成威脅，所以尚未著手　(D)甲未達成殺 X 目的，所以乙不成立幫助犯　　【106高考-法學知識與英文】	(A)
試附理由說明下列事實中，甲、乙之刑責為何？ 甲唆使乙殺 A，乙誤取外觀重量神似真槍，卻無殺傷力之模型手槍朝 A 射擊，A 毫髮無傷。　　　　　　【102司特三等-刑法與刑事訴訟法】	

高手過招

不能未遂之法律效果如何？　(A)得減輕　(B)必減輕　(C)減輕或免除其刑　(D)不罰　　　　　　　　　【106普考 - 法學知識與英文】	(D)
依照民國95年7月1日開始施行的刑法，不能犯如何處理？　(A)得減輕處罰　(B)必減輕處罰　(C)得免除刑罰　(D)不罰　　　　　　　　　【98五等地方特考 - 法學大意】	(D)
下列關於未遂犯之敘述，何者為錯誤？　(A)已著手於犯罪行為之實行而不遂者，為未遂犯　(B)未遂犯之處罰，以有特別規定者為限　(C)未遂與預備之區別為是否著手　(D)行為不能發生犯罪之結果，又無危險者，減輕或免除其刑　【99四等基警行政警察 - 法學緒論】	(D)
甲以殺人的意思，建議乙在雷雨中外出，希望乙遭到雷擊，乙果然遭到雷擊死亡。問如何評價甲的行為？　(A)預備殺人　(B)殺人未遂　(C)過失致死　(D)無罪。　　　　　　【97初等人事經建政風 - 法學大意】	(D)

解析：湯姆克魯斯主演的「世界大戰」（War of the Worlds）中，外星人入侵導致雷擊四起，若此時建議乙外出，恐非「無危險」。

甲企圖殺人，持槍前往仇家住處。行前，同居人將子彈全數卸除，甲渾然不知。甲向仇家連續射擊，都不能擊發，仇家因此不死。問甲是殺人的「普通未遂」或殺人的「不能未遂」？　　　　　　　【94公路升等】

重點提示：本題是不能未遂中的手段不能，是指行為人雖然業已著手完成犯罪構成要件，但是其所採取的手段，並無可能完全地實現犯罪構成要件。

甲從友人處得知乙非常富有，某日冒充司法警察至乙宅實施檢查，未料乙宅未有任何值錢之物品，甲隨即離開。試問甲成立何罪？

【99四等地特法律政風-刑法】

破題重點： 本題重點包括侵入住宅罪、僭行公務員職權罪、冒充公務員服章官銜罪，以及竊盜未遂，是否構成不能未遂？

申論寫法： 直接依序討論所涉及的罪名。

解析：

㈠甲冒充司法警察之行為，成立刑法第158條第1項僭行公務員職權罪，若有冒用公務員服飾、徽章或官銜，且符合公然之要件，則另成立刑法第159條冒充公務員服章官銜罪。(這個部分較為單純，三段論法可以省略大前提的部分)

㈡甲至乙宅實施檢查，其並非真正之司法警察，當然並無權力於民眾住宅實施任何檢查，故其侵入他人住宅之行為並無正當理由，成立刑法第306條無故侵入住宅罪。(這個部分較為單純，三段論法可以省略大前提的部分)

㈢甲進入乙宅「檢查」財物之行為，成立刑法第320條竊盜罪之障礙未遂：

1. 竊盜罪，是指意圖為自己或第三人不法之所有，而竊取他人之動產者，刑法第320條第1項有明文規定。同條第3項，對於竊盜未遂者，亦有處罰之規定。

2. 甲業已進入乙宅，正在搜尋財物，業已屬於著手於竊盜行為，而未發現任何值錢之物品，係屬未遂犯，依據刑法第25條規定得減輕之。

3. 住宅內並無任何值錢之財物，是否成立不能未遂？依據刑法第26條不能犯之規定：「行為不能發生犯罪之結果，又無危險者，不罰。」所謂無危險，是指「行為」而言，危險之有無，應以客觀具體事實認定之。甲之竊取行為，客觀上可能造成被害人財物損失之危險，只要被害人有財物在宅內，即有被竊取之可能，而宅內無財物並非行為無危險，故不成立不能未遂。(這個部分可用三段論之寫法)

結論： 甲分別成立僭行公務員職權罪、冒充公務員服章官銜罪、無故侵入住宅罪，以及竊盜罪之障礙未遂。(競合論的部分在此省略)

高手過招

何謂不能犯？搶匪甲為求脫免逮捕，於逃逸過程中，持槍向在後追捕之警員乙作勢佯裝射擊（未扣板機），並恫嚇：「我還有子彈，要不要試試看？」等語，仍被乙制服。設若該手槍膛室內未擊發之子彈經試射根本無法擊發，試問：甲對乙之行為應如何論處？　　　　【99三等地方特考】

解析：本題重點在於不能犯，無法擊發的子彈是否該當不能犯的要件？
（一）不能犯：
　　1. 係指已著手於犯罪之實行，但其行為未至侵害法益，且又無危險者，刑法第26條有明文規定：「行為不能發生犯罪之結果，又無危險者，不罰。」
　　2. 成立要件：
　　　（1）包括須有①犯罪之故意、②著手實行的行為、③行為不能發生結果、④無危險。
　　　（2）與障礙未遂之差別：其雖與一般障礙未遂同未對法益造成侵害，然須無侵害法益之危險，始足當之。
　　3. 有否侵害法益危險之判斷：實務見解（99台上6786）有認為應綜合行為時客觀上通常一般人所認識及行為人主觀上特別認識之事實為基礎，再本諸客觀上一般人依其知識、經驗及觀念所公認之因果法則而為判斷，既非單純以行為人主觀上所認知或以客觀上真正存在之事實情狀為基礎，更非依循行為人主觀上所想像之因果法則判斷認定之。
　　4. 「無危險」則係指行為而言，危險之有無，應以客觀具體事實認定之。
（二）搶匪甲之行為可能成立準強盜罪：
　　1. 準強盜罪，依據刑法第329條規定：「竊盜或搶奪，因防護贓物、脫免逮捕或湮滅罪證，而當場施以強暴脅迫者，以強盜論。」甲為求脫免逮捕，以根本無法擊發之手槍恫嚇警員乙，應該當準強盜罪之構成要件。（搶匪甲，前面寫過，後面只要寫「甲」即可，比較省時間）
　　2. 甲之手槍子彈雖有上膛，經試射根本無法擊發，即便行為人認知此一事實，主觀尚不具有侵害法益之危險。然而有無危險，係就行為人之「行為」加以判斷，且應綜合客觀上通常一般人所認識之事實及所公認的因果法則，輔以行為人主觀上特別認識之事實為基礎，並不是只以當事人的主觀認知或客觀上真正存在之事實情狀為判斷基礎。況且，若相同情況，行為人持以不同手槍或裝上不同子彈，可能發生擊發之侵害人身生命、身體法益之結果，則不構成不能未遂。因此，即便搶匪甲認為是不能擊發的槍，其他一般人均可認為是真槍或難以判斷是否為真槍，仍應認為有危險，而非屬不能犯。
　　3. 甲之行為應成立準強盜罪。

何謂甲想要殺害住在宿舍 30A 室之乙，卻誤闖 30B 室丙之房間，甲見床上有人，即對其頭部位置開槍。其實床上之丙早在數小時前，因厭世服毒自殺。試問甲之行為應如何論罪？

【106高考-民法總則與刑法總則】

解題重點：

(一)客體錯誤：甲欲殺乙卻誤丙為乙而殺之。

(二)普通未遂或不能未遂：丙早已死亡，甲對丙頭部開槍。向有客觀危險、主觀危險說、重大無知說。

5 共同正犯

一 共同正犯

　　二人以上，基於共同之行為決意，各自分擔犯罪行為之一部，稱之為共同正犯。只要共同正犯中之其中一人，已經達到著手實行階段，則全體共同正犯均視為已經著手於犯罪行為之實行，應就全部的犯罪行為負責，此即「一部行為，全部責任」之謂（最高法院109年度台上字第5549號判決）。

　　刑法第28條規定：「二人以上共同實行犯罪之行為者，皆為正犯。」共同正犯之判斷，首先須先判斷參加者其中之一有成立正犯之可罰性，其次，再檢驗其他參加者的可罰性。

二 共同正犯成立要件

　　㈠主觀構成要件（犯意之聯絡）：必須兩人以上具備共同行為之決意。共同正犯之間只就其意思聯絡之範圍負其責任，逾越此意思聯絡之範圍，不必負責任。例如，甲乙共同基於傷害丙之犯意聯絡，但甲之行為卻逾越了雙方意思聯絡之範圍，而殺害了丙，稱之為「共同正犯之過剩」，乙對於逾越的部分不必負責任。

　　㈡客觀構成要件（行為之分擔）：必須二人以上共同犯罪行為之實行。共同正犯中個別行為人是否具有責任能力，是該個人應否負擔刑事責任之有責性問題，無礙於共同正犯之成立。

單獨犯、同時犯、共同正犯的比較圖表

	單獨犯	同時犯	共同正犯
行為	甲拿槍射擊乙	甲與乙拿槍射擊丙（雙方欠缺犯意聯絡）但是無法分辨丙到底是被甲還是乙的子彈射死	甲與乙拿槍射擊丙 甲乙二人具備犯意之聯絡
罪名	甲：殺人既遂罪	甲：殺人未遂罪 乙：殺人未遂罪	甲：殺人既遂罪 乙：殺人既遂罪
法理	責任主義	責任主義	一部行為、全部責任

正犯與共犯之區別

客觀＼主觀	自己犯罪意思	幫助他人犯罪意思
構成要件	正犯	正犯
非構成要件	正犯	幫助犯

三 把風

　　把風者，所為是構成要件以外之行為，但只要有犯意之聯絡，與行為之分攤，均以共同正犯論處。舉例：甲開車尾隨目標，並在車上把風，乙下車實行搶奪行為，甲、乙二人有犯意之聯絡及行為之分擔，應論以共同正犯，均成立搶奪罪。（最高法院97年度台上字第4723號刑事判決）如果把風者與其他正犯沒有共同行為決意，而無法共同支配犯罪進行者，則成立幫助犯。

四 實務見解：正犯之判斷

　　現行刑法關於正犯、從犯之區別，最高法院所採見解係以其主觀之犯意及客觀之犯行為標準，凡以自己犯罪之意思而參與犯罪，無論其所參與者是否犯罪構成要件之行為，皆為正犯；其以幫助他人犯罪之意思而參與犯罪，其所參與者，苟係犯罪構成要件之行為，亦為正犯；必以幫助他人犯罪之意思而參與犯罪，其所參與者又為犯罪構成要件以外之行為，始為從犯。（最高法院25年上字第2253號判決）

五 同時犯

　　同時犯，是指二人以上，並無犯意之聯絡，僅因偶然之因素而共同實行犯罪行為。如能明確分辨各行為人之犯行，則依其各自所為之行為內容加以負責。例如甲乙「不約而同」地前往丙家竊取財物，甲竊得勞力士錶乙只，乙空手而回，由於兩人未有犯意聯絡，所以甲成立竊盜既遂，乙成立竊盜未遂。但若是難以判斷行為結果之發生原因為何人所引起，如本書第215頁中，有關甲與乙拿槍射擊丙之案例，若是無法分辨丙到底是被甲還是乙的

子彈射死，這時候兩人均論以殺人未遂罪。

　　另有所謂的過失犯之同時犯，實務上認為：刑法第28條之共同正犯，以二人以上實施犯罪行為，有共同故意為要件，若二人以上同有過失行為，縱於其行為皆應負責，亦無適用該條之餘地。（最高法院44年台上字第242號判決）

高手過招

甲乙互不認識，不約而同潛入丙的豪宅行竊，甲得手，乙空手而歸。問應如何評價甲乙的行為？　(A)甲乙均竊盜既遂　(B)甲竊盜既遂，乙竊盜未遂　(C)甲乙均竊盜未遂　(D)甲為竊盜正犯，乙為竊盜幫助犯　　　　　　　　　　　　　　　　【98國安局五等-法學大意】	(B)
甲乙不約而同，行竊某住戶。甲順利得手，乙翻搜後，覺得並無值錢之物，空手而返。問如何評價甲乙的行為？　(A)甲乙均為竊盜既遂　(B)甲為竊盜既遂，乙為竊盜的普通未遂　(C)甲為竊盜既遂，乙為竊盜的中止未遂　(D)甲為竊盜既遂，乙為竊盜的不能犯。　　　　　　　　　　　　　　　【97五等原住民特考-法學大意】	(B)
甲乙兩人合意行竊，甲入屋竊取財物並得手，乙在外面把風接應。應如何評價甲乙的行為？　(A)兩人皆為竊盜正犯　(B)甲為竊盜正犯，乙為幫助犯　(C)甲為竊盜正犯，乙為教唆犯　(D)甲為竊盜既遂，乙則為竊盜未遂　　　　　　　　　　　　　【98五等地方特考-法學大意】	(A)
下列何者並非正犯？　(A)出於自己犯罪之意思，參與構成要件行為者　(B)出於自己犯罪之意思，參與構成要件行為以外之行為者　(C)出於幫助他人犯罪之意思，參與構成要件行為者　(D)出於幫助他人犯罪之意思，參與構成要件行為以外之行為者　　　　　　　　　　　　　　　【101初等一般行政-法學大意】	(D)

A、B、C三人在臺中市區駕車閒逛時，看見穿著時髦的少女甲獨自行走在路上，於是三人強行將甲拉上車，打算載往市郊的山區強制性交，卻因違規超速而在半途被警察攔下並逮捕。由於甲發育快，三人都誤以為她已有十六、七歲，事實上年僅十四歲而已。試問A、B、C之行為應如何處斷？　【95高考-刑法】

重點提示：

㈠A、B、C三人成立共同正犯。

㈡A、B、C三人將甲載往山區準備強制性
交，中途被警方攔下，可否認為已達著手
階段？實務上採否定之見解。

最高法院67年第3次刑庭庭推總會決議㈡
為強姦婦女而剝奪該婦女之行動自由時，是
否於強姦罪外另成立妨害自由罪，須就犯罪
行為實施經過之全部情形加以觀察，如該妨害自由之行為已可認為強姦行
為之著手開始，則應成立單一之強姦罪，否則應認係妨害自由罪及強姦罪
之牽連犯。（注意刑法已刪除牽連犯之規定）

　對向犯

下列關於對向犯之敘述，何者錯誤？　(A)對向犯係指參與犯罪者，彼此間具有一對向關係之犯罪型態　(B)對向犯係一種必要之參與犯（共同犯罪）　(C)重婚罪即為一種對向犯之類型　(D)對向犯之法律效果，適用共同正犯之規定　【103高考-法學知識與英文】　(D)

6 教唆犯、幫助犯

一 共犯之獨立性與從屬性

(一) 共犯獨立性原則：主要是著眼於犯罪惡性，認為教唆行為或幫助行為本身，屬於犯罪的實行行為，即便沒有正犯，還是應該予以處罰。

(二) 共犯從屬性原則：共犯之犯罪性，較正犯為低，因此要有正犯的存在，共犯始加以處罰。

(三) 限制從屬性原則：正犯之主行為只要故意違犯且具違法性為已足，並不以具有罪責而足以構成犯罪為必要，教唆犯或幫助犯即得以依附而成立共犯。

二 教唆犯

教唆犯，教唆他人使之實行犯罪行為者。（刑§29Ⅰ）教唆犯，依其所教唆之罪處罰之。（刑§29Ⅱ）教唆犯與被教唆犯，兩者都是實現破壞他人法益之侵害，均應該受到刑法之非難。

教唆犯，誘發他人侵害法益之行為，刑法第29條有規範處罰之規定。刑法以處罰犯罪行為為基本原則，教唆犯並未著手於犯罪行為，因此未採共犯獨立性說，而採限制從屬性說。

實務上比較為人所詬病之「陷害教唆」，是指教唆人預先認識到結果之不發生而為教唆行為，或者是自始即以被教唆者之實行行為未遂之意思而為教唆之行為。例如警方教唆他人犯罪，再伺機將之逮捕。學說上大多認為欠缺構成要件之故意，不構成教唆犯。

共同正犯、教唆犯、幫助犯之比較表

	共同正犯	教唆犯	幫助犯
案例事實	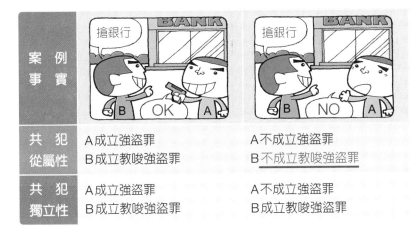		
A、B關係	A正犯 B正犯	A教唆犯 B正犯	A幫助犯 B正犯
A、B之處罰	A、B均成立殺人罪，就其全部之行為負責任	A，依其所教唆之罪處罰之，也就是成立教唆殺人罪 B，殺人罪	A，成立幫助殺人罪，但得按正犯之刑減輕之 B，殺人罪

案 例 事 實		
共 犯 從屬性	A成立強盜罪 B成立教唆強盜罪	A不成立強盜罪 B<u>不成立教唆強盜罪</u>
共 犯 獨立性	A成立強盜罪 B成立教唆強盜罪	A不成立強盜罪 B成立教唆強盜罪

三 幫助犯

幫助犯，是指對於實施故意違法行為之他人，提供一定協助者。幫助他人實行犯罪行為者，為幫助犯。雖他人不知幫助之情者，亦同。（刑§30 I）幫助犯也與教唆犯一樣，也是採限制從屬性說。幫助犯必須以幫助他人犯罪之意思而參與犯罪，其所參與者又為犯罪構成要件以外之行為，才成立幫助犯。

高手過招　　幫助犯

依刑法第30條規定，幫助他人實施犯罪行為者，稱為： (A)幫助犯　(B)不作為犯　(C)中止犯　(D)教唆犯　　　【96初等-法學大意】	(A)
甲知道乙企圖行竊某豪宅，於是暗助乙，預先破壞豪宅的保全設備。由於保全設備失靈，乙因此順利潛入，大有斬獲。乙始終不知何人暗助。問如何評價甲的行為（毀損部分略而不論）？ (A)乙雖不知何人幫助，甲仍為竊盜的幫助犯　(B)乙不知何人幫助，甲為竊盜的間接正犯　(C)乙不知何人幫助，甲無罪　(D)乙不知何人幫助，甲因此成為竊盜的同時犯（正犯旁的正犯）　　　【97初等人事經建政風-法學大意】	(A)
解析：刑法明文規定，幫助犯，雖他人不知幫助之情者，亦同。(A)乙雖不知何人幫助，甲仍為竊盜的幫助犯。	
下列關於幫助犯之敘述，何者錯誤？ (A)事後之幫助，並不成立幫助犯　(B)幫助行為須對於正犯之犯罪，具有影響力　(C)對於預備犯之幫助亦可成立幫助犯　(D)片面之幫助亦可成立幫助犯　　　【102三等行政警察-法學知識與英文】	(C)

高手過招　教唆犯之客體錯誤

甲教唆乙殺害張三，乙卻誤認李四為張三，殺死李四。問如何評價甲乙的行為？　(A)甲殺人未遂，乙殺人既遂　(B)甲乙均為殺人既遂 (C)甲殺人未遂，乙過失致人於死　(D)甲為預備殺人，乙過失致人於死　【98公務初等一般行政 - 法學大意】	(B)

解析：此題為客體錯誤，且因犯罪之客體，無論是原本欲殺害之張三，或誤殺之李四，均為「人」，等價，故選(B)。

高手過招　教唆犯

有關現行刑法教唆犯之敘述，下列何者錯誤？　(A)教唆他人使之實行犯罪行為者，為教唆犯　(B)被教唆人除了違犯故意違法行為外，其還必須具有罪責能力，教唆者才會受處罰　(C)教唆人之處罰，不一定獲得減輕　(D)被教唆人如未至犯罪，教唆者不受處罰　【100三等海巡 - 法學知識與英文】	(B)
下列關於刑法教唆犯之敘述，何者為錯誤？　(A)教唆他人使之實行犯罪行為者，為教唆犯　(B)在刑法上教唆與精神幫助相同　(C)我國對於教唆犯採取限制從屬原則　(D)失敗之教唆不罰　【100關稅三等 - 法學知識】	(B)
甲教唆乙殺害丙，乙雖然答應，但是尚未進行即因他案被捕，請問下列敘述何者為正確？　(A)甲教唆乙殺人，乙雖然尚未進行，甲仍然成立殺人未遂罪之教唆犯　(B)乙答應甲之殺人要求，乙依現行刑法規定應受處罰　(C)如果甲不僅教唆乙殺人，並提供匕首給乙，儘管乙尚未進行殺人，則甲依現行刑法規定應受處罰　(D)依現行刑法規定，針對殺人部分，甲、乙皆無罪可罰　【98高考三級 - 法學知識與英文】	(D)

教唆犯屬於以下何種犯罪型態？　(A)正犯　(B)共犯　(C)單獨犯 (D)共同正犯　　　　　　　　　　　【98國安局五等-法學大意】	(B)
甲教唆乙傷害丙，乙出手太重，居然打死丙。問如何評價甲乙的行為？　(A)甲成立傷害罪，乙成立傷害致死罪　(B)甲成立傷害罪，乙成立過失致死罪　(C)甲乙均成立傷害致死罪　(D)甲無罪，乙成立傷害致死罪　　　　　　　　　　【97初等一般行政-法學大意】	(C)

解析：教唆犯，依其所教唆之罪處罰之。乙打死丙的部分，雖已經超過甲所教唆之範圍，惟甲對乙出手打死丙仍有所預見。所以應選(C)，甲乙均成立傷害致死罪。

有關教唆犯之敘述，下列何者錯誤？　(A)被教唆人實施犯罪既遂，教唆犯應論以教唆既遂　(B)被教唆人實施犯罪僅達未遂，完成教唆行為之教唆犯仍應論以既遂　(C)教唆行為完成，但被教唆人尚未著手於犯罪，教唆犯不處罰　(D)教唆行為未完成，被教唆人因此並未產生犯罪決意，教唆犯不處罰　【105司特四等-法學知識與英文】	(B)
甲明知X已經死亡，卻告訴X的仇人乙，趕緊趁著X昏睡，把握機會報仇。於是乙帶著槍遠遠對著坐在椅子上的X連開數槍，直到X倒在地上。以下有關甲、乙論罪之敘述，何者正確？　(A)乙認為射擊的對象是人，所以乙應成立故意殺人既遂　(B)依照客觀狀況，對於屍體開槍的乙構成毀損屍體罪　(C)甲雖然引起乙殺害X的決意，但是欠缺要乙實現殺人的意思，不成立殺人罪之教唆犯　(D)甲使乙毀損屍體，構成毀損屍體之教唆犯　　　　　　　　　　　　　　　【106司特三等-法學知識與英文】	(C)

高手過招　幫助犯

下列關於共犯處罰之敘述，何者正確？　(A)幫助犯之處罰，應按正犯之刑減輕之　(B)教唆犯之處罰，依其所教唆之罪減輕之　(C)幫助犯之處罰，得按正犯之刑減輕之　(D)教唆犯之處罰，依其所教唆之罪加重之　【98五等地方特考-法學大意】	(C)
下列關於刑法上的教唆犯之敘述，何者為錯誤？　(A)教唆他人使之實行犯罪行為者，為教唆犯　(B)教唆犯之處罰，依其所教唆之罪處罰之　(C)我國對於教唆犯採取嚴格從屬原則　(D)無效之教唆不罰　【99四等基警行政警察-法學緒論】	(C)
有關刑法幫助犯之敘述，下何者錯誤？　(A)幫助犯之不法內涵輕於正犯、教唆犯　(B)幫助犯之處罰，得依照正犯之刑減輕　(C)被幫助人若不知幫助之情者，不成立幫助犯　(D)被幫助者是否具有「有責性」（罪責），皆不影響幫助犯之成立　【99四等基警行政警察-法學緒論】	(C)
下列關於刑法幫助犯之敘述，何者錯誤？　(A)幫助他人實行犯罪行為者，為幫助犯　(B)幫助他人實行犯罪行為，雖他人不知幫助之情，亦成立幫助犯　(C)幫助犯之處罰，應按正犯之刑減輕之　(D)幫助之行為，可區分為精神與物理上之幫助　【99三等身障特考-法學知識】	(C)
我國現行刑法關於共犯之成立，其修法理由係採下列何種形式？　(A)極端從屬形式　(B)嚴格從屬形式　(C)限制從屬形式　(D)最小從屬形式　【103三等司特-法學知識】	(C)
依據我國實務見解，有關幫助犯之敘述，下列何者錯誤？　(A)他人犯罪完成後所為之幫助，不構成幫助犯　(B)二人以上共同幫助犯罪，應適用刑法第28條之規定　(C)教唆幫助犯為幫助犯　(D)幫助教唆犯為幫助犯　【106司特三等-法學知識與英文】	(B)

7 間接正犯

一 間接正犯之概念

　間接正犯，利用非正犯之他人以實現一定犯罪者，為間接正犯。例如甲利用不知情的乙，拿攙有毒藥的水給丙喝，丙因而死亡；乙沒有犯意，不成立犯罪，甲利用不成立犯罪的乙殺害丙，為間接正犯。

二 間接正犯之類型

(一)利用他人不具備構成要件該當的行為。

(二)利用他人無故意之行為：如利用不知情的航空公司運輸人員代為運送毒品。（最高法院107年度台上字第2957號刑事判決）

(三)利用他人之合法行為：例如，甲偽造契約，致使法院發生錯誤，而作出有利於甲之勝訴判決，甲據以向乙請求給付價金，應成立詐欺罪嫌。

(四)利用無責任能力人之行為：例如，甲利用9歲孩童運送毒品。

(五)利用他人禁止錯誤之行為：例如，甲明知捕捉保育動物違法，仍利用不知法令之乙為其捕獵。

(六)利用他人被強制之行為：例如，甲威脅乙打丙，乙若不從，就將其打傷。乙受甲之脅迫，遂將丙打傷。

三 間接正犯之著手

　間接正犯之著手實行，以被支配者是否屬於善意不知情，亦

不能成立間接正犯之情形

類　型	情　境	說　明
親手犯	逃獄	又稱之為己手犯。 行為人必須親自實現構成要件行為，才能成立犯罪。
過失犯	過失致傷	間接正犯，位居於幕後操縱之地位，過失犯之行為則無法加以操縱。
純正身分犯	公務員收賄	純正身分犯，利用者若不具備特定之身分，並不會成立間接正犯。

間接正犯與教唆犯之區別

	間接正犯	教唆犯
意思支配關係	利用人與被利用人之間存在「意思支配」關係	無
是否成立犯罪	以利用人為準	以被教唆人為準

或惡意知悉幕後者之犯罪計畫為判斷標準。前者之著手時點,是
以幕後利用者對於行為工具產生支配作用之時為準,後者著手的
時點,則是以行為工具(被支配者)開始實施時為準。

四 唆使幼女誣告案

上訴人等因與某甲不睦,共同唆使12歲之乙女出名誣告某
甲強姦,顯係共同利用無責任能力之人實施誣告,應成立間接正
犯,與無告訴權人對於告訴乃論之罪,逕為虛偽之告訴,不能成
立誣告罪之情形不同,無論上訴人等對於甲之強姦乙女有無告訴
權,均不影響於犯罪之成立。

高手過招

刑法針對「在法定構成要件上，限定行為主體之資格，唯有具備該特定資格之人始能構成該犯罪」之犯罪類型，稱為： (A)特別犯 (B)己手犯 (C)正犯 (D)單一犯 【97初等一般行政-法學大意】	(A)

解析：身分犯又稱之為特別犯。

甲教唆其8歲稚子乙在商店中行竊物品，乙失風被捕。試問甲、乙二人刑責如何？ (A)甲成立教唆竊盜罪、乙不成立犯罪 (B)甲成立竊盜罪之間接正犯、乙成立竊盜罪，但得減輕其刑 (C)甲成立竊盜罪、乙成立竊盜罪，但得減輕其刑 (D)甲成立竊盜罪之間接正犯、乙不成立犯罪 【100關稅三等-法學知識】	(D)
甲意圖為自己不法之所有，利用不知情的搬家工人乙，搬走第三人A的東西。下列敘述何者正確？ (A)甲成立竊盜罪之教唆犯 (B)甲成立竊盜罪之間接正犯 (C)乙成立竊盜罪之幫助犯 (D)甲乙成立竊盜罪之共同正犯 【102五等地方特考一般行政-法學大意】	(B)

成年人甲唆使未滿14歲之乙去便利商店行竊，乙因而單獨一人前往行竊，問甲、乙之刑責？

【99三等身障特考一般行政-民法總則與刑法總則】

何謂間接正犯，其類型為何？甲無任何疾病，為圖向服務之公司請假遂至長庚醫院看診，向醫生乙謊稱嚴重暈眩、耳鳴，請求診治並出具證明，乙誤信為真，遂出具記載上開病情之診斷書予甲，甲是否屬刑法第215條之間接正犯？ 【96高考三級-法制】

解析：本題先寫間接正犯之定義以及類型。實例題的部分，則先寫乙之行為（不具備主觀犯罪故意），再探究甲是否成立間接正犯。

高手過招　間接正犯

某醫院院長甲與A本為長年好友，後因細故衝突而積怨。某日，甲得知A因病住進該醫院，並由院內主治醫師乙負責治療。甲深知乙平日對自己（院長）所言皆深信不疑，且乙因工作忙碌，對於可以不做的測試就省略，進而決定利用乙，達成殺害A的目的。甲明知A有特殊體質，若施以B藥物加以治療，將導致A死亡，竟向乙偽稱說因與A係多年好友，深知A絕無特殊體質，為避免測試費時而耽誤病情，應立刻投藥治療，不需測試。乙身為主治醫師，本該進行特殊體質測試始能投與B藥，卻因此貿然投藥，後A果然因B藥物而死亡。請問甲、乙的刑責為何？

【99司法特考三等書記官 - 刑法概要】

破題重點：本題重點為間接正犯。

申論寫法：本題先論乙，再論甲。

解析：

（一）乙成立業務過失致死罪：

1. 從事業務之人，因業務上之過失致人於死者，成立刑法第276條第2項規定之業務過失致死罪。（先把基本的法律規定寫出來，此乃大前提）

2. 客觀構成要件：乙對A施予B藥物造成A死亡之結果，從條件關係之角度，投藥行為與死亡結果間具有因果關係；另因乙並未依規定對A進行是否有特殊體質之檢查，以瞭解是否施予B藥物會造成A身體上的負面反應，反而聽信院長之言，跳過特殊體質測試之必要程序，貿然投藥，創造法所不容許之風險，此一風險亦造成A死亡結果之實現，故該當過失致死罪之客觀構成要件。（先寫客觀，再論主觀，此一內容之寫法兼具條件說與客觀歸責）

3. 主觀構成要件：乙雖不知道A有特殊體質，但身為醫師之專業素養，對於貿然施予B藥物可能造成病人死亡之結果，主觀上即有預見之可能，基於醫生之身分也有注意義務，應注意、能注意，卻聽信院長之言，跳過特殊體質測試之必要程序，貿然投藥，導致A因而死亡，實屬不注意，依據刑法第14條之規定，該當業務過失致死罪之構成要件。（應注意、能注意而不注意）

（接下頁）

高手過招 間接正犯

4. 乙無阻卻違法或及罪責事由，故成立本罪。

（二）甲成立故意殺人既遂罪之「間接正犯」：（透過上下引號的方式，讓閱卷者一看就知道你有點出重點）

1. 本案例中，甲之部分涉及間接正犯之概念。所謂間接正犯，係指利用他人作為犯罪之行為工具，而為自己實現不法構成要件，以遂行其犯罪目的之正犯。該他人之行為因欠缺構成要件該當性、違法性，亦或欠缺罪責，故非正犯，此一被支配之他人僅屬於正犯支配之「犯罪工具」。（概略說明對於間接正犯的認識）

2. 甲身為醫院院長，雖未直接殺害A，但是利用醫生乙對其信任關係，給予其錯誤資訊，竟向乙偽稱說因與A係多年好友，深知A絕無特殊體質，為避免測試費時而耽誤病情，應立刻投藥治療，不需測試。基於甲對於乙之支配地位，達到意思支配而實現殺人罪客觀構成要件之支配行為。其次，甲明知A有特殊體質，若施以B藥物加以治療，將導致A死亡，卻仍有意利用乙，使此一結果實現之主觀支配意思。綜上，甲成立刑法第271條第1項規定故意殺人既遂罪之間接正犯。（客觀上有支配行為，主觀上有支配意思，這兩個部分一定要寫）

8 共謀共同正犯

■ 共謀共同正犯

　　共謀共同正犯，是指數人協議為共同行為之實施，但不是參與全部行為，而對於未參與犯罪構成要件之實行而無行為之分擔的協議者，也論為共同正犯。

　　舉例：甲與乙丙等人謀議於先，並負責提供擄人之對象，於擄人勒贖之過程中，與共犯乙保持密切電話聯繫，且於乙等人逐行擄人犯行完成後，負責監視被害人家屬之動向，甲成立共謀共同正犯。（最高法院97年度台上字第4312號刑事判決）

■ 刑法第28條「實行」之修正

　　舊法第28條原規定：「二人以上共同實施犯罪之行為者，皆為正犯。」修法後變更為：「二人以上共同實行犯罪之行為者，皆為正犯。」其修正說明如下：

　　基於近代刑法之個人責任原則及法治國人權保障之思想，因此修正共同正犯之參與類型，確定在「實行」概念下之共同參與行為，始成立共同正犯，爰將「實施」一語，修正為「實行」。

甲、乙、丙、丁四人謀議，
要共同搶超商。

現金拿出來！

甲：在家等好消息。
乙：在超商外面把風。
丙：以槍枝控制店員。
丁：進入收銀檯內拿
　　取錢財。

甲	乙	丙	丁
共謀共同正犯	共同正犯	共同正犯	共同正犯
×	○	○	○
未實行	實行	實行	實行

三 釋字第109號解釋之見解

實務上，目前仍肯定對「共謀共同正犯」之處罰，參酌日本立法例及德國通說均承認「共謀共同正犯」之概念及存在。大法官會議第109號解釋也採此一肯定之見解，其認為「以自己共同犯罪之意思，參與實施犯罪構成要件以外之行為，或以自己共同犯罪之意思，事先同謀，而由其中一部分人實施犯罪之行為者，均為共同正犯。」

該解釋之不同意見書所擬之理由書亦認為：「查刑法第28條對於共同正犯之為特別規定，而有別於單獨犯罪者，原以注重犯人之共同責任。如係為達成同一犯罪之目的，各犯所實施之行為有互相利用補充之作用，不問其行為之種類及價值，對於既成之事實，皆應負全部責任。故共同正犯之成立，不以參與實施犯罪構成要件之行為為要件。二人以上事前同謀犯罪，於同謀之後雖未著手於犯罪行為之實行，然參與謀議，與分擔實行，其任務之重要，並無異致，自應負共同正犯之罪責。」

四 陰謀與預備共同正犯之排除

現行刑法第28條既已修正為「實行」之用詞，則對於共謀共同正犯成立亦應稍加修正，應調整為對於陰謀或預備階段互有謀議，但對犯罪未提供助力，且未具備支配力者，不應成立共謀共同正犯。

實務亦採此一見解，認為「又94年2月2日修正公布，自95年7月1日起施行之刑法第28條雖將『實施』修正為『實行』，排除『陰謀共同正犯』與『預備共同正犯』，但仍無礙於『共謀共同正犯』之存在。故參與共謀者，其共謀行為，應屬犯罪行為中之

一個階段行為，而與其他行為人之著手、實行行為整體地形成一個犯罪行為。」（最高法院96年度台上字第1271號刑事判決）

五 承繼之共同正犯

若行為人於其他行為人犯罪著手後，始加入共同實施犯罪者，稱之為「承繼之共同正犯」。大多數學說認為承繼之共同正犯對於先行行為有所認識，並且利用既成的事實來達成犯罪之結果，除後行為須負責任外，應連同加入前的行為，一併負其責任。

9 身分犯

一 純正身分犯

　　具備一定身分始能成立之犯罪，稱之為純正身分犯。例如受賄罪中之公務員資格、枉法裁判罪中的法官資格、背信罪中之為他人處理財產事務之身分資格、不純正不作為犯中之保證人地位、婦女之自行墮胎罪。

　　不具備某特定之身分，雖然不能成立純正身分犯之單獨正犯或共同正犯，但是因為參與行為，仍能成立該罪之教唆犯或幫助犯。如甲教唆公務員乙收受賄賂，雖然甲不具備公務員的資格，但是仍然成立收受賄賂罪的教唆犯；又如甲幫助婦女乙自行墮胎，乙觸犯刑法第288條之自行墮胎罪，甲雖非孕婦，仍然成立本條罪名之幫助犯。

【刑法第31條第1項】

　　因身分或其他特定關係成立之罪，其共同實行、教唆或幫助者，雖無特定關係，仍以正犯或共犯論。但得減輕其刑。

二 不純正身分犯

　　具備一定身分，將使刑有輕重或免除之情形，稱之為不純正身分犯。如殺害直系血親尊親屬罪之直系血親卑親屬、生母殺嬰罪之生母，相較於普通殺人罪，前者較重、後者較輕；親屬間竊

真正身分犯、不真正身分犯

身分犯	純正身分犯 以一定身分為犯罪構成要件者	收賄罪（公務員、仲裁人）（刑§121）
		偽證罪（具結之證人、鑑定人或通譯）（刑§168）
		公務員登載不實事項罪（刑§213）
		洩漏秘密罪（刑§318）
	不純正身分犯 以一定身分作為刑罰加減原因者	公務員職權濫用罪（刑§134）
		公務員縱放人犯（刑§163）
		意圖陷害直系血親尊親屬，而誣告、偽造變造證物罪（刑§170）
		業務之人偽變造有價證券罪（刑§204Ⅱ）
		公務員或特定監護、扶助、照護之人包庇色情業者罪（刑§231、231-1、232）
		褻瀆直系血親尊親屬屍體罪（刑§250）
		公務員包庇鴉片、賭博罪（刑§264、270）
		傷害直系血親尊親屬罪（刑§280）
		遺棄直系血親尊親屬罪（刑§295）
		公務員包庇販賣人口罪（刑§296-1Ⅴ）
		限制直系血親尊親屬自由罪（刑§303）

盗之直系血親、配偶或同財共居親屬，得免除其刑，相較於普通竊盜罪為輕。

不具備特定身分者，只能夠成立基本構成要件之罪刑。例如甲與乙基於犯意之聯絡，共同殺乙之母親丙，乙成立殺害直系血親尊親屬罪，甲因不具備特定身分，則成立普通殺人罪。

【刑法第31條第2項】

因身分或其他特定關係致刑有重輕或免除者，其無特定關係之人，科以通常之刑。

三 雙重身分犯

以業務侵占罪為例，除行為人必須具備「持有」之關係外，還必須具備基於業務而持有該物，此即所謂的雙重身分犯。

針對此一問題，實務見解認為：業務侵占罪中之「業務持有」要件，屬於一種不可分之「純正身分」關係，無業務持有之人與有業務持有之人共同侵占時，無業務持有關係之人，應依刑法第31條第1項論以業務侵占罪之共同正犯（28上2536判決、司法院院解字第2353號解釋）。

學說上則有認為：業務侵占罪中之「業務持有」要件，屬於「雙重身分」之情況，即「持有」為純正身分，「業務」則是加重刑罰之不純正身分，無業務持有關係之人與有業務持有之人共同侵占時，無業務持有關係之人應依刑法第31條第2項論以普通侵占罪。

Q 問題思考：下列情形，甲乙如何論處？

一、甲教唆乙殺乙父
二、甲教唆乙殺甲父

思考方向：
一、甲教唆乙殺乙父
　㈠先論乙：
　　　基本上，只要殺人的人，即應成立殺人罪（刑§271），如果殺人者（乙），殺的又是自己的老爸，罪加一等，就是殺害老爸的殺人罪，也就是刑法第272條之殺害直系血親尊親屬罪。
　㈡再論甲：
　　　至於教唆者（甲），依其所教唆之罪處罰之（刑§29Ⅱ），問題在於要不要成立刑法第272條之殺害直系血親尊親屬罪？從一般社會通念來看，甲又不是殺他老爸，實在沒有加重的必要，所以回到刑法第31條第2項：「因身分或其他特定關係致刑有重輕或免除者，其無特定關係之人，科以通常之刑。」也就是成立刑法第271條普通殺人罪即可。
二、甲教唆乙殺甲父
　㈠先論乙：
　　　一樣的道理，乙又不是殺自己的老爸，那就論以刑法第271條即可。
　㈡再論甲：
　　　甲的部分，教唆他人殺自己的父親，這也太過分了！依據刑法第29條規定，依其所教唆之罪，當然就成立刑法第272條殺害直系血親尊親屬罪之教唆犯。

甲為某公司會計，因業務關係，經常去銀行提領鉅款。甲發生重大財務危機，乙鼓動甲挪用銀行提領的鉅款，並獻計謊報遭搶。甲依計而為。問如何評價甲乙的行為？ (A)甲為業務侵占的正犯，乙沒有業務上的身分，為普通侵占的教唆犯 (B)甲為業務侵占的正犯，乙雖無業務上的身分，仍為業務侵占的教唆犯 (C)甲為業務侵占的正犯，乙為業務侵占的間接正犯 (D)甲乙均為業務侵占的共同正犯 【97初等人事經建政風-法學大意】	(B)

解析：依據實務見解：「侵占罪之持有關係為特定關係之一種，如持有人與非持有人共同實施侵占他人之物，依刑法第31條第1項、第28條，均應論以同法第335條之罪。至無業務上持有關係之人，對於他人之業務上持有物根本上既未持有，即無由觸犯同法第335條之罪，若與該他人共同實施或教唆幫助侵占者，依同法第31條第1項之規定，應成立336條第2項之共犯。」（院字第2353號解釋）

甲與乙共同殺害甲的父親，應如何評價甲乙的行為？ (A)甲乙皆成立殺害直系血親尊親屬罪 (B)甲成立殺直系血親尊親屬罪，乙成立普通殺人罪 (C)甲乙均成普通殺人罪 (D)甲成立殺直系血親尊親屬罪，乙成立過失致死罪 【98國安局五等-法學大意】	(B)
甲慫慂乙殺害乙的父親，下列敘述何者正確？ (A)甲成立殺害直系血親尊親屬罪的教唆犯，乙成立殺害直系血親尊親屬罪 (B)甲成立普通殺人罪的教唆犯，乙成立殺害直系血親尊親屬罪 (C)甲成立普通殺人罪的間接正犯，乙成立殺害直系血親尊親屬罪 (D)甲成立殺害直系血親尊親屬罪的間接正犯，乙成立殺害直系血親尊親屬罪 【97海巡-法學知識與英文】	(B)

解析：依據實務見解：「被害人原非上訴人之直系血親尊親屬，並無刑法第272條之身分關係，縱上訴人對於該被害人之直系血親卑親屬教唆其殺害，或與之共同實施殺害，不得不負共犯責任，但應仍就其實施或教唆之情形，適用刑法第271條第1項，論以普通殺人之教唆或正犯罪刑，不能論以殺直系血親尊親屬之罪，而科以普通殺人罪之刑。」（最高法院27年上字第1338號判決）

高手過招

甲乙為朋友，甲企圖謀害父親以取得保險金，乙參與計畫。甲父遭到甲乙共同殺害。問如何評價甲乙的行為？　(A)甲乙為共同正犯，均成立殺直系血親尊親屬罪　(B)甲乙為共同正犯，甲成立殺直系血親尊親屬罪，乙成立普通殺人罪　(C)甲乙為共同正犯，均成立普通殺人罪　(D)甲為殺直系血親尊親屬的正犯，乙為殺直系血親尊親屬的幫助犯　　　　　　　　　　　　　　　　【96五等公務 - 法學大意】	(B)
刑法第213條規定：「公務員明知為不實之事項，而登載於職務上所掌之公文書，足以生損害於公眾或他人者，處1年以上7年以下有期徒刑。」此規定屬於下列何種犯罪類型？　(A)親手犯　(B)加重結果犯　(C)純正身分犯　(D)結合犯　　　　　　　　　　　　　　　　　　　　　　　　　　　　　【98四等退除役轉任公務 - 法學知識與英文】	(C)
甲唆使乙殺害乙之父親丙（甲與丙無親屬關係），乙聽其唆使而將丙予以殺害。甲與乙觸犯刑法上何罪名？　(A)甲成立普通殺人罪的教唆犯，乙成立殺害直系血親尊親屬罪的正犯　(B)甲成立殺害直系血親尊親屬罪的教唆犯，乙成立殺害直系血親尊親屬罪的正犯　(C)甲與乙成立普通殺人罪的共同正犯　(D)甲與乙成立殺害直系血親尊親屬罪的共同正犯　　　　　　　　　　　　【98四等基層警察 - 法學緒論】	(A)

高手過招　身分犯

業者甲為推銷公司產品，邀請具採購決定權之公務員乙、丙吃飯，飯後並提供兩人性招待，在乙、丙決定採購甲公司產品後，甲又分別致贈兩人現金一筆。下列有關本案之敘述，何者錯誤？　(A)公務員受賄罪為身分犯　(B)身分犯得區分為純正身分犯與不純正身分犯　(C)乙、丙收受之現金，應宣告沒收　(D)甲為不純正身分犯　　　　　　　　　　　【102三等地方特考 - 法學知識與英文】	(D)

甲唆使乙去竊取乙之父親A所收藏的字畫，乙因而萌生行竊之意，並順利行竊得手。以下有關甲、乙2人刑事責任之敘述，何者正確？ (A)甲成立「普通竊盜罪」之教唆犯，乙成立「普通竊盜罪」之正犯 (B)甲成立「親屬間竊盜罪」之教唆犯，乙成立「親屬間竊盜罪」之正犯 (C)甲成立「普通竊盜罪」之教唆犯，乙成立「親屬間竊盜罪」之正犯 (D)甲、乙2人成立「親屬間竊盜罪」之共同正犯 【101初等一般行政-法學大意】	(C)
甲為公務員，乙非公務員，下列有關受賄罪之敘述，何者正確？ (A)甲與乙共同收受賄賂，乙不成立收受賄賂罪之共同正犯 (B)乙教唆甲收受賄賂，乙不成立收受賄賂罪之教唆犯 (C)甲幫助乙收受賄賂，甲不成立收受賄賂罪之幫助犯 (D)甲與乙共同收受賄賂，兩人各自成立收受賄賂罪 【103三等地方特考-法學知識與英文】	(C)
關於公務員偽造文書相關罪名，依實務見解，下列敘述何者錯誤？ (A)刑法第213條公務員登載不實罪是純正身分犯 (B)刑法第214條使公務員登載不實罪是純正身分犯 (C)刑法第213條公務員登載不實罪中的「明知不實事項」，指直接故意 (D)刑法第214條使公務員登載不實罪中的「明知不實事項」，不包括間接故意 【111普考-法學知識與英文】	(B)

高手過招

甲對其父A欲將家族公司交由外人經營一事素有不滿。某日，甲邀集網友乙，並向乙稱：「只是要教訓一下A」。乙同意幫甲出口氣，甲、乙逐於翌日晚間A返家途中，蒙面持棍棒加以毆打。A僅手腳受傷，傷勢並不嚴重，但因A素有嚴重心臟疾病，無法承受此般驚嚇而猝死。又甲明知A之心臟宿疾嚴重，對其遭受過度刺激就可能有生命危險一事知之甚詳，卻因怨憤而認為即使如此也不違背本意，而乙對此則毫無所知，請問甲、乙之刑責為何？　　　　　　　　　　　　　　【99司法特考四等書記官-刑法概要】

破題重點：本題重點為身分犯。

申論寫法：罪名的部分，先從傷害罪再寫到殺人罪；人的部分，先寫甲，再論乙。

解析：

(一)甲之行為構成殺害直系血親尊親屬罪，其理由如下：

　　1. 甲為A之子，因故不滿其父，遂與網友乙共謀教訓A。主觀上，甲明知A素有嚴重心臟疾病，無法承受亂棒毆打之驚嚇，而有猝死之預見可能，卻因怨憤而認為即使如此也不違背本意，屬於刑法第13條第2項規定之未必故意。

　　2. 甲成立刑法第272條之殺害直系血親尊親屬罪。

(二)乙成立普通傷害罪，其理由如下：

　　1. 乙與甲兩人間針對持棍棒毆打甲父A之行為，有犯意之聯絡與行為之共同，依據刑法第28條規定為共同正犯。

　　2. 惟乙僅為甲之網友，與甲之父A無親子血緣關係。傷害直系血親尊親屬罪屬「不純正身分犯」，依據刑法第31條第2項規定：「因身分或其他特定關係致刑有重輕或免除者，其無特定關係之人，科以通常之刑。」故某乙僅論以刑法第277條第1項之普通傷害罪。

　　3. 由於乙對於A素有嚴重心臟疾病，無法承受此般驚嚇，可能有生命危險一事並無預見，且其僅為教訓之手段，A僅手腳受傷，傷勢並不嚴重，難論以過失之罪責，故不成立傷害致死罪之加重結果犯，亦不成立殺人罪。

(三)結論：1. 甲成立殺害直系血親尊親屬罪。

　　　　　2. 乙成立普通傷害罪。

10 加重結果犯

一 加重結果犯

行為人實施基本構成要件行為，導致基本構成要件以外之加重結果，致該當加重構成要件而成立之犯罪。刑法第17條規定：「因犯罪致發生一定之結果，而有加重其刑之規定者，如行為人不能預見其發生時，不適用之。」

二 加重結果犯之要件

(一)故意為基本構成要件之行為

行為人必須出於故意，而為基本構成要件之行為。例如傷害致死罪，行為人必須具備傷害之故意，而著手為傷害之行為。

(二)超出基本構成要件以外之加重結果，必須符合過失犯之要件

行為人對於加重結果之發生，必須具備客觀上可預見性及可避免性。「加重結果犯，以行為人能預見其結果之發生為要件，所謂能預見乃指客觀情形而言，與主觀上有無預見之情形不同，若主觀上有預見，而結果之發生又不違背其本意時，則屬故意範圍。」（最高法院47年台上字第920號判決）

(三)刑法有處罰加重結果之規定

若無處罰加重結果之規定，則行為人所為之行為發生加重之結果，並無成立加重結果犯之餘地，只能依據加重結果適用該當之不法構成要件。

加重結果犯之結構與性質

加重結果犯
=
基本構成要件 + **加重結果**
（故意）　　　　　　　（過失）

普通搶奪罪之加重結果犯

搶奪　　　　　　　　　　　　　　**致死**

過失犯能否成立加重結果犯？（過失＋過失）

　　我國刑法加重結果犯之基本構成要件為故意犯，雖過失基本構成要件之行為與過失加重結果之間仍有可能存在一定之關聯性，例如失火罪及導致被害人死亡，但此種仍非我國加重結果犯之類型。此種過失犯之加重結果，僅能依據想像競合加以處斷。

加重結果犯

刑法第17條規定：「因犯罪致發生一定之結果，而有加重其刑之規定者，如行為人不能預見其發生時，不適用之。」以刑法第277條第2項前段普通傷害致死罪為例，下列敘述何者為正確？ (A)行為人對於被害人死亡結果之發生必須要有預見可能性 (B)行為人對於被害人死亡結果之發生不須要有預見可能性 (C)行為人之普通傷害行為不須要有過失 (D)被害人死亡結果之發生不須要與普通傷害行為有因果關係 　　　　　　　　【100關稅四等-法學知識】	(A)
關於刑法第277條第2項犯傷害罪致人於死之罪名，下列敘述何者正確？ (A)視同殺人罪，但得減輕其刑 (B)屬於加重結果犯 (C)屬行為與結果具有牽連關係之牽連犯 (D)屬於具體危險犯 　　　　　　　　【105三等警察-法學知識與英文】	(B)
下列何者並非成立加重結果犯的要件？ (A)行為人是出於故意犯基本犯罪行為 (B)行為人不能預見加重結果的發生 (C)基本犯罪行為與加重結果間須具有因果關聯 (D)法律對於加重結果犯設有明文規定 　　　　　　　　【105高考-法學知識與英文】	(B)

11 即成犯、狀態犯、繼續犯

一 即成犯

發生一定法益之侵害或危險，其犯罪行為即為完成或終了之犯罪。

簡單來說，一做就犯罪，著重於行為的開端，一開始就犯罪。例如侵占罪屬於即成犯，凡對自己持有之他人所有物，有變易持有為所有之意思時，即應構成犯罪，縱事後歸還或承認賠償或協議以他法解決，亦不能解免刑責。（最高法院97年度台非字第384號刑事判決）

背信罪也是即成犯，以為他人處理事務，意圖為自己或第三人不法之利益，或損害本人之利益，而為違背其任務之行為，致生損害於本人之財產或其他利益，其犯罪即告成立。（最高法院96年度台上字第7560號刑事判決）

二 狀態犯

狀態犯，是行為在犯罪完成前已終止，或完成時同時終止的情形。

簡單來說，做了有後遺症。著重於行為的尾端，結束後犯罪行為已經結束而不存在，但是仍有侵害法益的狀態存在。就好比是失戀一樣，通常失戀的痛苦會持續許多年；也好像是重婚罪，重婚行為完成後，一直存在著侵害元配法益的狀態。例如殺人罪，結果可能在行為終了時發生，或行為終了後，結果方才發生，例如送醫不治；又如竊盜罪，竊盜罪完成時，竊盜行為已

即成犯、狀態犯、繼續犯之比較表

比較項目	即成犯	狀態犯	繼續犯
區分標準	行為與法益侵害均立即完成	著重於法益侵害之「狀態繼續性」	著重於法益侵害之「行為繼續性」
法益侵害	完成後隨即終了	行為在犯罪完成前已終止，或完成時同時終止的情形，而侵害持續存在	待行為完成後，侵害始終了
行為	立即完成	立即完成	行為持續存在
實際案例	傷害罪、放火罪	竊盜罪	私行拘禁罪
圖解			

告終了，在犯罪完成後，沒有行為存在，只有法益受害的狀態存在。（釋604許玉秀不同意見書）事後發生的法益侵害狀況即使持續中，則非立法責難的重點所在。即成犯與狀態犯之區別實益，在於狀態犯有所謂「不罰之後行為」問題。

參與犯罪組織罪係屬狀態繼續之狀態犯，而非行為繼續之繼續犯。（最高法院91年度台上字第6538號刑事判決）非法持有槍、彈並於該期間內，繼續持有之，乃行為繼續之繼續犯，尚非犯罪行為停止後，違法狀態繼續之狀態犯。

📋 繼續犯

繼續犯，指行為人之行為只要實現不法構成要件，導致一定違法狀態，犯罪即屬既遂，惟行為人如未放棄犯罪之實施者，則犯罪之違法情狀即繼續進行，而不法構成要件猶如不間斷地繼續被實現，一直至該違法狀態結束，犯罪始告終了。（最高法院97年度台非字第186號刑事判決）

例如刑法第302條妨害自由罪，拘束他人行動自由後，犯罪即告完成（既遂），待他人恢復自由之後，妨害自由的行為方才終止。（釋604許玉秀不同意見書）又如寄藏槍彈罪為繼續犯，受寄者於收受管領槍彈時，寄藏行為已成立，嗣後是否擇時異地藏置，僅係寄藏行為繼續中受寄物保管方式之變動，不影響寄藏行為之繼續性質。（最高法院96年度台上字第7288號刑事判決）

區別繼續犯與狀態犯之實益，在於追訴時效及罪數。繼續犯之追訴時效，自行為終了時起算，而狀態犯，則自犯罪既遂時起算。另外還有一個實益，舉個例子，假設某甲殺死乙，某丙跑來說我幫你抓住某乙，大聲說給他死。但因為犯罪行為已經完成，某丙並沒有參與到犯罪的過程，並不成立幫助犯。

四 實案追緝：林毅夫叛逃案

　　世界銀行副會長林毅夫30年前從臺灣潛逃大陸，成了通緝犯，其希望能夠回臺祭祖，可是卻發生追訴權時效認定的問題，導致林毅夫迄今仍無法回臺。

　　林毅夫所犯為陸海空軍刑法第24條第1項規定：「投敵者，處死刑、無期徒刑或10年以上有期徒刑。」追訴權時效為30年，若認定為狀態犯，起算時間從「犯罪成立之日」起算；若認定為繼續犯，則自「行為終了之日」起算，但是林毅夫投敵行為根本還沒有終了，追訴權時效連算都還沒有開始算，所以大概沒機會回來了。

　　本書認為投敵罪應屬於狀態犯，蓋因該罪法責難之重點是投敵的行為，投敵只要喊說我願意效忠中共，就算成立本罪，事後背叛中華民國的狀態持續進行中，但已經不是投敵罪立法苛責之重點。

「繼續犯」與「狀態犯」其告訴期間、追訴期間各自何時起算？又「繼續犯」如在其犯罪行為繼續實施之中，其間遇有法律變更，有無刑法第2條第1項「行為後法律變更」之適用？【95司法三等特考-檢察事務官刑法】

重點提示：

(一)告訴期間及追訴期間之起算間

1. 繼續犯

告訴期間自行為完成之日起算，縱使被害人先前業已知悉犯人者，亦同。追訴期間自行為終了日起算。

2. 狀態犯之告訴期間與追訴期間

告訴期間自犯罪成立之日當時或之後知悉犯人時起算。

追訴期間自犯罪成立之日起算。

(二)「行為後法律變更」規定之適用

繼續犯之行為期間若跨越新舊法，仍應以行為完成時之法律為行為時法，並無「行為後法律變更」規定之適用問題。

Note

12 累犯

一 累犯為什麼要加重？

　　累犯的加重，是因為犯罪行為人之刑罰反應力薄弱，原本的刑罰不足以遏止其犯罪之情況，所以必須延長矯正的時間，以幫助其重返社會，並兼顧社會防衛的效果。目前累犯的加重僅限於故意犯，過失再犯者，尚難以具此認為刑罰反應力薄弱，宜以勸導改善等方式，促使其提高注意力以避免再犯，不宜加重其刑。

二 累犯之概念

　　受徒刑之執行完畢，或一部之執行而赦免後，5年以內故意再犯有期徒刑以上之罪者，為累犯。成立累犯之法律效果，為加重本刑至二分之一。（刑§47Ⅰ）屬於必加重，而非得加重。

　　擬制累犯：刑法第98條第2項關於因強制工作而免其刑之執行者，於受強制工作處分之執行完畢或一部之執行而免除後，5年以內故意再犯有期徒刑以上之罪者，以累犯論。（刑§47Ⅱ）保安處分本有補充或代替刑罰的功用，為配合刑法第98條第2項規定強制工作處分與刑罰之執行效果得以互相替代，增訂「擬制累犯」的規定。

　　累犯之規定，於前所犯罪在外國法院受裁判者，不適用之。（刑§49）所以，如果之前在外國法院接受裁判者，即使5年以內故意再犯有期徒刑以上之罪，而受我國法院判決確定者，仍非屬於累犯。

❶ 甲搶奪他人財物

哼！

❷ 甲被關起來

下次要小心一點。

❸ 執行完畢放出來又再犯搶奪罪

再一次

❹ 又被關起來，加重二分之一

不敢再犯了。

【刑法第47條】

I 受徒刑之執行完畢，或一部之執行而赦免後，5年以內故意再犯有期徒刑以上之罪者，為累犯，加重本刑至二分之一。

II 第98條第2項關於因強制工作而免刑之執行者，於受強制工作處分之執行完畢或一部之執行而免除後，5年以內故意再犯有期徒刑以上之罪者，以累犯論。

三 裁判確定後發覺累犯之處置

　　裁判確定後，發覺為累犯者，依刑法第47條之規定更定其刑。但刑之執行完畢或赦免後發覺者，不在此限。（刑§48）換言之，裁判確定後，始發覺者，得變更其裁判，而重新科罪，但是執行完畢或免除後，不得變更其裁判。

高手過招

依刑法第47條規定，受有期徒刑之執行完畢，或受無期徒刑或有期徒刑一部之執行而赦免後，5年以內故意再犯有期徒刑以上之罪者，稱為：　(A)從犯　(B)想像競合犯　(C)連續犯　(D)累犯 【99初等人事行政-法學大意】	(D)
累犯應如何處罰？　(A)加重本刑至四分之一　(B)加重本刑至三分之一　(C)加重本刑至二分之一　(D)加重本刑一倍 【99初等人事行政-法學大意】	(C)
關於累犯之敘述，下列何者錯誤？　(A)受徒刑之執行完畢，或一部之執行而赦免後，5年以內故意再犯有期徒刑以上之罪者，為累犯　(B)累犯加重本刑至二分之一　(C)緩刑期滿而緩刑之宣告未經撤銷者，嗣後縱然再犯，不發生累犯之問題　(D)於受強制工作之保安處分執行完畢後，5年以內故意再犯有期徒刑以上之罪者，並非累犯 【105普考-法學知識與英文】	(D)

13 危險犯

━ 危險犯之種類與比較

危險犯，可分為具體危險犯與抽象危險犯。

具體危險犯，是指危險已經達到了具體的程度，離實害已經不遠了，但還是沒有實害，條文中有所謂的「致生……危險」、「足以發生……危險」的文字即屬之。例如刑法第151條規定：「以加害生命、身體、財產之事恐嚇公眾，致生危害於公安者，處2年以下有期徒刑。」再舉一個例子，刑法第187-2條第1項規定：「放逸核能、放射線，致生公共危險者，處5年以下有期徒刑。」然而，無此字樣不代表非具體危險犯，而如何判斷是否有具體危險，則應依社會一般之觀念，客觀判斷是否有危險可能發生。（74年台上3958號判決）

如果是「致生損害」的文字，則是實害犯。

抽象危險犯，則是沒有實害，也還沒有產生具體危險，就是抽象危險犯。此一法律名詞比較麻煩，舉個例子，服用毒品、麻醉藥品、酒類或其他相類之物，不能安全駕駛動力交通工具而駕駛者，處2年以下有期徒刑，得併科20萬元以下罰金。（刑§185-3Ⅰ）因為條文中並沒有具體危險犯之文字，可是也並非實害犯，所以有認為是抽象危險犯，又如遺棄罪也有認為是抽象危險犯。

但是，如同前述實務判例所論，具體危險犯並不應該以條文中是否具有特定文字來判斷，似乎抽象危險犯沒有存在之必要。勉強將兩者相比較，具體危險犯的致生危險，已經有了「影」，刑法才介入處罰；而抽象危險犯則是連個「影」都沒有，刑法就介入處理。

具體危險犯 （以下僅為比喻）

啊！
侵入房子裡了。

壞人攻擊

這種行為具有中度危險，所以要有具體的威脅，才能加以立法處罰。

抽象危險犯

都沒看到影子，幹嘛要開槍？

裡面有惡魔，等你看到再開槍就來不及了。

惡魔來襲

這種行為潛在性會發生高度危險，雖然連具體的危險都沒有，還是要立法禁止。

高手過招

下列何者屬於抽象危險犯？　(A)殺人罪　(B)傷害罪　(C)竊盜罪　(D)偽證罪　　　　　　　　　　　　　　【100高考-法學知識與英文】	(D)

14 親手犯

一 基本概念

親手犯，又稱之為己手犯，是指正犯必須是親自直接實施構成要件行為的人，不能假手他人實施。因此，非親身實施者，不能成立正犯、共同正犯、或間接正犯，只能成立教唆或幫助犯。

二 親手犯之類型

常見如重婚（刑§237），或如刑法第168條偽證罪，正犯必須是虛偽陳述者，不可能存在有間接正犯之假手他人之可能性存在。其他尚有枉法裁判罪（刑§124）、酒醉駕車罪（刑§185-3）、肇事逃逸罪（刑§185-4）、利用權勢性交罪（刑§228）、血親性交罪（刑§230）、公務員登載不實罪（刑§213）等規定。

三 區分實益

親手犯之概念，是一定要親身親為，不得假手他人，只要假手他人，本人就不能成立正犯、共同正犯或間接正犯；未直接親手實行不法行為之人，頂多能成立教唆或幫助犯。相對於親手犯之概念，則範圍就相當廣泛，例如殺人放火，不必親自為之，可以假手他人。

實務見解 釋字第 791 號【通姦罪及撤回告訴之效力案】

爭點：

　　1、刑法第239條規定是否符合憲法第22條保障性自主權之意旨？本院釋字第554號解釋應否變更？

　　2、刑事訴訟法第239條但書規定是否符合憲法第7條保障平等權之意旨？

解釋文：

　　刑法第239條規定：「有配偶而與人通姦者，處1年以下有期徒刑。其相姦者亦同。」對憲法第22條所保障性自主權之限制，與憲法第23條比例原則不符，應自本解釋公布之日起失其效力；於此範圍內，本院釋字第554號解釋應予變更。（本條已於110年5月31日刪除）

　　刑事訴訟法第239條但書規定：「但刑法第239條之罪，對於配偶撤回告訴者，其效力不及於相姦人。」與憲法第7條保障平等權之意旨有違，且因刑法第239條規定業經本解釋宣告違憲失效而失所依附，故亦應自本解釋公布之日起失其效力。

高手過招　親手犯

何謂「親手犯」，並請自現行刑法試舉一規定分析並說明之？與其相對的概念為何？討論親手犯有何實益？　　　【100四等司法特考-刑法概要】

親手犯

下列何種犯罪類型不適用共同正犯之規定？　(A)親手犯　(B)純正身分犯　(C)不純正身分犯　(D)舉動犯　　【106四等警察-法學知識】	(A)
下列關於己手犯之敘述，何者錯誤？　(A)所謂己手犯又稱為親手犯，係正犯須親自為之的犯罪類型　(B)偽證罪與通姦罪，皆為己手犯　(C)重婚罪非己手犯，第三人參與者得成立共同正犯　(D)依我國學界多數意見，己手犯不得成立間接正犯　【106三等警察-法學知識與英文】	(C)

第五篇

國家、社會法益

1 内亂罪

一 刑法第100條

　　修正前之刑法第100條，其規定內容為：「意圖破壞國體，竊據國土，或以非法之方法變更國憲，顛覆政府，而著手實行者，處7年以上有期徒刑；首謀者，處無期徒刑。」本條規定被認為是「思想叛亂罪」，因為客觀構成要件沒有具體規範，似乎只要有意圖、想叛亂，就可能被定罪入獄服刑。由於適用上的氾濫，也導致白色恐怖的發生。在許多政黨、組織的奔走抗爭下，尤其是知名的刑法學者林山田教授，終於在民國81年5月16日，總統令修正公布第100條條文。

【刑法第100條】

I 意圖破壞國體，竊據國土，或以非法之方法變更國憲，顛覆政府，而以強暴或脅迫著手實行者，處7年以上有期徒刑；首謀者，處無期徒刑。

II 預備犯前項之罪者，處6月以上5年以下有期徒刑。

二 修正後條文之缺失

　　刑法第100條修正後之規定，還是存在許多問題，除了主觀構成要件「意圖」外，客觀構成要件上，卻只有「強暴或脅迫」及「著手實行」。其中「強暴或脅迫」是行為的方法，「著手實行」則是行為的階段，但是著手實行的具體內容為何，是否指意圖之內容，客觀構成要件並不明確，恐怕有違反刑法之罪刑明確性原則。

內亂罪之類型

內亂罪之類型	普通內亂罪	首謀（刑§100Ⅰ）： 無期徒刑
		非首謀（刑§100Ⅰ）： 7年以上有期徒刑
	預備普通內亂罪 （刑§100Ⅱ）	6月以上5年以下有期徒刑
	暴動內亂罪	首謀（刑§101Ⅰ）： 死刑或無期徒刑
		非首謀（刑§101Ⅰ）： 無期徒刑或7年以上有期徒刑
	預備暴動內亂罪 （刑§101Ⅱ） 陰謀暴動內亂罪 （刑§101Ⅱ）	1年以上7年以下有期徒刑

註解：犯第100條第2項或第101條第2項之罪而自首者，減輕或免除其刑。（刑§102）

修法前後比較表

修法前	修法後
意圖＋著手實行	意圖＋強暴或脅迫著手實行

三 總統刑事訴究

內亂外患罪所侵害者為國家法益，屬於刑法上重大之犯罪，憲法第52條明文規定：「總統除犯內亂或外患罪外，非經罷免或解職，不受刑事上之訴究。」亦即只要總統涉及的犯罪行為屬於內亂或外患罪，在其任職期間仍須受到刑事程序之訴究；若非屬內亂或外患罪，我國採取的制度是暫時不能為刑事上訴究（釋字第627號解釋）。

四 林山田教授

臺灣臺南人，德國杜賓根大學法學博士，曾任中央警察大學、政治大學、臺灣大學法學教授。其致力於推動廢除廢止「懲治叛亂條例」與刑法第100條之運動；法學著作刑罰學、刑法通論等，幾乎是法律人必讀的經典著作，尤其是以黑白雙色之封面，更代表著其黑白分明的個性，嫉惡如仇，只有黑和白，沒有妥協。2007年11月5日，因癌症病逝於宜蘭。

實務見解 釋字第 627 號解釋

依本院釋字第388號解釋意旨，總統不受刑事上之訴究，乃在使總統涉犯內亂或外患罪以外之罪者，暫時不能為刑事上訴究，並非完全不適用刑法或相關法律之刑罰規定，故為一種暫時性之程序障礙，而非總統就其犯罪行為享有實體之免責權。是憲法第52條規定「不受刑事上之訴究」，係指刑事偵查及審判機關於總統任職期間，就總統涉犯內亂或外患罪以外之罪者，暫時不得以總統為犯罪嫌疑人或被告而進行偵查、起訴與審判程序而言。但對總統身分之尊崇與職權之行使無直接關涉之措施，或對犯罪現場之即時勘察，不在此限。

2 外患罪

一 外患罪之基本概念

　　相對於內亂罪的章節，就是外患罪。外患罪，主要是規範勾結外敵，導致國家安全遭到嚴重破壞之不法行為。

　　其具體內容包括通謀開戰端罪（刑§103）、通謀喪失領土罪（刑§104）、直接械抗民國罪（刑§105）、助敵罪（刑§106、107）、戰時不履行軍需契約罪（刑§108）、侵害國防秘密罪（刑§109～112）、私與外國訂約罪（刑§113）、違背對外事務委任罪（刑§114）、毀棄國權證據罪（刑§115）。

　　山海關守將吳三桂不願投降闖王，引清兵進入山海關，如果以現今的刑法來看，應該是符合第106條助敵罪「在與外國開戰內，以軍事上之利益供敵國」之要件。

二 陳雲林來臺與馬英九外患罪

　　大陸海協會會長陳雲林來臺，或許是為了模糊貪污弊案焦點，前總統陳水扁指控馬英九先生觸犯刑法第104條的外患罪。陳水扁先生似乎是指稱馬英九先生想要歸順大陸，所以邀請陳雲林來臺談判協商，洽談如何將中華民國拱手讓給大陸，因此該當這條罪名。

　　由於該次陳雲林來臺，海基會與海協會只討論空運、海運、郵件、食品安全衛生四項議題，並未涉及政治議題，也不會讓國家領域造成喪失的結果，故馬英九先生不應成立外患罪。

內亂罪之類型

外患罪之類型	與敵通謀罪	通謀開戰端罪（刑§103）
		通謀喪失領土罪（刑§104）
	幫助敵軍罪	直接械抗民國罪（刑§105）
		助敵罪（刑§106）
		加重助敵罪（刑§107）
		戰時不履行軍需契約罪（刑§108）
	侵害國防秘密罪	洩漏交付國防秘密罪（刑§109）
		公務員過失洩漏交付國防秘密罪（刑§110）
		刺探收集國防秘密罪（刑§111）
		不法侵入或留滯軍用處所罪（刑§112）
	違背為國處理事務罪	私與外國訂約罪（刑§113）
		違背對外事務委任罪（刑§114）
		毀棄國權證據罪（刑§115）

【刑法第104條】

I 通謀外國或其派遣之人，意圖使中華民國領域屬於該國或他國者，處死刑或無期徒刑。

II 前項之未遂犯罰之。

III 預備或陰謀犯第1項之罪者，處3年以上10年以下有期徒刑。

三 直接械抗民國罪

單看到這個罪名，可能還搞不清楚是在處罰什麼行為？這一條罪名規範在刑法第105條規定：「中華民國人民在敵軍執役，或與敵國械抗中華民國或其同盟國者，處死刑或無期徒刑。」例如兩岸發生戰事，身為中華民國之人民本應保家衛國，但是居然投效敵軍，在敵軍陣營服役，或者是與敵國共同持械對抗中華民國，若當時美國與我國屬於同盟，則行為人與敵國共同持械對抗美日，也成之本罪。

四 洩漏交付國防機密罪

國防機密攸關國家安全甚鉅，故刑法第109條第1、2項規定：「洩漏或交付關於中華民國國防應秘密之文書、圖畫、消息或物品者，處1年以上7年以下有期徒刑。洩漏或交付前項之文書、圖畫、消息或物品於外國或其派遣之人者，處3年以上10年以下有期徒刑。」此為故意犯之規定。

　　由於洩漏或交付國防機密，屬於嚴重侵害國家法益之行為，故即使是過失也要處罰，其規範在刑法第110條規定：「公務員對於職務上知悉或持有前條第1項之文書、圖畫、消息或物品，因過失而洩漏或交付者，處2年以下有期徒刑、拘役或3萬元以下罰金。」現在使用電腦應該要特別小心，一不小心就遭到木馬病毒入侵，導致電腦中的機密資料被駭客竊走，尤其是國家機密若因此而洩漏，則會觸犯此條過失洩漏交付國防機密罪。

五 本章適用範圍

　　依據刑法第115-1條規定：「本章之罪，亦適用於地域或對象為大陸地區、香港、澳門、境外敵對勢力或其派遣之人，行為人違反各條規定者，依各該條規定處斷之。」外患罪章現行各條涉及境外勢力者，係以「外國或其派遣之人」、「敵軍」或「敵國」等為其構成要件，在我國現行法制架構及司法實務運作下，以大陸地區、香港、澳門、境外敵對勢力或其派遣之人為對象犯本章之罪者，恐難適用各該條文，形成法律漏洞。為確保臺灣地區安全、民眾福祉暨維護自由民主之憲政秩序，爰增定本條。

3 瀆職罪

本（瀆職）罪章，共有下列幾種類型，包括委棄守地罪（刑§120）、不違背職務受賄罪（刑§121）、違背職務受賄罪（刑§122）、準受賄罪（刑§123）、枉法裁判罪（刑§124）、濫權追訴處罰罪（刑§125）、凌虐人犯罪（刑§126）、違法行刑罪（刑§127）、越權受理罪（刑§128）、違法徵收、抑留或剋扣款物罪（刑§129）、廢弛職務釀成災害罪（刑§130）、圖利罪（刑§131）、洩露國防以外秘密罪（刑§132）、妨害郵電秘密罪（刑§133）、非純粹瀆職罪（刑§134）。

■ 受賄罪

公務員賄賂罪的部分，可以分成違背職務及未違背職務之行為兩種，行為分成要求、期約或收受三種態樣。

公務員或仲裁人對於職務上之行為，要求、期約或收受賄賂或其他不正利益者，處7年以下有期徒刑，得併科70萬元以下罰金。（刑§121）本條是指公務員並未違背職務上之行為。

公務員或仲裁人對於違背職務之行為，要求、期約或收受賄賂，或其他不正利益者，處3年以上10年以下有期徒刑，得併科200萬元以下罰金。（刑§122Ⅰ）因而為違背職務之行為者，處無期徒刑或5年以上有期徒刑，得併科400萬元以下罰金。（刑§122Ⅱ）

■ 行賄罪

對於公務員或仲裁人關於違背職務之行為，行求、期約或交付賄賂或其他不正利益者，處3年以下有期徒刑，得併科30萬元

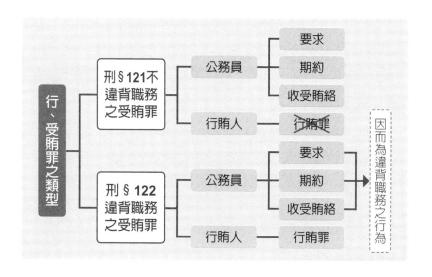

公務員犯罪特別處罰之規定

刑§163 I	公務員縱放職務上依法逮捕、拘禁之人或便利其脫逃者，處1年以上7年以下有期徒刑。
刑§213	公務員明知為不實之事項，而登載於職務上所掌之公文書，足以生損害於公眾或他人者，處1年以上7年以下有期徒刑。
刑§261	公務員利用權力強迫他人犯前條之罪者，處死刑或無期徒刑。（前條之罪，是指意圖供製造鴉片、嗎啡之用而栽種罌粟、販賣或運輸罌粟種子）
刑§264	公務員包庇他人犯本章各條之罪者，依各該條之規定，加重其刑至二分之一。（本章，是指鴉片罪）
刑§270	公務員包庇他人犯本章各條之罪者，依各該條之規定，加重其刑至二分之一。（本章，是指賭博罪）
刑§318	公務員或曾任公務員之人，無故洩漏因職務知悉或持有他人之工商秘密者，處2年以下有期徒刑、拘役或6萬元以下罰金。

以下罰金。但自首者減輕或免除其刑。在偵查或審判中自白者，得減輕其刑。（刑§122Ⅲ）例如某企業人士對於政治人員行賄，希望能協助招標案輕鬆過關，該企業人士就會成立本條罪名。

三 準受賄罪

於未為公務員或仲裁人時，預以職務上之行為，要求期約或收受賄賂或其他不正利益，而於為公務員或仲裁人後履行者，以公務員或仲裁人要求期約或收受賄賂或其他不正利益論。（刑§123）例如國家考試考生與A建商談好條件，考上後就讓大巨蛋給A建商承包，但要收受100萬元。

四 枉法裁判罪

有審判職務之公務員或仲裁人，為枉法之裁判或仲裁者，處1年以上7年以下有期徒刑。（刑§124）例如法官違反法令而裁判，或者是假造事實或濫用裁量權而為裁判，即屬之。裁判方面，包括民事、刑事與行政方面的裁判也包括公務員懲戒之審議、行政訴願之決定。檢察官因為沒有審判權，所以並非本條文之主體範圍。

五 圖利罪

公務員對於主管或監督之事務，明知違背法令，直接或間接圖自己或其他私人不法利益，因而獲得利益者，處1年以上7年以下有期徒刑，得併科100萬元以下罰金。（刑§131）圖利罪一般都適用貪污治罪條例第6條第1項第5款規定：「對於非主管或監督之事務，明知違背法令，利用職權機會或身分圖自己或其他私人不法利益，因而獲得利益者。」處5年以上有期徒刑，得併科新臺幣3,000萬元以下罰金。如果是圖國庫利益之行為，還科以刑責，顯然對認真做事的公務員並不公平，所以圖國庫利益之行為不成立圖利罪。

六 公務員犯罪加重處罰之規定（非純粹瀆職罪）

公務員假借職務上之權力、機會或方法，以故意犯本章以外各罪者，加重其刑至二分之一。但因公務員之身分已特別規定其刑者，不在此限。（刑§134）其中刑法的特別規定如第273頁表格。

七 公務員

稱公務員者，謂下列人員：（刑§10Ⅱ）

法律規定	說 明
第1款前段 依法令服務於國家、地方自治團體所屬機關而具有法定職務權限。	本款前段，指國家或地方自治團體所屬機關中依法令任用之成員。故其依法代表、代理國家或地方自治團體處理公共事務者，即應負有特別保護義務及服從義務。至於無法令執掌權限者，縱服務於國家或地方自治團體所屬機關，例如僱用之保全或清潔人員，並未負有前開特別保護義務及服從義務，即不應認其為刑法上公務員。
第1款後段 其他依法令從事於公共事務，而具有法定職務權限者。	後段之公務員，例如依水利法及農田水利會組織通則相關規定而設置之農田水利會會長及其專任職員屬之。其他尚有依政府採購法規定之各公立學校、公營事業之承辦、監辦採購等人員均屬之。
第2款 受國家、地方自治團體所屬機關依法委託，從事與委託機關權限有關之公共事務者。	

下列何者非屬刑法上之瀆職罪？　(A)枉法裁判罪　(B)凌虐人犯罪
(C)投票行賄罪　(D)委棄守地罪

(C)

【102五等地方特考一般民政-法學大意】

刑法第131條公務員圖利罪於民國90年進行修正時，將原規定「公務員對於主管或監督之事務，直接或間接圖利者」，修改為「公務員對於主管或監督之事務，明知違背法令，直接或間接圖自己或其他私人不法利益，因而獲得利益者」，其主要用意為：　(A)與貪污治罪條例相關規定區隔　(B)強調防弊之政策思維　(C)強調區隔圖利與便民，以鼓勵公務員積極任事，提升行政效率　(D)配合嚴懲行為犯之刑事法潮流

(C)

【101普考-法學知識與英文】

下列關於刑法第131條公務員圖利罪之敘述，何者為錯誤？　(A)限於主管或監督之事務　(B)須明知違背法令　(C)含直接與間接圖利
(D)所圖者不限私人利益　【100三等海巡-法學知識與英文】

(D)

下列有關刑法第131條公務員圖利之敘述，何者不正確？　(A)本罪為結果犯　(B)本罪之主觀構成要件為直接故意或間接故意　(C)圖國庫利益之行為，不成立本罪　(D)本罪不處罰未遂犯

(B)

【96四等司法特考-法學知識與英文】

下列何者非刑法第10條所謂之公務員？　(A)最高行政法院法官
(B)交通部民用航空局局長　(C)臺北市政府僱用之清潔人員　(D)署立醫院會計室主任　【100三等民航特考-法學知識】

(C)

高手過招　公務員定義

下列關於公務員的敘述，何者正確？　(A)市立醫院醫師屬刑法中之公務員，因其服務於地方自治團體　(B)公立學校依政府採購法兼辦採購業務的教師屬於刑法中之公務員，因其具有法定職務權限　(C)鄉民代表會代表非屬刑法中之公務員，因其非經國家考試而任用　(D)國立大學教師屬於刑法中之公務員，因其服務於國家所屬機關 【112普考 - 法學知識與英文】	(B)

高手過招　受賄罪

下列關於我國刑法上公務員不違背職務受賄罪之敘述，何者有誤？　(A)仲裁人亦為適格之行為主體　(B)我國設有準受賄罪之規定　(C)對於公務員職務上之行為行賄者，有處罰規定　(D)受賄之內容包含不正利益　【100關稅三等 - 法學知識】	(C)
有關刑法上之賄賂罪，下列何者非受賄之行為態樣？　(A)要求　(B)期約　(C)交付　(D)收受　【96調查特考 - 法學知識與英文】	(C)
我國刑法第121條和第122條關於賄賂罪之規定，其劃分的根據為何？　(A)賄賂物品的價值高低　(B)對於職務行為之違背或不違背　(C)行為主體規定不同　(D)對於國家機關形象的影響程度 【98三等退除役轉任公務員及海巡 - 法學知識與英文】	(B)

公務員甲對於職務上之行為，向乙開口要「紅包」，被乙當場拒絕；則：　(A)甲犯賄賂既遂罪　(B)甲犯賄賂未遂罪　(C)甲犯預備賄賂罪　(D)甲不犯罪　　　　　　　　　【93身障人事行政-法學大意】	(A)

解析：刑法第121條規定：「公務員或仲裁人對於職務上之行為，要求、期約或收受賄賂或其他不正利益者，處7年以下有期徒刑，得併科70萬元以下罰金。犯前項之罪者，所收受之賄賂沒收之。如全部或一部不能沒收時，追徵其價額。」
此屬即成犯，所以沒有未遂的問題。即成犯之介紹，請參考本書第248頁。

甲向公務員乙表示，願以新臺幣10萬元之代價，換取乙將其主辦之工程招標底價洩漏給甲，乙答應後反悔未洩漏底標，將10萬元原封不動退回。依我國刑法之規定，下列敘述何者正確？　(A)乙應論以違背職務行為收受賄賂罪　(B)乙應論以公務員洩漏國防以外秘密罪之共同正犯　(C)甲應論以不違背職務行為行求賄賂罪　(D)甲應論以公務員洩漏國防以外秘密罪之教唆犯　　　　　　　　　　　　　　　【112高考-法學知識與英文】	(A)

甲與乙皆為縣議員候選人，甲提供乙競選經費，代價為兩人當選後，於議長選舉時支持甲，下列敘述何者錯誤？　(A)甲所提供之競選經費仍可視為賄賂　(B)乙於收受金援時尚非公務員，因此無法成立不違背職務受賄罪　(C)依我國實務見解，乙仍可成立準受賄罪　(D)甲並不成立行賄罪　　　　　　　　　　　　【106四等警察-法學知識】	(C)

解析：復以縣市議會議員投票選舉正、副議長，收受賄賂或不正當利益，而許以其投票權為一定之行使，係犯刑法第143條第1項投票受賄罪，不另成立刑法第123條、第121條之準受賄罪。（最高法院94年度台上字第1059號刑事判決）

高手過招　　公務員加重其刑

公務員假借職務上之權力、機會或方法，故意犯瀆職罪章以外各罪時，刑法有何處罰規定？　(A)加重其刑至四分之一　(B)加重其刑至三分之一　(C)加重其刑至二分之一　(D)加重其刑一倍 【98國安局五等-法學大意】	(C)
下列有關刑法上公務員執行職務犯罪之敘述，何者錯誤？　(A)公務員即使因過失而讓職務上依法逮捕拘禁之人脫逃，仍應受處罰　(B)公務員假借職務上之機會，故意傷害他人身體者，其所成立之傷害罪，應加重其刑至三分之一　(C)公務員在離職之後，無故洩漏因職務而知悉之他人工商秘密者，仍應受處罰　(D)公務員登載於職務上所掌管之公文書上之事項，即使不實，只要公務員並非明知，即不受處罰　　　　　【100四等地方特考-法學知識與英文】	(B)
下列有關刑法上公務員受賄之敘述，何者錯誤？　(A)只有對於違背職務之行為行賄，才對行賄者處罰　(B)若於擔任公務員之前預先受賄，則不論有無履行，均應依準受賄罪處罰　(C)不論是否違背職務，只要受賄，使加以處罰　(D)所收受之賄賂，即使已不能沒收，仍應追徵其價額　　　　　【100四等地方特考-法學知識與英文】	(B)
公務員甲利用職務上之機會，向廠商要求賄款後，再利用不知情的妻子乙前往廠商處收取賄款，以下有關甲、乙二人刑事責任之敘述，何者正確？　(A)甲成立「公務員收受賄賂罪」之正犯，乙成立「公務員收受賄賂罪」之幫助犯　(B)甲、乙成立「公務員收受賄賂罪」之共同正犯　(C)甲成立「公務員收受賄賂罪」之正犯，乙不成立犯罪　(D)甲成立「公務員收受賄賂罪」之教唆犯，乙不成立犯罪　　　　　【101初等一般行政-法學大意】	(C)
下列何人非枉法裁判罪的法定行為主體？　(A)最高法院刑事庭法官　(B)高等法院民事庭法官　(C)臺北地方法院檢察署主任檢察官　(D)仲裁人　　　　　【101初等一般行政-法學大意】	(C)

下列關於刑法第 132 條洩漏交付國防以外秘密罪之敘述，何者錯誤？　(A)公務員假借職務之便，查詢閱覽他人通訊紀錄並無故洩漏予第三人知悉，仍可成立本罪　(B)公務員將已經媒體披露之國防以外之秘密洩漏或交付，仍可成立本罪　(C)所謂國防以外之秘密，包含監察、考試等國家政務與事務上應行保密之消息　(D)收受者將國防以外秘密洩漏或交付予其他不應知悉秘密者，仍可成立犯罪　　　　　　　　　　　　　　　【102 五等地方特考一般行政 - 法學大意】	(B)
擔任公家機關採購業務的公務員甲，將公有地標售底價事前告訴投標人乙，構成下列何種犯罪？　(A)刑法第 130 條公務員廢弛職務罪　(B)刑法第 132 條公務員洩漏秘密罪　(C)刑法第 120 條公務員委棄守地罪　(D)刑法第 134 條假借職務機會犯罪　　　　　　　　　　　　　　　　　　　【109 高考 - 法學知識與英文】	(B)
市議會議員張三於選舉議長時，故意將選票圈選的內容出示於眾，下列敘述何者正確？　(A)張三構成刑法第 132 條第 1 項公務員洩露國防以外祕密罪，因為張三是公務員　(B)張三構成刑法第 132 條第 1 項公務員洩露國防以外祕密罪，因為選舉應以無記名之方式為之　(C)張三不構成犯罪，因為張三不是公務員　(D)張三不構成犯罪，因為其圈選內容非屬公務祕密　　　　　　【110 高考 - 法學知識與英文】	(D)
公務員張三不小心遺失了國防以外之公務祕密文件，李四（非公務員）無意間拾獲該文件，並將文件交付給他人。下列敘述何者正確？　(A)張三的行為不構成犯罪，因刑法不罰洩露國防以外祕密之行為　(B)張三的行為構成刑法第 132 條公務員洩露國防以外祕密罪的過失犯　(C)李四的行為不構成犯罪，因其不是公務員　(D)李四的行為構成刑法第 132 條公務員洩露國防以外祕密罪之幫助犯　　　　　　　　　　　　　　　　　　　【110 普考 - 法學知識與英文】	(B)

高手過招　　準瀆職罪

甲為社會局公務員，於某日至乙的住家進行家訪執行公務時，竊取乙的手機。關於刑法第 134 條準瀆職罪，下列敘述何者錯誤？　(A)準瀆職罪係假借利用職務上之權力、機會或方法而犯罪　(B)所犯之罪限於刑法瀆職罪章以外的犯罪　(C)甲利用職務出勤之時機竊盜，可成立準瀆職罪　(D)若甲是在前往乙宅的路上拾獲手機，亦屬本罪之利用機會　【105司特三等-法學知識與英文】

(D)

4 妨害公務罪

一 強暴脅迫妨害公務罪

對於公務員依法執行職務時，施強暴脅迫者，處3年以下有期徒刑、拘役或30萬元以下罰金。（刑§135Ⅰ）

意圖使公務員執行一定之職務或妨害其依法執行一定之職務或使公務員辭職，而施強暴脅迫者，亦同。（刑§135Ⅱ）

犯前二項之罪而有下列情形之一者，處6月以上5年以下有期徒刑：（刑§135Ⅲ）

㈠以駕駛動力交通工具犯之。

㈡意圖供行使之用而攜帶兇器或其他危險物品犯之。

犯前三項之罪，因而致公務員於死者，處無期徒刑或7年以上有期徒刑；致重傷者，處3年以上10年以下有期徒刑。（刑§135Ⅳ）

例如酒駕者因為不滿被警察攔停進行酒測，於是對警察進行辱罵和威脅，甚至試圖用車輛（駕駛動力交通工具）衝撞警察。在這種情況下，駕駛者不僅對於依法執行職務的公務員（警察）施以強暴脅迫，妨礙警察依法進行酒測的職務，觸犯妨害公務罪。

二 聚集三人以上強暴脅迫妨害公務罪

在公共場所或公眾得出入之場所，聚集三人以上犯前條之罪者，在場助勢之人，處1年以下有期徒刑、拘役或10萬元以下罰金；首謀及下手實施強暴、脅迫者，處1年以上7年以下有期徒刑。（刑§136Ⅰ）

因而致公務員於死或重傷者，首謀及下手實施強暴脅迫之人，依前條第四項之規定處斷。(刑§136 II)

說明：「在公共場所或公眾得出入之場所」有「聚集」之行為為構成要件，亦即行為不論其在何處、以何種聯絡方式(包括上述社群通訊軟體)聚集，其係在遠端或當場為之，均為本條之聚集行為，且包括自動與被動聚集之情形，亦不論是否係事前約定或臨時起意者均屬之。

三 其他妨害公務罪

毀棄、損壞或隱匿公務員職務上掌管或委託第三人掌管之文書、圖畫、物品，或致令不堪用者，處5年以下有期徒刑。(刑§138)

損壞、除去或污穢公務員依法所施之封印或查封之標示，或為違背其效力之行為者，處2年以下有期徒刑、拘役或20萬元以下罰金。(刑§139 I)為違背公務員依法所發具扣押效力命令之行為者，亦同。(刑§139 II)

於公務員依法執行職務時，當場侮辱或對於其依法執行之職務公然侮辱者，處1年以下有期徒刑、拘役或10萬元以下罰金。(刑§140)

高手過招　妨害公務罪	
下列有關刑法第135條妨害公務罪的敘述，何者錯誤？　(A)本罪以所執行之公務遭妨礙為結果，屬結果犯　(B)本罪不限定行為主體資格，故為一般犯　(C)本罪另設有致公務員於死、致重傷之加重結果犯規定　(D)公務員執行職務時，協助開門鎖的業者，並非本罪所稱的公務員　【111高考-法學知識與英文】	(A)

5 妨害秩序罪

一 聚眾不解散罪

在公共場所或公眾得出入之場所聚集三人以上，意圖為強暴脅迫，已受該管公務員解散命令三次以上而不解散者，在場助勢之人處6月以下有期徒刑、拘役或8萬元以下罰金；首謀者，處3年以下有期徒刑。（刑§149）

依據集會遊行法，集會遊行必須具備一定的條件並進行申請，若未申請即屬非法集會遊行，所以常看到電視新聞上，警方舉牌三次，表示這是違法集會，必須要立即解散，否則依法處理。

二 聚眾施強暴脅迫罪

在公共場所或公眾得出入之場所聚集三人以上，施強暴脅迫者，在場助勢之人，處1年以下有期徒刑、拘役或10萬元以下罰金；首謀及下手實施者，處6月以上5年以下有期徒刑。（刑§150Ⅰ）

三 阻止擾亂合法集會罪

以強暴脅迫或詐術，阻止或擾亂合法之集會者，處2年以下有期徒刑。（刑§152）例如某團體擾亂法輪功於101大樓前之集會，可能成立本罪。

四 公然煽惑他人犯罪

以文字、圖畫、演說或他法，公然為左列行為之一者，處2年

以下有期徒刑、拘役或3萬元以下罰金：（刑§153）

　㈠煽惑他人犯罪者。

　㈡煽惑他人違背法令，或抗拒合法之命令者。

聚眾不解散罪

若不解散，則違反相關法令，將依法辦理。

警告

抗議！抗議！

高手過招　　**公然煽惑他人犯罪**

刑法第153條第1款規定：「以文字、圖畫、演說或他法，公然為左列行為之一者，處2年以下有期徒刑、拘役或1千元以下罰金：一、煽惑他人犯罪者。」下列有關此條文之解釋，何者正確？　㈠此規定所謂之他人，係指不特定之人　㈡此規定所謂之他人，係指特定之人　㈢他人必須有犯罪之著手，行為人始構成此罪　㈣他人必須犯罪既遂，行為人始構成此罪

（Ａ）

【100高考 - 法學知識與英文】

補充：刑法第153條罰金部分，現已改為3萬元以下。

6 冒充公務員罪

　　刑法第七章妨害秩序罪，主要是著重在國家、社會秩序之維持，而刑法第158條之冒充公務員罪與第159條冒用公務員服飾、徽章及官銜罪，則是著眼於公務員職權形象之維護。

■ 冒充公務員行使職權罪

　　刑法第158條第1、2項規定：「冒充公務員而行使其職權者，處3年以下有期徒刑、拘役或1萬5千元以下罰金。冒充外國公務員而行使其職權者，亦同。」

　　這種犯罪型態，近來較常見者，當屬詐欺案。

　　詐騙者假冒檢察官，要求當事人將存款轉存至指定的「安全帳戶」，或者是謊稱被害人涉及刑事案件，為了避免遭法院羈押或財產被扣押，必須將錢提出交給自稱檢察官或法院人員。此類型的犯罪行為，除了構成詐欺罪之外，亦成立冒充公務員行使職權罪。

■ 冒用公務員服飾、徽章及官銜罪

　　刑法第159條：「公然冒用公務員服飾、徽章或官銜者，處1萬5千元以下罰金。」前開所舉的詐騙案例，若詐騙者所穿著服裝，若有冒用公務員服飾、徽章或官銜之情形，還成立本條罪名。

COSPLAY

　　Cosplay是一種近來蠻流行的角色扮演，也有可能穿上警察、軍人或其他公務員的制服，但是此類活動通常不會將服裝穿到活動場地以外的地區，因此應該不會造成一般民眾誤認其具有該服飾官銜公務員之職權，故不應該成立冒用公務員服飾、徽章及官銜罪。

實務案例 退役軍人參加紅衫軍倒扁案

　　紅衫軍總統府前抗爭時，有一位穿著軍服上台發表演說者，實際上其係業已退休之退役軍人，為增加說服力，乃穿著軍服上台演說，讓在場民眾、記者誤以為軍人也支持抗爭。經檢方查明後發現並非現役軍人，遂依冒用公務員服飾、徽章及官銜罪提起公訴，臺北地方法院判處罰金3,000元。

（臺北地方法院98年度易字第18號刑事判決）

　　現在很流行制服Party，參加的成員打扮成各種角色，例如醫生、護士、蝙蝠俠、超人、蜘蛛人，也有人可能會裝扮成警察、特種部隊的戰士，如果是私人的聚會場所，當然並不會讓人誤以為是真的警察或真的軍人，可是如果在家裡就已經換裝完成，沿途穿著警察或軍人的制服，一路上搭公車、捷運，還是有可能讓一般民眾誤以為是真的警察或軍人而成立本罪，所以最好是攜帶到聚會的場地或附近，再更換角色扮演的服裝，以避免觸法。

　　至於還有許多節目扮演總統，如前總統陳水扁或馬英九先生，因為總統並沒有制式服裝，所以也不會有成立本罪的問題。

法院見解：公開演講並非執行軍人的職務，違法嗎？

　　如果行為人穿上公務員的服裝，無論是警察、軍人或其他公務員的制式服裝，即便與現有的制式服裝略有不同，但是只要行為人沒有任意穿著該公務員服飾之權利，且其身著該服飾現身公共場所，又足以造成一般民眾誤認其現仍具有該服飾官銜公務員之職權者，縱其所為並非該官銜之公務員職務上所為之行為，仍應構成本罪。

（臺北地方法院98年度易字第18號刑事判決）

7

脫逃罪

■ 基本概念

　　脫逃罪所要保護的法益，是國家司法權的作用。對於被逮捕拘禁者或其他人，排除公權力拘束的情形，除非是有授權許可，否則必須加以處罰。所謂授權許可，像是電影「鋼鐵墳墓」中，雷（席維斯史特龍飾）是越獄高手，曾在8年內成功逃出14座安全最嚴密的監獄。其真正身分是美國國家安全局的監獄安管專家，透過越獄成功，查出監獄的安管漏洞，進而強化改善。

■ 自行脫逃罪

　　脫逃罪總共有三種類型，第一種是受逮捕拘禁之人自行脫逃，如果要比較好記憶的話，可以想成「自己逃」，像是電影「刺激1995」的男主角從監獄中脫逃，就是成立第161條，而且其有在牆壁上挖個大洞，又將污水管砸破，則為第2項的暴行脫逃罪。因為他沒有與其他人合作逃獄，所以並不構成第3項聚眾脫逃罪。

記憶方法：

　　第161、162、163條：1個人想要溜（6），1…2…3…跑
　　16…1自己跑
　　16…2別人幫忙跑
　　16…3公務員幫忙跑

【刑法第161條】

Ⅰ 依法逮捕、拘禁之人<u>脫逃</u>者，處1年以下有期徒刑。

Ⅱ <u>損壞</u>拘禁處所械具或以強暴脅迫犯前項之罪者，處5年以下有期徒刑。

Ⅲ <u>聚眾</u>以強暴脅迫犯第1項之罪者，在場助勢之人，處3年以上10年以下有期徒刑。首謀及下手實施強暴脅迫者，處5年以上有期徒刑。

Ⅳ 前三項之未遂犯，罰之。

第161條的架構：

第1項：脫逃
第2項：強暴脅迫脫逃（想像拿個大斧頭）
第3項：聚眾強暴脅迫脫逃（很多人一起跑）
第4項：被抓到，未遂

161-1	161-2	161-3

脫逃	挖洞脫逃	聚眾脫逃

三 縱放或便利脫逃罪

這一條與第161條很像，只是行為主體是被逮捕拘禁以外之人，如果是公務員也可以成立本罪，但如果縱放其職務上逮捕拘禁之人或便利其脫逃，例如電影「痞子英雄」上演警察與犯罪者產生情誼，在最後一幕將他放了，則為第163條規定。

【刑法第162條】

Ⅰ 縱放依法逮捕拘禁之人或便利其脫逃者，處3年以下有期徒刑。

Ⅱ 損壞拘禁處所械具或以強暴脅迫犯前項之罪者，處6月以上5年以下有期徒刑。

Ⅲ 聚眾以強暴脅迫犯第1項之罪者，在場助勢之人，處5年以上12年以下有期徒刑；首謀及下手實施強暴脅迫者，處無期徒刑或7年以上有期徒刑。

Ⅳ 前三項之未遂犯罰之。

Ⅴ 配偶、五親等內之血親或三親等內之姻親，犯第1項之便利脫逃罪者，得減輕其刑。

第162條的架構：
第1項：縱放或便利脫逃
第2項：強暴脅迫縱放或便利脫逃（想像拿個大斧頭）
第3項：聚眾強暴脅迫縱放或便利脫逃（很多人一起跑）
第4項：被抓到，未遂
第5項：配五三（記憶口訣，雖然有點奇怪，但多唸幾次即可）

四 公務員縱放或便利脫逃罪

【刑法第163條】

Ⅰ 公務員<u>縱放</u>職務上依法逮捕、拘禁之人或便利其脫逃者，處1年以上7年以下有期徒刑。

Ⅱ 因過失致前項之人脫逃者，處6月以下有期徒刑、拘役或9千元以下罰金。

Ⅲ 第1項之未遂犯罰之。

第163條的架構：

第1項：公務員縱放或便利脫逃

第2項：過失縱放或便利脫逃

第3項：第1項被抓到，未遂

高手過招

警察甲逮捕現行犯乙，正在做筆錄時，認出乙是高中時代的好朋友而將其釋放，試問甲是否該當犯罪？ (A)甲該當刑法第163條「公務員縱放職務上依法逮捕拘禁之人或便利其脫逃者」之行為 (B)甲不該當刑法之犯罪行為 (C)甲該當刑法第161條「依法逮捕、拘禁之人脫逃者」之行為 (D)甲該當刑法第164條「藏匿犯人或依法逮捕拘禁之脫逃人或使之隱避者」之行為　(A)
【101三等一般警察-法學知識與英文】

甲因涉嫌犯重罪而被羈押在看守所，甲的家屬乙為了營救甲，乃透過層層關係而結識看守所管理人員丙，並拿出100萬元要求其協助甲逃跑。由於丙正好積欠不少債務，遂收下100萬元，允諾幫忙。某日，在甲被借提出庭偵訊之前，丙利用機會，偷偷交付給甲一副鑰匙與一把小型美工刀。甲在借提押解至地方法院檢察署途中，乘押解的警察A不注意時，悄悄打開手銬與腳鐐，從A的後腦勺予以重擊，並以美工刀割傷A的脖子，A受傷倒地不起，甲隨即攔下一輛計程車，逃之夭夭。問甲、乙、丙之行為應如何論罪？
【102三等地方特考-刑法】

8 誣告罪、偽證罪

一 誣告罪及偽證罪之基本概念

誣告罪，主要是以不實或不存在的事實，卻虛偽陳述意圖使他人受刑事或懲戒處分。本罪除了妨害國家司法權之外，還侵害個人法益；偽證罪，不法之核心，在於訴訟程序中的不實陳述，影響國家司法權之正常行使。

二 誣告罪之種類

誣告罪有兩種，一種是普通誣告罪（刑§169Ⅰ），一種是準誣告罪（刑§169Ⅱ）。

㈠普通誣告罪

是指以虛構的犯罪事實，向該管公務員，如檢察官、法官、司法警察（官）等提出申告。虛構的犯罪事實，必須達到一定具體的程度。

例如曾有女孩子因為偷吃被抓包，為了避免老公生氣，誣指新歡性侵，最後發現根本是兩情相悅，反而被依誣告罪起訴。

【刑法第169條第1項】

意圖他人受刑事或懲戒處分，向該管公務員誣告者，處7年以下有期徒刑。

性交易偽證案

① 某大學畢業女子某甲經某乙媒介，與某丙從事性交易。

② 馬夫乙亦遭警方逮捕。

③ 某甲為使某乙能脫罪，謊稱與某丙並非性交易，某乙只是介紹兩人認識。

④ 事後遭法院發現而論以偽證罪，所幸其犯後態度良好，判刑3個月，緩刑2年。

行　　　　為	罪　名
誣告	普通誣告罪（刑§169 I）
偽造、變造證據，或使用偽造、變造之證據	準誣告罪（刑§169 II）
具結之證人、鑑定人、通譯，虛偽陳述	偽證罪（刑§168）

註解：具結，指依據法定程序，證人以文字保證據實陳述，或者是鑑定人或通譯，表示會公正誠實為之的一種程序。

(二)準誣告罪

雖然沒有提出申告，但偽造、變造證據，或使用偽造、變造證據的作為，與提出申告，一樣會妨害司法權，也會導致個人法益遭受侵害，故稱之為準誣告罪。

【刑法第169條第2項】

意圖他人受刑事或懲戒處分，而偽造、變造證據，或使用偽造、變造之證據者，亦同。

(三)未指定人犯誣告罪

刑法第169條之誣告罪與同法第171條第1項之未指定犯人誣告罪，其差異僅在後者「未指定犯人」，故行為人若基於單一之誣告犯意，先未指定犯人誣告，繼再明指所告者為何人，應僅論以刑法第169條第1項之誣告罪。（最高法院97年度台上字第3705號刑事判決）

【刑法第171條】

Ⅰ 未指定犯人，而向該管公務員誣告犯罪者，處1年以下有期徒刑、拘役或9千元以下罰金。

Ⅱ 未指定犯人，而偽造、變造犯罪證據，或使用偽造、變造之犯罪證據，致開始刑事訴訟程序者，亦同。

三 偽證罪

偽證罪，將導致司法的誤判，更可能因為誤判，而使犯罪者逍遙法外，無罪者遭到冤獄的命運，均為公正的司法制度所不容。成立本罪之當事人，必須經由具結的程序，若未經具結者，則不會成立本罪。

【刑法第168條】

於執行審判職務之公署審判時或於檢察官偵查時，證人、鑑定人、通譯於案情有重要關係之事項，供前或供後具結，而為虛偽陳述者，處7年以下有期徒刑。

四 隱匿人犯及湮滅罪章

(一)隱匿人犯

藏匿犯人或依法逮捕、拘禁之脫逃人或使之隱避者，處2年以下有期徒刑、拘役或1萬5千元以下罰金，刑法第164條第1項有明文規定。例如某位議會女職員，就將其通緝犯男友藏在議會中，甚至於還在議會中發生性關係。

同條第2項規定，意圖犯前項之罪而頂替者，亦同。

(二)偽變造、湮滅隱匿證據罪

依據刑法第165條規定：「偽造、變造、湮滅或隱匿關係他人刑事被告案件之證據，或使用偽造、變造之證據者，處2年以下有期徒刑、拘役或1萬5千元以下罰金。」

此法條所規範之行為，亦嚴重影響國家司法權之正確行使。本條僅限於「關係他人」，並不包括自己刑事案件被告之證據。其次，所謂「刑事被告案件」，依文義解釋，似乎只是指因告訴、告發、自首等情形，而追訴機關業已開始偵查或起訴之案件；但是，此一解釋卻難以確保立法目的，故應解釋為實質上業已發生之刑事案件，是否開始刑事追訴或已繫屬於法院，則在所不問。

高手過招

甲係詐騙集團首腦，被警查獲，甲欲掩飾犯行，乃燒燬家中相關名冊、帳簿，並教唆其友乙銷毀相關電腦檔案資料，乙立即銷毀之。試問：甲、乙之刑責？　　　　　　　　　　　【100四等司法特考-刑法概要】

擬答：

(一)正犯乙：乙燒燬他人刑事案件之證據，該當刑法第165條湮滅證據罪。

(二)教唆犯甲：乙之所為是甲所教唆，甲是否成立刑法第165條之教唆犯則有爭議。蓋因刑法第165條之「關係他人」並不包括自己刑事案件被告之證據。

(三)學說見解：有認為因被教唆者不構成犯罪，教唆行為無所附麗，故亦不足以成立本罪之教唆犯(林山田老師)；另有一說認為，從湮滅者言，既不失為湮滅關係他人刑事案件之證據，故教唆他人湮滅，仍成立教唆犯。

(四)本人見解：

1. 本書認為，乙成立湮滅證據之正犯，某甲本應成立教唆犯。只是因為該證據屬於某甲所有，引發是否該當刑法第165條「關係他人」要件之疑義，亦即自己湮滅自己罪證不成立犯罪，教唆他人湮滅自己罪證就成立犯罪嗎？

2. 首先，乙所為足以阻止國家刑事追訴或刑罰執行，本為法律所不許，故乙為正犯而該當刑法第165條規定，固無疑義，已如前述。而本條被告必須具備有「關係他人」之身分關係，甲雖未具備該身分關係，依據刑法第31條第1項規定本應成立本罪之教唆犯。

3. 然而本罪之要件，蓋因難以期待被告本人不偽造、變造、湮滅或隱匿關於自己的證據，故將要件限縮至「關係他人」之範疇，使得甲遭排除而不成立本罪之正犯，相較於正犯不法內涵更低的教唆犯，自亦應加以排除適用，故甲不該當本罪之要件。

類似考題　95年度司法官特考之考題

甲身為某公司老闆，一向把多年行賄公務員之帳簿放在公司的保險櫃裡。某日上午，甲正要從家裡出發到公司時，接獲調查局將搜索該公司之訊息，立即打電話通知秘書乙將保險櫃裡的帳簿銷毀，該秘書獲知後卻將該帳簿放入微波爐內微波，以為微波就可以加以銷毀。不久，調查局人員到達公司進行搜索時，發現該帳簿在微波爐裡依然完好無缺。事實上，在此之前，調查人員原是為了搜查該公司逃漏稅情事，而行賄之事實尚未被發現。試問甲、乙的行為應如何處斷？（甲之行賄罪部分，不予論述）

【95司法官-刑法】

擬答：（有關湮滅罪證之部分）

本題與教唆湮滅自己罪證的相關部分，簡化來說，是甲教唆祕書乙湮滅罪證，祕書乙頭腦壞掉，以為將罪證放入微波爐內即可湮滅（不能未遂）。刑法第165條湮滅證據罪不處罰未遂，祕書乙不成立本罪，依現行教唆犯採限制從屬形式之立場，故甲不成立教唆犯。

實務見解

　　刑法第165條所謂湮滅關係他人刑事被告案件之證據，必以所湮滅者非其本人犯罪之證據為要件，否則縱與其他共犯有關，亦難律以該項罪名。此觀於同法第167條就配偶及其他血親姻親等圖利犯人而犯該條之罪特設減免其刑之規定，則共犯為其本人之利益而犯時，並不包含在內，自可得當然之解釋。

（25年上字第4435號）

9 放火罪

■ 放火罪之基本概念

　　火，是相當無情的，許多人因為一時的仇恨、好玩等原因，放火燒了走廊上的機車、別人的住宅。如果建築物防火效果不佳，可能還發生煙囪效應擴大火勢或引起爆炸，甚至是火災發生在半夜時，更容易致使受害人來不及反應，導致更嚴重的傷亡。因此，放火罪屬於刑法分則之公共危險罪章。

- 對於現有人使用的建築物或車輛等，因為現有人居住，放火造成的危害難以想像，因此無論標地物為他人或自己所有，都採抽象危險犯。

- 如果是非現使用的建築物、車輛等，則分成他人及自己所有，如果是他人所有，採抽象危險犯；如果是自己所有，危害性較輕，則採具體危險犯。

- 放火罪的客體，包括住宅、建築物、礦坑、火車、電車或其他供水、陸、空公眾運輸之舟、車、航空機。如果是這些物體以外之客體，因其危害較為輕微，無論是他人或自己所有，都採具體危險犯。

　　上述犯罪行為也都有處罰失火罪，較為常見的情況是電線走火，導致自家燒毀，甚至於波及其他住戶。因此，大都是成立第173條之罪名。

各類型放火罪比較表

	他人所有	自己所有
現使用建築物、車輛等	現使用建築物、車輛等放火罪（刑§173）<u>抽象危險犯</u>	自己所有之現使用建築物、車輛等放火罪（刑§173）<u>抽象危險犯</u>
非現使用建築物、車輛等	他人所有之非現使用建築物、車輛等放火罪（刑§174 I）<u>抽象危險犯</u>	自己所有之非現使用建築物、車輛等放火罪（刑§174 II）具體危險犯（致生公共危險）
建築物、車輛等以外之所有物	他人所有之建築物、車輛等<u>以外</u>之所有物放火罪（刑§175 I）具體危險犯（致生公共危險）	自己所有之建築物、車輛等<u>以外</u>之所有物放火罪（刑§175 II）具體危險犯（致生公共危險）

　　如果不是放火，而是用火藥、蒸氣、電氣、煤氣或其他爆裂物，炸燬前述之物，也是準用放火、失火的規定。（刑§176）

　　像是「恐怖ISIS掉漆 快門按鈕意外引爆炸彈」報導，此一不小心引爆炸彈即屬於此一規定。

二 抽象危險犯與具體危險犯

　　抽象與具體危險犯，差別在哪裡呢？先來舉個例子好了（請配合刑法第173、174條之條文內容閱讀）。

　　假設湖邊有間別人的房子，已經荒廢許久沒有人居住，小毛喝醉了，但神智還很清醒，突然想起剛分手的曉莉，一把火就把這間房子燒了，如果是現非供人使用之建築物，則成立刑法第174條第1項之放火罪。本罪屬於抽象危險犯，因為可能有遊民住在裡面，隨便燒房子的危險性還是比較高。

　　假設這間房子不是別人的，就是小毛自己的，由於已經不再當湖邊渡假小屋，非現供人使用，所以成立刑法第174條第2項之放火罪，屬於具體危險犯，必須要具備「致生公共危險者」之要件（條文應該修正為足生公共危險罪，否則容易產生誤解）。

　　但是怎麼判斷「致生公共危險」呢？路過的曉莉看到小毛燒了房子，很生氣地責難小毛已經「致生公共危險」了，小毛兩手一攤回嘴說：「哪裡危險？」曉莉指著旁邊的告示牌「警告：天乾物燥，小心火燭。本森林嚴禁煙火」，然後很嚴肅地對小毛說：「你住在森林這麼久，也應該知道這明顯的告示牌，這樣子還不『具體』嗎？」（如右頁圖）

公共危險罪：燒掉自己所有非現使用之住宅

❶ 小毛放火燒了自己的房子

燒房子的感覺真好！

❷ 曉莉看到非常生氣，出面責難

亂放火，會觸犯公共危險罪章的放火罪！

❸ 小毛辯解不成立放火罪

這是我的房子，要成立放火罪，需有具體危險，看不出構成具體？

❹ 曉莉指著告示牌，證明放火的行為足生公共危險，非常具體

沒看到後頭這張告示牌嗎？

此處樹林茂盛，且氣候乾燥，常發生火災，嚴禁煙火！

三 電影「全民公敵」的準放火罪

　　由威爾史密斯主演的律師，陷入一個難以脫身的謀殺案中，國安局以高科技嚴密監控其行為，並企圖將之殺害，所幸遇到由金哈克曼飾演的地下情報販子相助。

　　但其飾演的律師卻不小心暴露地下情報販子的秘密基地，國安局派大批人馬攻堅，情報販子只好用預藏的炸藥將建築物炸毀，請問該名地下情報販子，觸犯哪一條罪名？

　　模擬回答：使用炸彈，是刑法第176條，接著該住所是供其自己所使用，且現有人所在（國安局人員已經潛入），因此無論是否為其自己所有，準用第173條之罪名。當然另外成立殺人罪，自不待言。

【刑法第176條】

　　故意或因過失，以火藥、蒸氣、電氣、煤氣或其他爆裂物，炸燬前三條之物者，<u>準用</u>各該條放火、失火之規定。

高手過招

甲在網路咖啡廳和主人乙發生衝突，回家拿了空的礦泉水寶特瓶裝入沙拉油，並塞入棉布條，回到店前，將棉條點火丟向停放店前機車，燒燬顧客5人之機車，應如何論斷甲之罪責？　　　　　　　　　　【90檢察事務官】

【重點提示】

本題在考第175條第1項對他人非現使用之物放火罪，以及第176條準放火罪之熟悉程度。

其次，燒燬顧客5人之機車，涉及刑法第354條之毀損罪，但對他人之物放火罪，原含有毀損之性質在內，無兼論毀損器物罪之餘地。（最高法院29上字第2388號判決）

考試趨勢

除了放火罪的「放火」行為外，還有「決水」的犯罪行為，體系分類與放火罪類似，規定在第178～180條。學習上，只要熟悉放火罪的上述表格，即可同時達到記憶決水罪的學習效果。

10 往來危險罪

■ 往來危險罪之基本概念

許多電影的劇情，都有不法分子在火車上做了手腳，導致火車失控，造成重大傷亡，可能會觸犯刑法第183條之罪名，屬於5年以上的重罪。

【刑法第183條第1項】

傾覆或破壞現有人所在之火車、電車或其他供水、陸、空公眾運輸之舟、車、航空機者，處無期徒刑或5年以上有期徒刑。

小時候，常聽到許多頑皮的小朋友，在家裡附近的鐵軌放置石頭，致使火車經過時可能發生危險。這樣子的行為，可能就會觸犯刑法第184條之罪名。現在臺北市、高雄市都有捷運，為了防止有放置異物的危險情況發生，對於進出軌道有嚴格的管制措施，違者得依據《大眾捷運法》處以高額的罰鍰。

【刑法第184條第1～2項】

I 損壞軌道、燈塔、標識或以他法致生火車、電車或其他供水、陸、空公眾運輸之舟、車、航空機往來之危險者，處3年以上10年以下有期徒刑。

II 因而致前項之舟、車、航空機傾覆或破壞者，依前條第1項之規定處斷。

南迴搞軌案

1 意圖詐領保險金

2 在鐵軌上放置異物

3 異物導致火車翻車

4 遭警方逮捕

　　李×安，南迴搞軌案的被告。檢方於2006年7月28日，指稱李×安、李×全兄弟意圖詐領鉅額保險金，涉嫌7次破壞鐵軌，並為越南妻子陳氏×琛注射蛇毒致死，依殺人、公共危險、詐欺未遂等罪嫌，將李×安提起公訴，求處死刑；李×全已自殺身亡，另為不起訴處分。屏東地方法院一審判處無期徒刑；二審法院則認為李×安雖惡性重大，但畢竟不是首謀，僅是從犯，不應與首謀同科重罪，經多次發回更審，2016年判有期徒刑13年。

蜘蛛人與八爪博士

　　蜘蛛人第二集中，八爪博士打算讓高架電車失速出軌，蜘蛛人費盡氣力用蜘蛛絲黏住附近的建築物，終於在最後一刻讓電車停下，拯救電車上的民眾。八爪博士所為就是觸犯刑法第183條之罪名，但是因為蜘蛛人的拯救而未發生犯罪之結果，依同條第4項之規定屬未遂犯。

二 讓人頭疼的飆車族

　　讓人頭疼的飆車族該如何處斷？飆車族往往是成群結隊，而且車速相當快，又常有蛇形等危險動作，對於往來車輛的通行危害甚鉅，實有必要嚴格加以處罰，以遏止不當之飆車行為。目前，實務上認定飆車行為構成刑法第185條「以他法」致生往來之危險，來加以處斷。

【刑法第185條】

Ⅰ損壞或壅塞陸路、水路、橋樑或其他公眾往來之設備或以他法致生往來之危險者，處5年以下有期徒刑，拘役或1萬5千元以下罰金。

Ⅱ因而致人於死者，處無期徒刑或7年以上有期徒刑。致重傷者，處3年以上10年以下有期徒刑。

Ⅲ第1項之未遂犯罰之。

飆車族

飆車族沿途破壞
停靠旁邊的車輛

實務見解：「以他法」

　　是此所謂「他法」，當係指無關交通活動之侵害行為，或駕駛人非常態之交通活動，而造成與損壞、壅塞相類似，足以妨害公眾往來安全之行為，以避免過於空泛，而違反罪刑明確性原則。

　　例如故意在路旁燒垃圾，引發濃煙，製造視覺障礙，汽、機車駕駛人故意在道路中長時作「之」字蛇形行進，或糾合多眾併排競駛或高速飆車等，以該汽、機車作為妨害交通之工具，達到相當於壅塞、截斷、癱瘓道路，致他人無法安全往來之程度者，始克當之，而非泛指所有致生公眾往來危險之行為。

　　　　　　　（最高法院110年度台上字第3556號判決）

三 911攻擊事件

　　911攻擊事件中，恐怖分子武裝劫持飛機，導致飛機撞上雙子星大樓，引發嚴重的死傷。若依據我國刑法規定，這些恐怖分子觸犯刑法第185-1條劫持航空機罪名，致人於死者，處死刑或無期徒刑。我國刑法針對國外犯罪所採取之保護主義，其中第5條規定刑法第185-1條劫機，以及第185-2條危害飛航安全之情形，即便在中華民國領域外犯罪者，仍適用我國刑法之規定。

【刑法第185-1條第1項】

　　以強暴、脅迫或其他非法方法劫持使用中之航空器或控制其飛航者，處死刑、無期徒刑或7年以上有期徒刑。其情節輕微者，處7年以下有期徒刑。

【刑法第185-2條第1項】

　　以強暴、脅迫或其他非法方法危害飛航安全或其設施者，處7年以下有期徒刑、拘役或90萬元以下罰金。

　　如果是劫持巴士，例如電影「捍衛戰警」中，歹徒以炸彈劫持巴士，若巴士時速低於50哩就會發生爆炸，基努李維飾演的男主角則努力與歹徒周旋，希望能救出遭劫持巴士上的乘客。依據我國刑法規定，歹徒所犯為刑法第185-1條第3～6項之劫持公共運輸車輛罪。

劫機攻擊事件

別動！乖乖按照我的指示做。

飛機去撞101大樓

飛機遭到劫持

歷史故事：反共義士

　　兩岸多年來一直處於對立的狀態，早期彼岸搭軍機來臺，都被當作反共義士來光榮對待，還領有高額獎金。後來，甚至有劫持民航機的反共義士，例如劫持中共民航機到韓國，後輾轉來臺的卓長仁等6人。

　　經過多年兩岸政治情勢產生大幅度的變化，反共義士的名稱也不再有存在的必要，再搭機來臺，都被認為是劫機犯而科處刑責，服刑完畢後再遣返回原國。因此現在彼岸要再駕駛戰機或劫持民航機來臺的情況，也似乎不再有機會了。

四 服用特定物品之危險駕駛罪

駕駛動力交通工具而有下列情形之一者，處3年以下有期徒刑，得併科30萬元以下罰金：（刑§185-3 I）

一、吐氣所含酒精濃度達每公升0.25毫克或血液中酒精濃度達百分之0.05以上。

二、有前款以外之其他情事足認服用酒類或其他相類之物，致不能安全駕駛。

三、尿液或血液所含毒品、麻醉藥品或其他相類之物或其代謝物達行政院公告之品項及濃度值以上。

四、有前款以外之其他情事足認施用毒品、麻醉藥品或其他相類之物，致不能安全駕駛。

因而致人於死者，處3年以上10年以下有期徒刑，得併科200萬元以下罰金；致重傷者，處1年以上7年以下有期徒刑，得併科100萬元以下罰金。（刑§185-3 II）

曾犯本條或陸海空軍刑法第54條之罪，經有罪判決確定或經緩起訴處分確定，於10年內再犯第1項之罪因而致人於死者，處無期徒刑或5年以上有期徒刑，得併科300萬元以下罰金；致重傷者，處3年以上10年以下有期徒刑，得併科200萬元以下罰金。（刑§185-3 III）

五　交通事故逃逸罪

　　駕駛動力交通工具發生交通事故，致人傷害而逃逸者，處6月以上5年以下有期徒刑；致人於死或重傷而逃逸者，處1年以上7年以下有期徒刑。犯前項之罪，駕駛人於發生交通事故致人死傷係無過失者，減輕或免除其刑。（刑§185-4）

　　說明：釋字第777號解釋意旨認為本條原規定中，非因駕駛人之故意或過失所致事故之情形是否構成本條「肇事」，其文義有違法律明確性原則，故修訂重點如下：

　　⑴為使傷者於行為人駕駛動力交通工具發生交通事故之初能獲即時救護，該行為人應停留在現場，向傷者或警察等有關機關表明身分，並視現場情形通知警察機關處理、協助傷者就醫、對事故現場為必要之處置等，故縱使行為人駕駛動力交通工具發生交通事故致人死傷係無過失，其逃逸者，亦應為本條處罰範圍，以維護公共交通安全、釐清交通事故責任。

　　⑵駕駛人於發生交通事故致人死傷係無過失者，減輕或免除其刑，以符合憲法比例原則之要求。

11 妨害衛生物品罪

一 製造販賣陳列妨害衛生物品罪

製造、販賣或意圖販賣而陳列妨害衛生之飲食物品或其他物品者，處6月以下有期徒刑、拘役或科或併科3萬元以下罰金。（刑§191）

二 千面人條款

我國曾經發生不法歹徒仿日本千面人於市面流通食品內下毒，以勒索廠商鉅款案件，嚴重破壞社會安寧及危害消費大眾生命安全。對於此種不法行為，雖有刑法第346條恐嚇取財罪可資適用，惟刑度過輕，難以發揮遏止作用，所以增列刑法第191-1條規定。

對他人公開陳列、販賣之飲食物品或其他物品滲入、添加或塗抹毒物或其他有害人體健康之物質者，處7年以下有期徒刑。（刑§191-1 I）例如對於賣場內統一、味全等公司所銷售的鋁箔包飲料，偷偷注射毒液。

將已滲入、添加或塗抹毒物或其他有害人體健康之飲食物品或其他物品混雜於公開陳列、販賣之飲食物品或其他物品者，亦同。（刑§191-1 II）例如先至賣場買包肉丸子，然後注射毒液後，又將肉丸子放回賣場中；或者是不肖業者在產品中摻入塑化劑後上架銷售。

犯前二項之罪而致人於死者，處無期徒刑或7年以上有期徒刑；致重傷者，處3年以上10年以下有期徒刑。（刑§191-1 III）第1項及第2項之未遂犯罰之。（刑§191-1 IV）

食品衛生管理法

在行政處罰方面，塑化劑事件適用食品衛生管理法第15條規定，對於有毒或含有害人體健康之食品或食品添加物，不得製造、加工、調配、包裝、運送、貯存、販賣、輸入、輸出、作為贈品或公開陳列。並依據同法第44條規定，處新臺幣6萬元以上2億元以下罰鍰；情節重大者，並得命其歇業、停業一定期間、廢止其公司、商業、工廠之全部或部分登記事項，或食品業者之登錄。

高手過招

甲在漁市場賣魚，為使小魚色澤亮麗，添加了大量經行政院衛生署禁用之對人體有害的化學藥劑。有客人乙長期食用甲所販賣的魚貨，導致腎功能受損而必須接受長期洗腎。試問：甲之刑事責任如何？

【100四等行政警察-刑法概要】

解析：

塑化劑事件發生於民國100年，本題應該就是在考塑化劑的時事題。

除了刑法第191-1條規定外，還有重傷罪之討論。

12 偽造文書印文罪

一 偽造文書罪之基本概念

偽造文書印文罪，主要是保障文書在社會交互往來過程中之公共信用與安全可靠性。偽造文書印文罪章中，最主要的基本條文是偽造變造文書罪，其規定如下：

【刑法第210條】

偽造、變造私文書，足以生損害於公眾或他人者，處5年以下有期徒刑。

所謂偽造，是指無製作權人製作虛偽私文書；變造私文書，是指無權修改私文書內容的人，擅自更改真實私文書的內容。如果是偽簽他人之簽名，例如某甲未參加會議，某乙為使會議人數達到出席的標準，於是替某甲簽名，則成立「偽造印章印文署押罪」。署押，指署名畫押，包括簽名、捺指印，或以其他符號代替簽名等情況。（刑§217）

二 李慶安雙重國籍案

李慶安在競選民意代表時，填寫相關表格，國籍欄位刻意空白或填載「無」之不實事項，檢方認為成立刑法第214條使公務員登載不實罪。是否構成刑法第214條使公務員登載不實罪？

法院認為該條僅限於「……須一經他人之聲明或申報，公務員即有登載之義務，並依其所為之聲明或申報予以登載，而屬不實之事項者，始足構成，若其所為聲明或申報，公務員尚須為實質之審查，以判斷其真實與否，始得為一定之記載者，即非本罪所稱之使公務員登載不實。」因為行政程序法第36條規定：「行政機關應依

使公務員登載不實罪之常見犯罪流程

行為	偽造 ➡	使用 ➡	使公務員登載不實
罪名	偽造文書罪（刑§210）	行使偽造文書罪（刑§216）	使公務員登載不實罪（刑§214）
實際案例	某甲為通過建築物相關執照，遂偽造防火建材證明文件	某甲將該偽造文件，送交主管單位審查	主管單位將某甲的偽造文件，登載於其職務上所載的公文書

登載不實罪比較表

	公文書不實登載罪	業務上文書登載不實罪	使公務員登載不實罪
犯罪行為	公務員不實登載（刑§213）	從事業務之人不實登載（刑§215）	使公務員登載不實（刑§214）
登載者之主觀犯意	公務員明知為不實	從事業務之人明知為不實	公務員不知為不實
犯罪型態	抽象危險犯	抽象危險犯	抽象危險犯
犯罪結果	登載於職務上所掌之公文書	登載於其業務上做成之文書	使公務員登載於職務上所掌之公文書
法定刑	1年以上7年以下有期徒刑	處3年以下有期徒刑、拘役或1萬5千元以下罰金	處3年以下有期徒刑、拘役或1萬5千元以下罰金

職權調查證據，不受當事人主張之拘束，對當事人有利及不利事項一律注意。」因此，法院認為有無外國國籍，屬公務員得以實質審查之項目，並不構成刑法第214條。（臺北地方法院98年度金重易字第9號刑事判決）

三 楊宗緯變造身分證件案

楊宗緯為了要參加歌唱大賽，於是變造了身分證件，因此觸犯了刑法第212條「偽造變造證書介紹書罪」。檢察官後來給予緩起訴，要求楊宗緯寫悔過書，並免費演唱服務60個小時。

犯罪集團為了申請帳戶或流亡海外，常會以假的身分證件申請開戶，或者是以假的護照逃往海外。例如，常發生護照遭竊的事件，犯罪集團再將竊取而來的護照加以變造，成為看似其他人所有的合法護照，也是成立本條罪名。

【刑法第212條】

偽造、變造護照、旅券、免許證、特許證及關於品行、能力服務或其他相類之證書、介紹書，足以生損害於公眾或他人者，處1年以下有期徒刑、拘役或9千元以下罰金。

四 文書的類型

文書，是指以文字或符號記載具有思想或意思之表示內容之有體物。刑法第220條另有規定「準文書」之類型，列表如下：

	法條內容	舉例
準文書	在紙上或物品上之文字、符號、圖畫、照像，依習慣或特約，足以為表示其用意之證明者，關於本章及本章以外各罪，以文書論。	屠宰稅驗印戳、機車引擎號碼
	錄音、錄影或電磁紀錄，藉機器或電腦之處理所顯示之聲音、影像或符號，足以為表示其用意之證明者，亦同。	數位簽章、電子郵件

五 公文書

依據刑法第10條第3項規定：「稱公文書者，謂公務員職務上製作之文書。」

高手過招

張三於2008年8月1日在路上拾得李四遺失之已逾期駕駛執照，回家換貼自己照片，並更改有效日期。隔天張三身攜該駕駛執照，以李四之名與「快樂租車行」簽訂汽車租賃契約書，租車開往鵝鑾鼻度假。試問：張三實現多少刑法上的構成要件行為？其行為應如何處斷？　【97律師-刑法】

重點提示：張三所為涉及侵占遺失物罪（刑§337）、偽造特種文書罪（刑§212）、行使偽造特種文書罪（刑§216、212）、偽造私人文書罪（刑§210）以及租得汽車是否該當詐欺取財罪（刑§339Ⅰ）或詐欺取財未遂罪（刑§339Ⅲ）等。

公務員甲在製作「服務成績證明書」時，為了袒護其同事公務員乙，對於乙曾經遭記過一事，刻意刪除不記載在證明書內。對於甲之行為，應論以何罪？　(A)甲成立刑法第211條「偽造公文書罪」　(B)甲成立刑法第212條「偽造特種文書罪」　(C)甲成立刑法第213條「公務員登載不實罪」　(D)甲成立刑法第215條「業務登載不實罪」　【100地方特考五等-法學大意】	(C)
下列何者不屬於刑法第10條第3項的公文書？　(A)書記官所製作之審判筆錄　(B)地政士所提出之登記申請書　(C)戶政事務所所發戶籍謄本　(D)檢察官所提出之羈押聲請書　【108地特三等-法學知識與英文】	(B)

13 妨害性自主罪

一 妨害性自主之基本概念

性自主，是一種重要的基本權利。以違反其意願之手段，強迫他人與自己進行性交，觸犯妨害性自主罪。妨害性自主的主體不分男女，可能是男性侵害女性，也可能是女性侵害男性，更有可能是同性之間，如男性侵害男性、女性侵害女性。

【刑法第221條】

Ⅰ 對於男女以強暴、脅迫、恐嚇、催眠術或其他違反其意願之方法而為性交者，處3年以上10年以下有期徒刑。

Ⅱ 前項之未遂犯罰之。

二 性交之意義

什麼是性交？刑法有明文規定如下：

【刑法第10條第5項】

稱性交者，謂非基於正當目的所為之下列性侵入行為：

一、以性器進入他人之性器、肛門或口腔，或使之接合之行為。

二、以性器以外之其他身體部位或器物進入他人之性器、肛門，或使之接合之行為。

加重妨害性自主罪

如果有下列情況者，則罪刑還要加重，處7年以上有期徒刑：
（刑§222）

類　　型	實　　例
①二人以上共同犯之。	常見者如輪姦行為，或一方協助他方為之。
②對未滿14歲之男女犯之。	此規定與刑法第227條之差異，在於本條是以違反其意願之方式為之，後者則是並未違反被害人之意願。
③對精神、身體障礙或其他心智缺陷之人犯之。	此規定與刑法第225條之差異，在於本條是以強暴、脅迫、恐嚇、催眠術等違反其意願之方式為之，後者則是利用被害人不能或不知抗拒而為性交者。
④以藥劑犯之。	例如以俗稱強姦藥片的FM2犯之。
⑤對被害人施以凌虐。	除了性侵害之外，還加之以虐待的行為。
⑥利用駕駛供公眾或不特定人運輸之交通工具之機會犯之。	譬如計程車之狼，計程車司機對乘客進行性侵害。
⑦侵入住宅或有人居住之建築物、船艦或隱匿其內犯之。	常見如入侵女大學生之宿舍，並對其性侵害。
⑧攜帶兇器犯之。	如利用刀、槍等兇器，逼迫受害者就範之性侵害行為。
⑨對被害人為照相、錄音、錄影或散布、播送該影像、聲音、電磁紀錄。	行為人將被害人或強制性交過程之影像、聲音、電磁紀錄散布、播送者(例如直播方式)。

三 口交，算不算性交？

加害人強迫他人進行口交，即屬於以性器進入他人口腔之行為，自然構成妨害性自主罪之「性交」要件，肛交亦同。但若只是以情趣用品硬放入他人口中，則不成立第221條。

四 內診，算不算性侵？

女性到婦產科看診時，醫師表示要內診，雖然客觀上屬於以器物進入他人之性器，符合性交之定義。但是醫師所為屬於業務上的正當行為，所以雖然是以器物進入女性之性器，但並未構成妨害性自主罪。

五 準強制性交罪

妨害性自主罪，主要是處罰違反他人意願的性交行為，此種強制性交罪，基本規範為刑法第221條規定。如果取得他人同意的性交行為，原則上並不會成立犯罪。針對未滿一定年齡的當事人，因為年紀過輕、思慮未周，即便已經同意為性交行為，但為了保護其性自主及身體權，他方當事人仍應科處一定之刑責，稱之為準強制性交罪。規範為刑法第227條第1項：「對於未滿14歲之男女為性交者，處3年以上10年以下有期徒刑。」刑法第227條第3項：「對於14歲以上未滿16歲之男女為性交者，處7年以下有期徒刑。」

青年學子常常偷嚐禁果，犯罪者可能18歲以下，依據刑法第227-1條規定，減輕或免除其刑。未滿18歲之人犯第227條之罪者，須告訴乃論。（刑§229-1）

六 凌虐

依據刑法第10條第7項規定：「稱凌虐者，謂以強暴、脅迫或其他違反人道之方法，對他人施以凌辱虐待行為。」是以，倘行為人對被害人施以強暴、脅迫，或以強暴、脅迫以外，其他違反人道之積極作為或消極不作為，不論採肢體或語言等方式、次數、頻率，不計時間之長短或持續，對他人施加身體或精神上之凌辱虐待行為，造成被害人身體上或精神上苦痛之程度，即屬凌虐行為。

高手過招

甲男與乙女為夫婦關係，乙見其夫終日在外拈花惹草，數月未履行同居義務，某日，以強制手段為甲進行口交行為。試問依我國現行刑法之規定，乙之行為成立何罪？ (A)不經甲提出告訴，乙成立強制性交罪 (B)若甲提出告訴，乙成立強制性交罪 (C)若甲提出告訴，乙成立強制猥褻罪 (D)無論甲是否提出告訴，乙不成立犯罪 【96五等錄事-法學大意】	(A) (B)

解析：口交也構成妨害性自主之性交概念，配偶間屬告訴乃論罪，故應選(B)；但(A)之選項含糊不明，該次考試選(A)者亦給分。

甲男見乙女頗具姿色，頓興淫念，強行以手指進入乙女性器官內，滿足其性慾。試問：甲之行為成立何罪？ (A)刑法第221條強制性交罪 (B)刑法第227條第1項準強制性交罪 (C)刑法第224條強制猥褻罪 (D)刑法第227條第2項準強制猥褻罪 【98五等地方特考-法學大意】	(A)
我國刑法於公元1999年的修法，除了將原第221條的強姦罪改為強制性交罪之外，並且修正了該罪的構成要件，請問下列何者為該次修法所做的修正之一？ (A)將犯罪被害人限定為婦女 (B)將犯罪加害人限定為男性 (C)增加「違反婦女意願」之要件 (D)刪除「致使不能抗拒」之要件 【99三等身障特考-法學知識】	(D)

七 趁機性交罪

對於男女利用其精神、身體障礙、心智缺陷或其他相類之情形，不能或不知抗拒而為性交者，處3年以上10年以下有期徒刑。（刑§225Ⅰ）此為趁機性交罪之規定。

國家考試常考這類型的題目，例如：

甲心儀某酒店公關小姐乙，陸續砸大錢苦苦追求，卻僅換得乙之冷嘲熱諷，報復心驅使下，甲明知自己染有淋病，竟於某夜持萬能鑰匙開啟乙住處大門，進入臥室趁其酒醉不醒之際對乙為性交。就此，乙原僅身感不適而未知緣由，就診皮膚科後方知染上性病，至少須持續治療半年始可痊癒，經調閱監視器發現甲之行徑後，憤而報警提告。試問：甲應為其所為負何刑責？（25分）　　　　　　　　　　　　【108司特三等】

另外還有一個考點是強制性交罪與趁機性交罪的比較，例如：

甲男、乙女兩人曾經為鄰居，某日夜間甲侵入乙家偷竊，於翻箱倒櫃之際，驚動了乙，甲遂持螺絲起子攻擊乙，乙被打到頭部而陷入昏迷，甲繼續找尋財物，後來在抽屜中發現10萬元現金，甲在離去前，見乙仍昏迷，竟起意性侵（性交）乙得逞，然後拿走現金離去。乙清醒後，向警察報案。試問，甲之行為如何論罪？（25分）　　　　　　【109司特三等】

實務見解

如被害人不能抗拒之原因，為犯人所故意造成者，應成立強姦罪或強制猥褻罪。如被害人不能抗拒之原因，非出於犯人所為，且無共犯關係之情形，僅於被害人心神喪失或其他相類之情形不能抗拒時，犯人乘此時機以行姦淫或猥褻行為者，則應依乘機姦淫或乘機猥褻罪論處。　　　（最高法院71年台上字第1562號判決）

模擬實境

你不是我男友！──刑法第229條詐術性交罪

一位女大學生喝醉了酒，逐與一位高姓男子共同借宿男友家。酒精催化下想與男友親熱，於是跑到男友房間，二話不說就把衣服脫下，抱住男友開始親熱。雖然感覺有點兒不太對，但是也不以為意，結束後才發現根本不是自己的男友，於是大喊：「你不是我男友，你是小高！」呼喊聲立刻吵醒在客廳中酒醉的男友，男友衝到房間一看，見到她和友人全身赤裸，當場傻眼。女大學生氣憤難耐，堅持提出告訴。試問，高姓男子是否觸犯刑法第229條之罪名？

刑法第229條第1項之規定：「以詐術使男女誤信為自己配偶，而聽從其為性交者，處3年以上10年以下有期徒刑。」

本案中，高姓男子似乎什麼都沒做，躺在女大學生男友的床上，就是施行詐術嗎？似乎也不能這樣說。若是高姓男子在女大學生男友的床上，假冒其男友的聲音，對著女大學生說：「我是妳男友，我是妳男友，快來吧！」那就有可能是施用詐術。不過，就算施用詐術，似乎也不該當「配偶」之要件。因此，高姓男子並不構成刑法第229條之罪名。

14 強制猥褻罪

一 強制猥褻之基本概念

強制猥褻，是指性交行為以外，一切客觀上足以挑逗他人引起性慾，主觀上足以滿足自己性慾，違背被害人的意願，進而侵害被害人的性自主權。

強制猥褻罪，最大的問題點在於定義上的模糊，所以實務上出現許多飽受爭議的案例，例如強吻、摸乳十秒等案，法院認為不構成猥褻行為，導致輿論一片譁然。

【刑法第224條】

對於男女以強暴、脅迫、恐嚇、催眠術或其他違反其意願之方法，而為猥褻之行為者，處6月以上5年以下有期徒刑。

二 親臉頰二分鐘案

實務界曾發生「親臉頰二分鐘案」，法院不認為成立強制猥褻罪。該案之部分見解如下：「熱戀男女在街頭擁吻的親密動作，漸為國人所能接受之行為，接吻行為在客觀上已非屬誘起他人性慾之猥褻行為，而親吻臉頰又係國際社交禮儀一種，客觀評價上更無猥褻概念可言……未有進一步輕薄動作，被告顯無藉此滿足個人性慾之意念存在。」（桃園地方法院89年度易字第1266號刑事判決）

猥褻與性騷擾的區別

啊！色狼，救命呀！

罪名	法令	規範內容
強制猥褻	刑法	刑法第224條 對於男女以強暴、脅迫、恐嚇、催眠術或其他違反其意願之方法，而為猥褻之行為者，處6月以上5年以下有期徒刑。
猥褻舉動 調戲異性	社會秩序 維護法	社會秩序維護法第83條第3款 有左列各款行為之一者，處新臺幣6,000元以下罰鍰： ㈢以猥褻之言語、舉動或其他方法，調戲異性者。
性騷擾	性騷擾防 治法	性騷擾防治法第25條第1項 意圖性騷擾，乘人不及抗拒而為親吻、擁抱或觸摸其臀部、胸部或其他身體隱私處之行為者，處2年以下有期徒刑、拘役或科或併科新臺幣10萬元以下罰金。

法院提及「國際社交禮儀」，似乎欠缺關聯性，與民眾的法感情落差甚大。高院與最高法院則認為：方某有猥褻犯意，但並未以性器摩擦被害少女身體，或上下其手撫摸其身體，尚不足以引起告訴人性慾，亦不足以滿足被告性慾，故客觀上只是著手而未遂（最高法院91年度台非字第168號刑事判決）。

　　親吻是一般性行為的開始，難道一定要愛撫、性交，才算是滿足嗎？上述見解恐怕有違常理，更與一般民眾之認知及正常生理反應有所差距。

三 準強制猥褻罪

　　對於未滿14歲之男女為猥褻之行為者，處6個月以上5年以下有期徒刑。（刑§227Ⅱ）對於14歲以上未滿16歲之男女為猥褻之行為者，處3年以下有期徒刑。（刑§227Ⅳ）

四 相關法規：性騷擾防治法之定義

　　由於猥褻的要件較為抽象，時常會有法官在適用上與一般民眾的認知有所差距，性騷擾防治法通過後，解決了部分的問題，許多不構成猥褻要件之行為，即能成立性騷擾。

　　但是，性騷擾為告訴乃論罪，須被害人提出告訴始得受理之，然而有些當事人不願意提出告訴，致使歹徒依舊能夠逍遙法外。

　　性騷擾之規定在性騷擾防治法第2條之規定：本法所稱性騷擾，指性侵害犯罪以外，對他人實施違反其意願而與性或性別有關之行為，且有下列情形之一：（性騷§2Ⅰ）

　　⑴以明示或暗示之方式，或以歧視、侮辱之言行，或以他法，

而有損害他人人格尊嚴，或造成使人心生畏怖、感受敵意或冒犯之情境，或不當影響其工作、教育、訓練、服務、計畫、活動或正常生活之進行。

(2)以該他人順服或拒絕該行為，作為自己或他人獲得、喪失或減損其學習、工作、訓練、服務、計畫、活動有關權益之條件。

職權性騷擾

本法所稱權勢性騷擾，指對於因教育、訓練、醫療、公務、業務、求職或其他相類關係受自己監督、照護、指導之人，利用權勢或機會為性騷擾。(性騷§2Ⅱ)

高手過招

甲與乙是兄弟，某日見到鄰居大學生丙女單獨在家，兩人即共同商議，以邀約丙女幫他們拍照留念為藉口，實際上是想要使丙女為甲兄拍攝裸照。甲、乙共邀丙女進屋後，甲即表示，若丙女不幫他照相就要毒打丙女一頓，乙也取出美工刀架住丙女，要丙女為甲拍攝裸照，接著甲就全身脫光，擺出各種姿勢。丙女因心中害怕即遵從甲、乙所言，為甲拍攝裸照後，甲、乙才讓丙女離去。丙女後來告訴母親此事，並表示她拍照時感到不舒服、噁心，母親得知此事後，怒而報警。試問甲、乙各犯何罪？

【95律師-刑法】

重點提示：

本例主要是探討甲、乙所為要求丙女幫助拍攝裸照，是否觸犯強制猥褻罪；其次，則論是否構成恐嚇罪、剝奪行動自由罪以及傷害罪。

15 公然猥褻罪

一 公然猥褻之概念

公然猥褻，是指在特定或不特定之多數人得以共見共聞之狀態，而為猥褻之行為。其規定如下：

【刑法第234條】

Ⅰ 意圖供人觀覽，公然為猥褻之行為者，處1年以下有期徒刑、拘役或9千元以下罰金。

Ⅱ 意圖營利犯前項之罪者，處2年以下有期徒刑、拘役或科或併科3萬元以下罰金。

猥褻，是指違反性行為之隱密原則，一切足以挑逗他人性慾或滿足自己性慾，或使一般人產生羞恥感或厭惡感之有害風化之行為。（林山田，《刑法各罪論》）

故如男女兩性間之性交行為，許多車床族在鬧區上演車震，玻璃又不夠黑，經過的人都看得到，也會成立公然猥褻罪。其他如親暱之愛撫行為、個人暴露其性器官的行為，均屬之。

猥褻主觀上必須具備公然猥褻故意。舉個例子，一對男女學生跑到學校的頂樓進行愛撫與性愛，不知道遠方的教學大樓，已經有多名學生正在盡情地欣賞。由於當事人對於得以共見共聞的公然狀態並沒有認識，因此不成立猥褻的故意。

實務見解 玉山嚮導猥褻案

玉山嚮導某甲，帶了一群人爬上玉山，為了展現自己的雄風，於是全身赤條條地請其他山友某乙拍了一張背部的裸照。某乙在屁股的地方打了馬賽克，上傳到個人部落格，經人檢舉後，檢察官遂以公然猥褻罪起訴。（因為打了馬賽克，所以上傳部落格的行為不以散布猥褻物品罪起訴）

狀況一：正面的公然
左列情形，以正面示人，應該屬於公然猥褻吧！

狀況二：背面的公然
右列情形，以背面示人，是否屬於公然猥褻？

16 散布猥藝物品罪

一 散布猥藝物品罪之基本概念

散布猥藝物品罪，乃是為了保護一個社會的善良風俗。雖然什麼是善良風俗，非常抽象，會隨著社會發展、風俗變異而有所不同，因此猥藝物品的範圍就有所變化。早期也許人體露個屁股，就是很嚴重的違反善良風俗，一定是猥藝物品罪。但是，社會發展至今，人體露個三點都未必是猥藝物品。

日本A片商來臺控告中華電信等業者侵害其「著作權」，引發國內諸多討論，有部分見解認為A片違反我國「善良風俗」，不能主張著作權。但是，日本業者認為依據釋字第407號解釋，「善良風俗」之內涵會隨著時間環境而改變，我國目前應肯定A片著作權。智慧財產法院主張者有原創性，則享有著作權。（101刑智上易74）

實務案例 人獸交網站與猥藝

中央大學教授何×蕤涉嫌在性別研究網站張貼人獸猥藝圖片，民國92年12月間，遭檢方依散播猥藝圖片罪嫌起訴，高等法院依據釋字第407號解釋，認為猥藝物品應就物品的整體特性和目的觀察，該網站是屬於學術研究網站，上頭還有關於性研究的討論。因此，人獸交的圖片，只屬於學術研究網站的一部分。故仍駁回檢方之訴，維持一審無罪判決。

刑法強制猥藝罪之規定，有關「猥藝」如何定義，判決實務上常有爭論，更有大法官解釋第407號的背景。

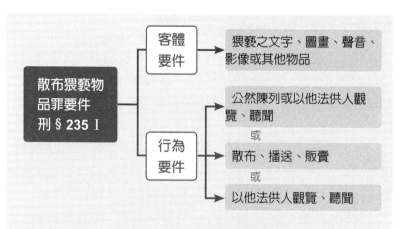

散布猥褻物品罪要件
刑§235Ⅰ

客體要件 → 猥褻之文字、圖畫、聲音、影像或其他物品

行為要件 →
公然陳列或以他法供人觀覽、聽聞
或
散布、播送、販賣
或
以他法供人觀覽、聽聞

❶ 不法集團在路邊賣色情光碟

❷ 買回家後，在家欣賞情色的情節

釋字第407號解釋

- 猥褻出版品，乃指一切在客觀上，足以刺激或滿足性慾，並引起普通一般人羞恥或厭惡感而侵害性的道德感情，有礙於社會風化之出版品而言。
- 猥褻出版品與藝術性、醫學性、教育性等出版品之區別，應就出版品整體之特性及其目的而為觀察，並依當時之社會一般觀念定之。

二 散布猥褻物品罪之要件與處罰

依據刑法第235條第1項規定：「散布、播送或販賣猥褻之文字、圖畫、聲音、影像或其他物品，或公然陳列，或以他法供人觀覽、聽聞者，處2年以下有期徒刑、拘役或科或併科9萬元以下罰金。」

前項規定是處罰散布、播送、販賣、公然陳列，或以他法供人觀覽、聽聞之行為，如果是製造、持有者，而其主觀意圖為散布、播送、販賣，依據同條第2項也是同樣的處罰。

觸犯本條罪名所涉及的猥褻之文字、圖畫、聲音或影像之附著物及物品，依據刑法第235條第3項之規定，不問屬於犯人與否，沒收之。

實務案例　越南版璩×鳳事件

越南也發生一起璩×鳳事件的翻版，19歲青春劇女星黃○玲與美國籍前男友由手機拍攝的5分鐘性愛短片，被人上傳到YouTube網站。現時該段短片已被刪除，但仍被轉載到其他網站，包括一段20分鐘的「加長版」。網上流傳指出，黃○玲的前男友因不滿她另結新歡，於是將性愛短片公開。無論如何，此種行為若依我國刑法規定，也觸犯散布猥褻物品罪。

實務見解 釋字第617號解釋

司法院釋字第617號解釋之意旨：「刑法第235條第1項規定所謂散布、播送、販賣、公然陳列猥褻之資訊或物品，或以他法供人觀覽、聽聞之行為，係指對含有暴力、性虐待或人獸性交等而無藝術性、醫學性或教育性價值之猥褻資訊或物品為傳布，或對其他客觀上足以刺激或滿足性慾，而令一般人感覺不堪呈現於眾或不能忍受而排拒之猥褻資訊或物品，未採取適當之安全隔絕措施而傳布，使一般人得以見聞之行為；同條第2項規定所謂意圖散布、播送、販賣而製造、持有猥褻資訊、物品之行為，亦僅指意圖傳布含有暴力、性虐待或人獸性交等而無藝術性、醫學性或教育性價值之猥褻資訊或物品而製造、持有之行為，或對其他客觀上足以刺激或滿足性慾，而令一般人感覺不堪呈現於眾或不能忍受而排拒之猥褻資訊或物品，意圖不採取適當安全隔絕措施之傳布，使一般人得以見聞而製造或持有該等猥褻資訊、物品之情形。」

實務上參酌釋字第407、617號解釋，認為刑法第235條散布猥藝物品罪之要件如下：

硬蕊（hard core）猥藝資訊或物品：含有暴力、性虐待或人獸性交等而無藝術性、醫學性或教育性價值

或

非硬蕊之一般猥藝言論：客觀上足以刺激或滿足性慾，而令一般人感覺不堪呈現於眾或不能忍受而排拒

＋

資訊未採取適當之安全隔絕措施而傳布，使一般人得以見聞之行為

（高等法院110年度上易字第1847號刑事判決）

Note

17

囤積農工物品罪

━ 基本概念

　　囤積物品、哄抬物價，向來是農糧等主管機關積極查核之重點所在。如果遇到水災、旱災，農產品稻作生產受到影響，中間商預期價格上漲，手中貨品往往惜售，等待供給量減少，導致價格上揚的利益，嚴重影響國內物價的穩定，有害於社會法益。

　　2014年立法者修法通過，將囤積、意圖抬高交易價格、不應市銷售等要件納入條文中，讓囤積物品、哄抬物價的行為有所處罰的依據，以符合罪刑法定主義。此外，對於意圖影響物品交易價格而散布不實資訊者，也列入處罰的範圍中。

【刑法第251條】

Ⅰ意圖抬高交易價格，囤積下列物品之一，無正當理由不應市銷售者，處3年以下有期徒刑、拘役或科或併科30萬元以下罰金：一、糧食、農產品或其他民生必需之飲食物品。二、種苗、肥料、原料或其他農業、工業必需之物品。 三、前二款以外，經行政院公告之生活必需用品。

Ⅱ以強暴、脅迫妨害前項物品之販運者，處5年以下有期徒刑、拘役或科或併科50萬元以下罰金。

Ⅲ意圖影響第1項物品之交易價格，而散布不實資訊者，處2年以下有期徒刑、拘役或科或併科20萬元以下罰金。

Ⅳ以廣播電視、電子通訊、網際網路或其他傳播工具犯前項之罪者，得加重其刑至二分之一。

Ⅴ第2項之未遂犯罰之。

1 澳洲發生乾旱，牛乳產量大減

2 國內奶粉供應商預期奶粉價格上揚

3 堆積奶粉存貨在工廠中

4 遭調查局查獲

18 賭博罪

一 賭博罪之基本概念

賭博，在某些國家並不認為違法。我國立法者認為賭博會導致傾家蕩產的結果，也影響社會善良風俗，因此透過刑法的機制，來遏止賭博行為的氾濫。賭博，確實是一種可怕的遊戲，沾染上癮，恐怕很難戒除，即使知道輸錢的機率很高，但為了那一絲絲致富的希望，即使最後只剩買泡麵的 10 元硬幣，也要拿來當本一搏，造成許多家破人亡的嚴重社會問題。

【刑法第266條】

Ⅰ 在公共場所或公眾得出入之場所賭博財物者，處5萬元以下罰金。

Ⅱ 以電信設備、電子通訊、網際網路或其他相類之方法賭博財物者，亦同。

Ⅲ 前二項以供人暫時娛樂之物為賭者，不在此限。

Ⅳ 犯第1項之罪，當場賭博之器具、彩券與在賭檯或兌換籌碼處之財物，不問屬於犯罪行為人與否，沒收之。

如果是意圖營利，供給賭博場所或聚眾賭博罪，依刑法第268條之規定，處3年以下有期徒刑，得併科9萬元以下罰金。

二 賭博罪之要件

賭博，以偶然的事實來決定輸贏的結果，而博取財物。公共場所，指多數人公共使用或聚集之場所；公眾得出入之場所，指

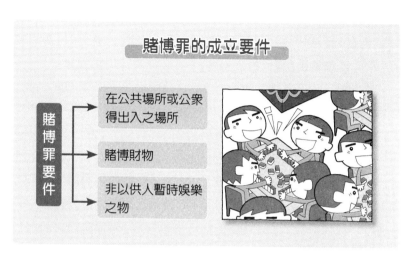

不特定人於特定時段得以出入之場所。家中打麻將，因為只邀請特定的人來家中，則尚不能認為是公眾得出入之場所。賭博罪還須以財物為賭博標的，若非財物，而是暫時以達娛樂目的，例如小禮品，則不認為是賭博。

賭博罪的處罰

	刑法 §266 I	社會秩序維護法 §84
場地	公共場所或公眾得出入之場所	非公共場所或非公眾得出入之職業賭場所
行為	賭博財物	賭博財物
處罰	處5萬元以下罰金	處9,000元以下罰鍰

　　原第1項所定之「公共場所或公眾得出入之場所」，司法實務認為個人於電腦網路賭博經由私下設定特定之密碼、帳號，其賭博活動及內容具有一定封閉性，僅為對向參與賭博之人私下聯繫，其他民眾無從知悉其等對賭之事，故利用上開方式向他人下

注，因該簽注內容或活動並非他人可得知悉，尚不具公開性，即難認係在「公共場所」或「公眾得出入之場所」賭博（最高法院107年度台非字第174號判決參照）。

惟在特定人或不特定人可得參與之賭博場所，賭博網站、社群或群組內等網路空間，以電信設備、電子通訊、網際網路或其他相類之方法，與該賭博場所、賭博網站或社群經營者對賭，或與其他參與者進行賭博財物之行為，易使此類新興賭博方式迅速蔓延至整個網路社會，其與在公共場所或公眾得出入之場所賭博財物之可罰性無異，而有處罰之必要，爰增訂第2項明文規定以電信設備、電子通訊、網際網路或其他相類之方法賭博財物之刑事責任。

扣得的賭金會發還嗎？當場賭博的器具、彩券與在賭檯或兌換籌碼處之財物，不問屬於犯罪行為人與否，沒收之。（刑§266Ⅳ）

如果是特定人才得以出入之非公共場所或非公眾得出入之職業賭場所，例如在山中貨櫃屋中，邀請特定人士賭博，則依社會秩序維護法第84條加以論處。

實務案例　麻將大賽，算賭博嗎？

某麻將競技協會以招收會員、收取會費方式，提供非公眾得出入之處為賭博場所，舉辦麻將大賽。參賽者每人繳納1,000元，積分前8名為贏家，最高者贏取5萬元之獎金。檢方認為成立刑法第268條，意圖營利而供給賭博場所或聚眾賭博罪，將該協會理事長等成員提起公訴。

法院認為該次麻將大賽，並沒有向不特定大眾開放，僅限於繳交入會費的會員才可以加入，且所爭者並非同桌的輸贏，而係全體晉級決賽之人之最後綜合評比積分。因此，法院認為並非以偶然事實之成就與否，決定財物輸贏之射倖行為，已有甚為濃厚之競賽意味，只是麻將競賽活動，而非刑法上的賭博行為。

（士林地方法院97年度易字第1369號刑事判決）

三 樂透彩券、運動彩券之法律依據

臺灣早期的合法彩券，是愛國獎券。近年來，樂透彩券盛行，全民瘋狂至極，一期沒買，好像就會失去成為上億富翁的機會。求神問卜者眾，全省各地買樂透者亦所在多有。經過一段時間的沉澱，民眾發現得獎的機會還是相對較低，於是購買的慾望也逐漸降低，也不再那麼瘋狂。我國現在主要是樂透彩券與運動彩券為主，依據「公益彩券發行條例」使其不會因為賭博而違法。

四 澎湖博弈的十字路口

離島建設條例之博弈條款通過後，澎湖人必須舉辦博弈公投，決定是否在澎湖設置賭場，由於支持與反對之聲浪呈現五五波，許多澎湖居民為了家園的前途，紛紛回澎湖投票，甚至發生機票一位難求的現象。最後，於98年9月26日公投結果出爐，同意票13,397票，占43.56%，不同意票17,359票，占56.44%，澎湖人以將近4,000票的差距，否決公投案，也決定了澎湖沒有賭場的未來。

五 賭博罪與沒收

刑法第266條第4項規定：「當場賭博之器具與在賭檯或兌換籌碼處之財物，不問屬於犯人與否，沒收之。」現場的錢都可以沒收嗎？

從構成要件來看，本項規定只有在⑴賭檯、⑵兌換籌碼處的財物才可以沒收。有一次在課堂上和學生開了個玩笑：假設你在賭場玩得正High，警察卻突然衝進來，在他們還來不及錄影存證，而錢太多又來不及塞進口袋時，就趕緊掃到地板上，然後再慢慢撿起來，應該就難以依法沒收了（舉證困難）。不過這純粹是開玩笑的說法，勸各位讀者千萬不要賭博。

《離島建設條例》博弈條款

　　我國於98年通過離島建設條例之修正與增訂，其中第10-2條即所謂的「博弈條款」，讓離島地區如澎湖，可以透過該條規定之程序，決定是否在澎湖或其他地方開設賭場，其規定如下：

【離島建設條例第10-2條】

　　開放離島設置觀光賭場，應依公民投票法先辦理地方性公民投票，其公民投票案投票結果，應經有效投票數超過二分之一同意，投票人數不受縣(市)投票權人總數二分之一以上之限制。

　　前項觀光賭場應附設於國際觀光度假區內。國際觀光度假區之設施應另包含國際觀光旅館、觀光旅遊設施、國際會議展覽設施、購物商場及其他發展觀光有關之服務設施。

　　國際觀光度假區之投資計畫，應向中央觀光主管機關提出申請；其申請時程、審核標準及相關程序等事項，由中央觀光主管機關訂定，報請行政院同意後公布之。

　　有關觀光賭場之申請程序、設置標準、執照核發、執照費、博弈特別稅及相關監督管理等事項，另以法律定之。

　　依前項法律特許經營觀光賭場及從事博弈活動者，不適用刑法賭博罪章之規定。

Note

第六篇

個人法益

1 殺人罪

一 殺人罪

殺人罪，主要是保護生命法益，可謂是刑法之核心規定。其規定如下：

> **【刑法第271條第1項】**
>
> 殺人者，處死刑、無期徒刑或10年以上有期徒刑。

二 何謂「人」？

殺人罪所保護之行為客體是「人」。何謂人？自卵子受精成為受精卵後，經過懷胎10月的漫長歲月，最後分娩，嚎啕大哭，才成為嗷嗷待哺的懷中嬰兒。是否殺害受精卵、子宮中的胎兒，還是殺害分娩過程中，努力鑽出母體的胎兒，都是殺人罪規範的範疇？學說上對於是否為人，主要有下列的學說區分：

- 分娩開始說：從進行分娩過程開始，就屬於刑法殺人罪的人。
- 一部露出說：只有胎兒的一部分，經由分娩過程後，露出母體之外，就屬於刑法殺人罪的人。
- 全部露出說：必須要胎兒的全部，通通露出母體之外，才屬於刑法殺人罪的人。
- 獨立呼吸說：除了全部離開母體之外，還要等到胎兒能夠獨立不依賴母體呼吸，才屬於刑法殺人罪的人，這也是目前的通說。

死亡認定的學說

脈搏終止說	以脈搏是否終止為判斷之依據。
呼吸停止說	以呼吸是否停止為判斷依據。
綜合判斷說	綜合判斷瞳孔是否放大、呼吸及心跳是否停止,作為判斷是否死亡的依據。
腦死說	以腦是否停止運作,也就是醫學所謂的腦死,作為判斷是否死亡的依據。

胎兒、人、屍體之比較

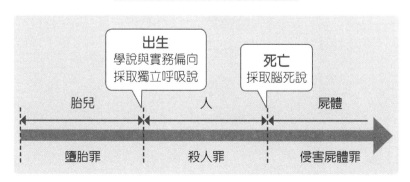

出生
學說與實務偏向
採取獨立呼吸說

死亡
採取腦死說

胎兒　　　　　　　　人　　　　　　　屍體

墮胎罪　　　　　　殺人罪　　　　　侵害屍體罪

三 殺人罪之預備犯

殺人罪，嚴重侵害生命法益，故法律特別規範處罰「預備犯」，另外刑法第272條殺直系血親尊親屬罪，更是於法不容，除法定刑更重，處死刑或無期徒刑外，亦有預備犯處罰之規定。但是，如果是當場基於義憤而殺人，其要件必須具備當場，故與預備犯之本質不同，故無規範預備犯之情況。

四 殺直系血親尊親屬罪

孝敬尊親屬，尤其是養育自己長大的父母、(外)祖父母等，是我國傳統道德相當重視的基本要求。

因此，若殺害直系血親尊親屬者，則非法規範所能接受，依據刑法第272條規定：「對於直系血親尊親屬，犯第271條之罪者，加重其刑至二分之一。」其刑責較一般殺人罪為重。但是，本條罪名在國家考試，通常是放在身分犯的題目中，例如甲與乙共同殺害乙之父親，兩人各論以何罪。(參照本書第239頁)

五 母殺嬰兒罪

許多未成年女孩因為偷嚐禁果而懷孕，但又無扶養能力，所以只好在小孩子剛生下來的時候，就殺害自己的子女。雖然成立殺人罪，但可責性比一般殺人罪稍低，所以另成立「母殺嬰兒罪」。

【刑法第274條第1項】

母於生產時或甫生產後,殺其子女者,處6月以上5年以下有期徒刑。

高手過招

| 我國刑法中,最能彰顯法律與倫理之關聯性者,係下列那一項? (A)誠信原則 (B)罪刑法定主義 (C)法律不溯既往原則 (D)殺直系血親尊親屬之特別規定 【97調查特考-法學知識與英文】 | (D) |

2 義憤殺人罪

一 基本規定

當場激於義憤而殺人者，處7年以下有期徒刑。（刑§273 I）前項之未遂犯罰之。（刑§273 II）

二 義憤

本條文之重點在於「義憤」二字。所謂「義憤」，乃基於道義之理由而產生憤慨，故必先有被害人之不義行為，客觀上足以引起公憤，依據一般人之通常觀念，確無可容忍或激憤難忍者。（林山田）例如長期遭到虐待的女子，殺害施虐者即屬之。但如果是因為詐欺集團分贓不均，憤而殺害同夥，則不構成「義憤」。

三 當場

「當場」之要件，刑法第279條所謂當場激於義憤，必須此項義憤係在犯罪之現場所激起者，始足以當之。某甲聞知某乙坐在某氏床上，攜帶多人共往毆擊，其行為縱可認為係屬於義憤，但既非在現場所激起，而與該條所定之條件不合。（33年上字第99號）

高手過招

甲男乙女為夫妻，甲某日提早下班回家，卻意外看見乙女與同事丙男在床上親熱，甲心中難忍氣憤，越想越氣，竟持桌上的美工刀刺向丙男的胸部，丙男送醫不治。請依下列問題討論甲男刑責：㈠刑法第273條之義憤殺人罪，請問何謂「義憤」？ ㈡甲男的行為是否可成立刑法第273條之義憤殺人罪？ 【100三等書記官-刑法】

擬答：㈠略。㈡本案事實符合義憤之定義無疑，另甲在現場行兇，亦符合「當場」之要件，故該當本罪。

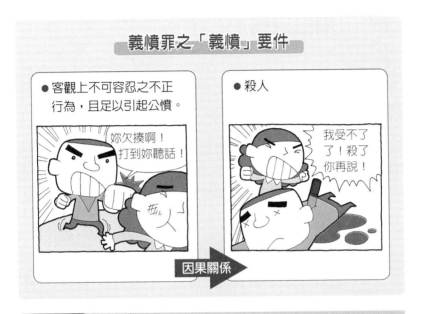

實務見解

　　刑法第273條所謂當場激於義憤而殺人，係指他人所實施之不義行為，在客觀上足以引起公憤，猝然遇合，憤激難忍，因而將其殺害者而言。若於他人實施不義之行為以前，預定計畫而於其實施之際或事後將其殺害，即與當場激於義憤之情形不同，不在本條適用範圍之內。（31年上字第1156號）

　　實務見解亦有舉出甲夫遇見妻通姦行為，而殺姦夫淫婦之案例，認為：刑法第273條之規定，祗須義憤激起於當場而立時殺人者，即有其適用，不以所殺之人尚未離去現場為限。被告撞見某甲與其妻某氏行姦，激起憤怒，因姦夫姦婦逃走，追至丈外始行將其槍殺，亦不得謂非當場激於義憤而殺人。（33年上字第1732號）

3 加工自殺罪

一 加工自殺罪之概念

　　自殺，涉及生命法益，即使是行為人所自願，亦非所法允准。因此，對於自殺者而為一定之行為，無論是教唆、幫助，或者是受其囑託或得其承諾而殺之者，均非法所允許。

【刑法第275條】

Ⅰ 受他人囑託或得其承諾而殺之者，處1年以上7年以下有期徒刑。

Ⅱ 教唆或幫助他人使之自殺者，處5年以下有期徒刑。

Ⅲ 前二項之未遂犯罰之。

Ⅳ 謀為同死而犯前三項之罪者，得免除其刑。

二 加工自殺罪之類型

　　此規定之犯罪類型，分別介紹如下：

(一)輔助地位之加工自殺罪

　　自殺者是自己所為，若自殺之起意來自於他人，例如債主要求債務人若自殺，就不必再還錢了，屬於教唆自殺罪。若他人立於幫助之地位，例如幫忙燒炭或不合法之安樂死，導致自殺者死亡，則屬於幫助自殺罪。

㈡主體地位之加工自殺罪

　　若是自殺者未著手於自己之手，而是假他人之手，例如久病厭世，拜託他人代為注射毒液，則屬於受囑託自殺罪。若是取得他人同意而殺人者，實務上曾發生某名男子欠債累累，遂得其妻子同意，買兇殺掉妻子，藉以詐取保險金，即屬之。

實務案例　有種就朝自己腦袋開槍！

　　酒客某甲愛上了酒女百合，因反對百合繼續在酒家上班，遂與酒店經紀人某乙談判，某乙不斷以言詞譏諷某甲沒用，百合才會在酒家上班。某乙指著桌上的槍稱：「有種就朝自己開槍！」某甲喝醉了酒，很帥氣地說了句：「告訴百合我愛她」，就朝右後腦開一槍而身亡。一審法院判處某乙成立加工自殺罪（教唆）。

（新北地方法院95年度訴字第2256號刑事判決）

　　本案上訴法院審酌槍傷特徵不符合自殺的一般情況、某甲手部未發現射擊後的火藥殘留等事證，認定非自殺。

（最高法院100年度台上字第1807號刑事判決）

4 傷害罪

一 普通傷害罪

傷害罪，所侵害者為他人之身體法益。

【刑法第277條】

Ⅰ 傷害人之身體或健康者，處5年以下有期徒刑、拘役或50萬元以下罰金。

Ⅱ 犯前項之罪因而致人於死者，處無期徒刑或7年以上有期徒刑；致重傷者，處3年以上10年以下有期徒刑。

二 傷害罪之類型

傷害罪的類型有許多種，除了前述的普通傷害罪之外，還有下列各種犯罪類型：

- 重傷罪：傷害他人，以發生刑法第10條第4款之重傷情形為故意者。
- 義憤傷害（重傷）罪：例如在記者會上不滿政客貪污所發表之言論，當場砸杯子至政客臉上，導致受傷結果。
- 傷害直系血親尊親屬罪：我國注重孝道，對於傷害直系血親尊親屬，如父母，要加重其刑至二分之一。
- 施暴行於直系血親尊親屬：如果有施暴行，雖未成傷，則成立本罪。

重傷害的類型

重傷害定義（刑§10Ⅳ）	圖示
毀敗或嚴重減損一目或二目之視能。 （刑§10Ⅳ①）	
毀敗或嚴重減損一耳或二耳之聽能。 （刑§10Ⅳ②）	
毀敗或嚴重減損語能、味能或嗅能。 （刑§10Ⅳ③）	
毀敗或嚴重減損一肢以上之機能。 （刑§10Ⅳ④）	
毀敗或嚴重減損生殖之機能。 （刑§10Ⅳ⑤）	
其他於身體或健康，有重大 不治或難治之傷害。 （刑§10Ⅳ⑥）	

- 加工自傷罪：例如應他人的要求製造假車禍，以騙取保險金，遂開車將他人撞傷。
- 聚眾鬥毆罪：本條主要是對於在場助勢之人加以處罰，如在場高喊「打他」、「加油」。
- 過失傷害罪：常見的車禍、醫療糾紛等，都是成立本罪。
- 妨害幼童發育罪：例如將小孩子從小關在特殊容器中，讓其無法正常發育，成為畸型病態的外型。

電影賞析 電影霍元甲之生死狀

在「霍元甲」電影中，常有擂台賽打死人的事發生，打擂台之前一定要先簽下生死狀，不外乎是「生死兩不追究」、「後果概不負責」等內容。這種生死狀以現行刑法觀之，能免其刑法責任嗎？一般的犯罪態樣，是將被害人的承諾，作為阻卻違法事由。但是，本罪則是將被害人的承諾，作為構成要件。因此，即便簽署生死狀，還是構成加工自傷罪之「得其承諾而傷害之」要件。

三 抽血與傷害

抽血行為是否論以傷害，學說上向有機能破壞說與身體完整二說，以傷害罪之保護客體，包括生理與心理之健康外，尚包括身體之不可侵害性，應以身體完整說為當，故抽血行為業已該當傷害之構成要件要素。

四 重傷罪

使人受重傷者，處5年以上12年以下有期徒刑。（刑§278Ⅰ）犯前項之罪因而致人於死者，處無期徒刑或10年以上有期徒刑。

（刑§278 II）第1項之未遂犯罰之。（刑§278 III）

至於什麼是重傷？

依據刑法第10條第4項規定：

稱重傷者，謂下列傷害：

㈠毀敗或嚴重減損一目或二目之視能。

㈡毀敗或嚴重減損一耳或二耳之聽能。

㈢毀敗或嚴重減損語能、味能或嗅能。

㈣毀敗或嚴重減損一肢以上之機能。

㈤毀敗或嚴重減損生殖之機能。

㈥其他於身體或健康，有重大不治或難治之傷害。

> **記憶小秘訣：請參照次頁**

五 當場

下列刑法條文中的「當場」之概念：

- 刑§140 I 於公務員依法執行職務時，「當場」侮辱或對於其依法執行之職務公然侮辱者。
- 刑§266 IV 犯第1項之罪，「當場」賭博之器具、彩券與在賭檯或兌換籌碼處之財物，不問屬於犯罪行為人與否，沒收之。
- 刑§273 I 「當場」激於義憤而殺人者。
- 刑§279「當場」激於義憤犯前二條之罪者。
- 刑§329 竊盜或搶奪，因防護贓物、脫免逮捕或湮滅罪證，而「當場」施以強暴脅迫者。

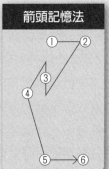

該如何記憶？

箭頭記憶法

其他

第一，從眼睛開始，一目或二目之視能。

第二，箭頭往右，一耳或二耳之聽能。

第三，接著到喉嚨、嘴巴與鼻子，分別是語能、味能或嗅能。

第四，箭頭往左下的肩膀，就是一肢以上之機能。

第五，往下到生殖器，也就是生殖之機能。

第六，其他。

右上角的圖，畫個2、3次就不會忘記了。

實務見解

　　按刑法第329條關於竊盜、搶奪，因防護贓物、脫免逮捕或
湮滅罪證，而當場施以強暴、脅迫者，以強盜論之規定，其所謂
當場，於時間上，應指行爲人犯罪實行甫結束，尚處於未能確保
贓物、未脫離追捕或犯罪情狀猶然存在而與實行時無異之境況者
而言，於空間上，實行竊盜或搶奪之犯罪現場固屬之，犯罪現場
周遭與其直接鄰接而爲自該現場視線所及之處所亦然，甚而已離
開現場，但猶在追捕者跟蹤、追躡中且始終未離開追捕者視線之
情形，仍不失爲當場。（99台上3683判決）

　　刑法第273條之規定，祇須義憤激起於當場而立時殺人者，
即有其適用，不以所殺之人尚未離去現場爲限。被告撞見某甲與
其妻某氏行姦，激起憤怒，因姦夫姦婦逃走，追至丈外始行將其
槍殺，亦不得謂非當場激於義憤而殺人。（33上字1732判決）

註：「不得謂非」，屬「雙重否定」用語，負負得正，也就是相當等於
　　「得」。

六 義憤殺人罪之「義憤」

　　刑法上所謂當場激於義憤而傷害人，係指被害人之行為違反
正義，在客觀上足以激起一般人無可容忍之憤怒，而當場實施傷
害者而言。（最高法院24年度上字第2246號刑事判決）實務上曾
發生一起禮儀師某甲為確認遺體是否為其所負責，逐不顧他人之
制止，於遺體更換衣物之際，拉開塑膠簾幕查看，招致該遺體之
父親不滿，認為對亡者不敬而出拳毆傷某甲。法院認為某甲行為
固有不當，惟尚未達在客觀上足以引起公憤，依一般人之通常觀

念，確無可容忍之程度，被告行為自與義憤傷害罪之構成要件有間，仍認為某乙成立傷害罪。（臺中地方法院98年度易字第2861號刑事判決）

【刑法第279條】

當場激於義憤犯前二條之罪者，處2年以下有期徒刑、拘役或20萬元以下罰金。但致人於死者，處5年以下有期徒刑。

傳染愛滋病給他人，犯罪嗎？

可能成立刑法重傷罪，或另依「人類免疫缺乏病毒傳染防治及感染者權益保障條例」規範之。該法第21條第1項規定「明知自己為感染者，隱瞞而與他人進行危險性行為或有共用針具、稀釋液或容器等之施打行為，致傳染於人者，處5年以上12年以下有期徒刑。」

高手過招

甲飼養狼犬，出門遛狗，疏未注意，狼犬掙脫，咬傷路人。問甲成立何罪？ (A)傷害罪 (B)過失傷害 (C)殺人未遂 (D)動物的本能行為，無罪 【96五等錄事-法學大意】	(B)
下列行為之結果，何者非刑法第10條第4項所稱之重傷？ (A)甲覺得惡作劇很有趣，拿擴音設備在乙之耳邊大喊，致乙雙耳耳膜破裂失聰 (B)甲乙打架，將乙的頭髮，幾乎全部拔光 (C)甲將乙的左手大拇指、食指、中指砍斷 (D)甲開車將乙撞成植物人 【107高考-法學知識與英文】	(B)

5 遺棄罪

一 遺棄罪的社會背景

個人自掃門前雪，是一種冷酷社會的哀歌。然而，若更進一步地，對於無自救能力的人落井下石，將之遺棄至欠缺救助的環境之中或不予救助，雖然本身並無救助或養護之義務，但仍成立遺棄罪。本罪不以實害為必要，只需要有遺棄行為並造成危險即可成立，屬於危險犯。

子女對於年邁的父母，負有照顧養護的義務，所謂「久病無孝子」、「多子多推託」，都不為法律所允許。因此，對於遺棄父母，或遺棄其他在法律上有義務照顧養護的當事人，都論以「保護責任者之遺棄罪」。

救難人員對於被救者也應該盡力地救助，如九一一攻擊事件，警消人員奮勇赴雙子星大廈搶救民眾，雖然最後有數千名的警消傷亡，但也從鏡頭的轉播下，贏得世界的尊敬。

二 遺棄罪與肇事逃逸

駕車撞傷人之後，肇事者即負有救護被害人之義務，若未能協助送醫，卻逃逸現場，基本上是構成「保護責任者之遺棄罪」。但是，本罪的行為客體，限於「無自救力之人」，許多車禍事件的被害人，雖然受傷但仍有自救能力。此時，為了讓肇事者願意負擔應有的責任，避免因為肇事導致責任難以追訴，因此，刑法第185-4條另規範有肇事逃逸罪。

遺棄罪的比較表

罪　名	條文用語	性　質	舉　例
遺棄罪 （刑§293Ⅰ）	遺棄	作為犯	寒冬下雪之日，喝醉酒的人醉倒在自家門口，將其搬移至大馬路上。
遺棄罪致死或重傷罪 （刑§293Ⅱ）	遺棄	加重結果犯	
保護責任者遺棄罪 （刑§294Ⅰ）	遺棄	作為犯	母親對於待哺乳嬰兒，遺棄至垃圾桶中而不顧。
	不為其生存所必要之扶助、養育或保護	純正不作為犯	母親對於待哺乳之胎兒，不願意餵奶。
保護責任者遺棄致死或重傷罪 （刑§294Ⅱ）	前項犯行致人於死或重傷者	加重結果犯	母親對於待哺乳之胎兒，不願意餵奶導致死亡。
遺棄直系血親尊親屬罪 （刑§295）	對於直系血親尊親屬犯刑§294之罪	作為犯或純正不作為犯	對於重病的父母，遺棄至無人煙之深山。 對於重病的父母，不願意帶父母看病與餵食。

※ 另增修刑法第294-1條免責條款，如本書第367頁。

目 天下沒有不是的父母？

　　過去許多子女遭棄養，因為從小就未曾受過父母的愛，甚至還遭到虐待或賣去當雛妓，長大了，當然不願意扶養。但是，當這些不是的父母經濟狀況不佳，無法過生活時，竟回頭要求子女負擔扶養責任，甚至還控告子女觸犯刑法的遺棄罪。所以，98年1月7日立法院三讀通過修法，將使子女得依據民法第1118-1條規定，減輕或免除擔扶養之義務；刑法也增訂第294-1條規定，於符合一定情況下，不罰。其相關民、刑法規定如下：

【民法第1118-1條】

Ⅰ受扶養權利者有下列情形之一，由負扶養義務者負擔扶養義務顯失公平，負扶養義務者得請求法院減輕其扶養義務：
　一、對負扶養義務者、其配偶或直系血親故意為虐待、重大侮辱或其他身體、精神上之不法侵害行為。
　二、對負扶養義務者無正當理由未盡扶養義務。
Ⅱ受扶養權利者對負扶養義務者有前項各款行為之一，且情節重大者，法院得免除其扶養義務。
Ⅲ前二項規定，受扶養權利者為負扶養義務者之未成年直系血親卑親屬者，不適用之。

【刑法第294-1條】

對於無自救力之人，依民法親屬編應扶助、養育或保護，因有下列情形之一，而不爲無自救力之人生存所必要之扶助、養育或保護者，不罰：

款	規範內容	說　明
一	無自救力之人前為最輕本刑6月以上有期徒刑之罪之行為，而侵害其生命、身體或自由者。	例如刑法第274條母殺嬰兒罪：母親現在是無自救力之人，做子女的本來應該要照顧，但是想到自己剛生出來時，母親居然想要殺掉自己，就不想要扶養；其他如殺人、強制性交罪等均屬之。
二	無自救力之人前對其為第227條第3項、第228條第2項、第231條第1項、第286條之行為或人口販運防制法第32條、第33條之行為者。	第227條第3項：與14～16歲之男女為性交 第228條第2項：利用權勢猥褻罪 第231條第1項：圖利使人為性交或猥褻罪 第286條：妨害幼童發育罪
三	無自救力之人前侵害其生命、身體、自由，而故意犯前二款以外之罪，經判處逾6月有期徒刑確定者。	不符合第1款重罪，也不符合第2款非重罪之特定案件，但以故意犯類似之行為，而遭判處6月以上之重刑確定。
四	無自救力之人前對其無正當理由未盡扶養義務持續逾2年，且情節重大者。	通常都是拋妻棄子的情況。

6 妨害自由罪

一 使人為奴隸罪

使人為奴隸或使人居於類似奴隸之不自由地位者，處1年以上7年以下有期徒刑。（刑§296 Ⅰ）

前項之未遂犯罰之。（刑§296 Ⅱ）

二 販賣人口罪

買賣、質押人口者，處5年以上有期徒刑，得併科50萬元以下罰金。（刑§296-1 Ⅰ）意圖使人為性交或猥褻之行為而犯前項之罪者，處7年以上有期徒刑，得併科50萬元以下罰金。（刑§296-1 Ⅱ）以強暴、脅迫、恐嚇、監控、藥劑、催眠術或其他違反本人意願之方法犯前二項之罪者，加重其刑至二分之一。（刑§296-1 Ⅲ）

媒介、收受、藏匿前三項被買賣、質押之人或使之隱避者，處1年以上7年以下有期徒刑，得併科30萬元以下罰金。（刑§296-1 Ⅳ）

公務員包庇他人犯前四項之罪者，依各該項之規定加重其刑至二分之一。（刑§296-1 Ⅴ）

第1項至第3項之未遂犯罰之。（刑§296-1 Ⅵ）

三 私行拘禁罪

私行拘禁或以其他非法方法，剝奪人之行動自由者，處5年以

下有期徒刑、拘役或9,000元以下罰金。（刑§302 I）

因而致人於死者，處無期徒刑或7年以上有期徒刑；致重傷者，處3年以上10年以下有期徒刑。（刑§302 II）

第1項之未遂犯罰之。（刑§302 III）

犯前條第1項之罪而有下列情形之一者，處1年以上7年以下有期徒刑，得併科100萬元以下罰金：（刑§302-1 I）

⑴三人以上共同犯之。

⑵攜帶兇器犯之。

⑶對精神、身體障礙或其他心智缺陷之人犯之。

⑷對被害人施以凌虐。

⑸剝奪被害人行動自由7日以上。

因而致人於死者，處無期徒刑或10年以上有期徒刑；致重傷者，處5年以上12年以下有期徒刑。（刑§302-1 II）

第1項第1款至第4款之未遂犯罰之。（刑§302-1 III）

實務案例　境外凌虐詐欺

　　2023年間緬甸詐欺犯罪集團盛行，並常聽聞以提供工作為由誘騙當事人赴緬甸後，即施以囚禁、凌虐，後台灣亦發生類似事件，有詐欺集團為取得他人之金融帳戶以遂行詐欺、洗錢犯罪，而囚禁、凌虐被害人，甚至造成被害人死亡、重傷等嚴重戕害人權之犯罪，遂增訂本條加重處罰事由，並提高刑度。

對於直系血親尊親屬犯前二條第1項或第2項之罪者，加重其刑至二分之一。（刑§303 I）

7 強制罪

一 霸凌事件與強制罪

電視上常看到許多霸凌事件，身材體力或人數較具優勢的學生，欺負較為弱勢的學生，逼迫喝尿、爬褲襠等行為，這些都是強迫他人行無義務之事，成立刑法第304條之強制罪。強制罪的規定如下：

> 【刑法第304條第1項】
>
> 以強暴、脅迫使人行無義務之事或妨害人行使權利者，處3年以下有期徒刑、拘役或9千元以下罰金。

二 強制罪的種類

強制罪，屬於意志形成自由的侵害。其類型有兩種：其一為以強暴、脅迫之方式，使人行無義務之事，其二為以強暴、脅迫之方式，妨害人行使權利。前面所述同學間的霸凌事件，就是第一種類型；第二種類型，例如對於合法集會遊行的當事人，百般阻撓而妨害其行使集會遊行的權利，某政治團體成員阻止法輪功成員在101大樓前之集會，應屬一例。

強制罪之類型

強制罪

強暴 ➡ 使人行無義務之事

脅迫 ➡ 妨害人行使權利

澀谷昂強灌女子喝酒事件

　　傑尼斯團體「關西八人組」團員澀谷昂被爆開男女派對，在派對上強灌同行女子飲酒，該女子因此酒精中毒，不支倒地，不僅沒悔意，還生氣地說：「不要叫救護車，讓她死了算了！」該女子因此氣憤地向日本《週刊女性》告發。

澀谷昂強迫同行女子喝酒

同行女子酒精中毒昏倒

澀谷昂拒絕送醫

強制罪

傷害罪

遺棄罪

實務案例 假髮遭強行取走案

　　邱姓立委至監察院提出檢舉時，遭黃姓男子扯下頂上假髮，警方制止，始將邱姓立委之假髮拋棄在地。

　　首先需探究者，黃姓男子之行為是否符合「強暴」手段之要件？經假髮公司人員到庭證稱，假髮遭毀損的程度以及邱姓立委之頭髮亦遭扯下，判斷顯係嚴重拉扯所致，不可能係非外力、自然造成的損害，法院認定該當此「強暴」手段之要件。其次，要探究者為侵害邱姓立委何種權利？法院認為摘取他人之假髮，妨害邱姓立委行使維護其個人外觀形象之自由權利，也就是不想讓頂上無毛的外觀，曝露於眾人眼前之自由權利。因此，與刑法304條規定以強暴手段妨害人行使權利之構成要件相符，一、二審法院均以強制罪論處。（臺北地方法院98年度易字第547號刑事判決、高等法院98年度上易字第1641號刑事判決）除此之外，亦有論者認為有可能成立公然侮辱罪及毀損器物罪。

暴力手段

行使維護其個人外觀形象之自由權利 ←

三 妨害投票自由罪

　　與強制罪相類似的條文為「妨害投票自由罪」，主要是強制罪第二種類型的延伸版。該罪是為了保障當事人自由投票之權利所規定，刑責也較為重，為5年以下有期徒刑。實務上，立委選舉曾發生一階段或兩階段投票爭議，民進黨陣營認為國民黨執政的十八縣市採行兩階段投票，已經違反中央政策，屬於非法行為，疑似觸犯妨害投票自由罪，妨害他人自由行使法定之政治上選舉或其他投票權。

【刑法第142條第1項】

　　以強暴脅迫或其他非法之方法，妨害他人自由行使法定之政治上選舉或其他投票權者，處5年以下有期徒刑。

高手過招

甲在家中喝酒看電視，醉到不醒人事的時候，小偷乙持刀子潛入甲之家中行竊，甲因長年接受嚴格的武術訓練，於是自覺、輕而易舉地空手奪白刃，將乙制伏在地上。接著，甲在幾乎無意識的情況下，再加上酒精作祟，對於乙侵入住宅竊盜的行為極表不滿，要好好教訓乙，逐拾起手邊的遙控器猛力敲打乙之身體，不料卻因為醉眼矇矓，打到乙之後腦，因力道過猛導致乙死亡，試問甲之行為如何論處？

重點提示：

(一)第一部分

　　先論乙入侵甲之住宅行竊，成立侵入住宅與加重竊盜罪，屬不法入侵。

　　接著討論甲制伏乙之行為(強制罪)，是否屬於正當防衛？

(二)第二部分

　　甲教訓乙卻導致乙死亡之行為，如何論處？是否成立正當防衛？

　　是否屬於有責行為？有無刑法第19條之適用。

8 妨害名譽罪

一 名譽的保護

名譽，是指一個人在社會上應該受到的尊重與評價，而其應有的尊重與評價，與其個人社會地位、人格有相當的關聯性。言論自由雖然是憲法保障的基本自由，卻也不能無限上綱，還是有其界線，超越其界線，即應依法負刑事責任。

實務上曾因為罵別人像是「許 × 美」，或許是許 × 美在社會上的觀感，有些許負面的評價，法院也認為成立公然侮辱罪。此外，臺北縣某知名文理補習班吳姓負責人，因經營不善遷怒妻子，痛罵「像洪 × 柱一樣」。妻子當場寫下被罵的話，要丈夫簽名作證，吳姓男子真的在紙條上簽名，妻子覺得被羞辱，以此作為離婚原因之一，遂向法院訴請離婚獲准。

二 國父孫中山先生的特別立法

我國涉及名譽的罪名散見各章，刑法中主要可以分成一般人、死者，及其他特殊類型。特殊類型中，如友邦元首、外國代表、公務員，甚至於國父孫先生也包括在內，蓋因他是中華民國之父。不過，號稱臺灣之父的李登輝先生，則非妨害名譽罪之客體，或許是因為沒有講過「和平、奮鬥、救臺灣」吧！此外，還有以外國、中華民國、寺觀、教堂、墳墓或公眾紀念處所，為公然侮辱之對象。只是「中正紀念堂」若改名為「自由廣場」，是否還屬於公眾紀念處所，恐怕還值得商榷。

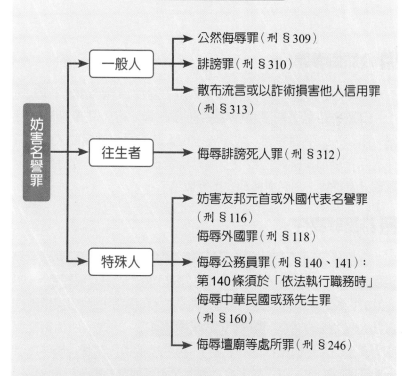

妨害名譽罪之體系

- 一般人
  - 公然侮辱罪（刑§309）
  - 誹謗罪（刑§310）
  - 散布流言或以詐術損害他人信用罪（刑§313）
- 往生者
  - 侮辱誹謗死人罪（刑§312）
- 特殊人
  - 妨害友邦元首或外國代表名譽罪（刑§116）
    侮辱外國罪（刑§118）
  - 侮辱公務員罪（刑§140、141）：第140條須於「依法執行職務時」
    侮辱中華民國或孫先生罪（刑§160）
  - 侮辱壇廟等處所罪（刑§246）

外遇海報張貼案

　　莊女懷疑老公與陳女有一腿，一氣之下，在社區大樓牆壁、路燈、電梯內，張貼內有陳女名字的字條，以「不要臉」、「臭女人」、「偷人老公」等用語辱罵之。陳女一氣之下，就控告莊女，地檢署以妨害名譽罪將莊女起訴。

9 公然侮辱罪及誹謗罪

━ 公然侮辱罪

公然侮辱人者，處拘役或9千元以下罰金。（刑§309 I）

公然，就是使特定或不特定之多數人，得以共見共聞之狀況。所以，公然侮辱罪，就是在一定人數的面前辱罵他人，造成他人名譽受損。例如在電視上罵總統是王八蛋，或者是在網路上罵別人是賤貨，都有可能成立本條罪名。

━ 誹謗罪要件

意圖散布於眾，而指摘或傳述足以毀損他人名譽之事者，為誹謗罪，處1年以下有期徒刑、拘役或1萬5千元以下罰金。（刑§310 I）行為人所指摘或傳述之事，必須具有足以損害被指述人名譽之具體事件內容，始有誹謗行為之可能。行為人所指摘或傳述之事是否「足以毀損他人名譽」，應就被指述人之個人條件以及指摘或傳述內容，以一般人之社會通念為客觀之判斷。

要避免構成刑事上的誹謗罪，一言一行須謹慎之，尤其是所言之內容更應具備「事實」、「公共利益」之要件。

(一)事實：也就是真實性，刑法第310條第3項前段「對於所誹謗之事，能證明其為真實者，不罰。」所謂證明其為真實，是指為誹謗行為者，只要能提出一些事證，證明整件事情是真實的；行為人雖不能證明言論內容為真實，但依其所提證據資料，認為行為人有相當理由確信其為真實者，即不能以誹謗罪相繩。（釋字第509號解釋理由書）

公然侮辱罪及誹謗罪

甲男罵乙女像「許○美」，乙女提出告訴，法院判決甲男成立公然侮辱罪。

公然侮辱的具體判斷

　　是指對人公然貶抑或嘲笑意味，客觀上足以造成人格權之減損。無論係出於語言、文字、圖書、動作……等積極之行為，均無不可，且侮辱之內容須係抽象之指責，如係具體指摘某事實，則有可能該當「誹謗罪」之要件。

　　最常見者，大概就是三字經了，其他像是「神經病」、「不要臉」、「無恥」等。但是，實務上也曾出現許多爭議的內容，例如莊×榮曾經公開表示馬英九「很娘」，亦有可能該當公然侮辱罪之構成要件。此外，扯開邱毅的假髮事件，行為人除強制罪外，也可能成立公然侮辱罪。

㈡公共利益關聯性：是指所說的內容非屬私德，而必須與公共利益有關。例如吳宗憲遭壹週刊報料「打女人」，吳宗憲雖然是公眾人物，但是有沒有掌摑其他人，這件事情並不是與公共利益有關，即便是事實，也是個人隱私保障的範圍，不能隨便將這件事情到處張揚。

此時產生的基本權利衝突（一為誹謗者的言論自由，一為被誹謗者的人格名譽權），若誹謗者之言論，符合真實性及公共利益關聯性之要件，此際言論自由之保護應優先於人格名譽權益維護之價值權衡，立法者特將之排除於誹謗罪之處罰範圍外；而在所為事實陳述不真實或雖真實但僅涉及私德而與公共利益無關的情形，立法者則認為此際的人格名譽權益重於言論自由之價值，故此際侵犯到他人人格名譽法益之言論表現，必須受到刑法之制裁。（釋字第509號解釋蘇俊雄大法官協同意見書）

憲法法庭112年憲判字第8號判決則補充：「表意人雖無法證明其言論為真實，惟如其於言論發表前確經合理查證程序，依所取得之證據資料，客觀上可合理相信其言論內容為真實者，即屬合於上開規定所定不罰之要件。即使表意人於合理查證程序所取得之證據資料實非真正，如表意人就該不實證據資料之引用，並未有明知或重大輕率之惡意情事者，仍應屬不罰之情形。」

上開舊制之大法官會議釋字第509號解釋及憲法法庭112年憲判字第8號判決運用了憲法解釋方法之「憲法取向解釋原則」或「合憲解釋原則」而認美國聯邦最高法院在西元1964年透過蘇利文一案（New York Times Co.v. Sullivan, 376 U.S. 254（1964））所確立之「真正惡意」法則；換言之，凡報導或批評他人行為（尤其是政府官員執行公務行為）的言論，縱使侵害了被報導者之名譽，原則

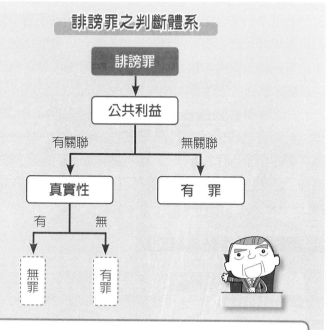

誹謗罪之判斷體系

誹謗罪

↓

公共利益

有關聯 ─── 無關聯

真實性 ─── 有 罪

有 ─── 無

無罪 ─── 有罪

實質惡意原則

　　指發表言論者於發表言論時明知所言非真實，或因過於輕率疏忽而未探究所言是否為真實，則此種不實內容之言論即須受法律制裁。

高手過招

民眾甲前往戶政機關申辦事務時，由於證件不齊備遭到公務員乙拒絕，甲十分不滿，次日假日出遊時，在路上碰到乙，甲即大聲向乙怒罵：「你這個拿人民稅金的米蟲！」對於甲之行為，應論以何罪？　(A)甲成立刑法第309條「公然侮辱罪」　(B)甲成立刑法第310條「毀謗罪」　(C)甲成立刑法第140條「侮辱公務員罪」　(D)甲成立刑法第135條「妨害公務罪」

(A)

【100地方特考五等經建行政-法學大意】

上均為憲法言論自由所保障，即使其言論內容不實，也只有在原告負責舉證行為人具有「明知不實而故意報導或批評，或過於輕率疏忽未善盡查證事實真偽」之「真正惡意」時，行為人誹謗性之言論才會受到法律制裁。

本號解釋及憲法裁判除了大幅度減輕被告舉證責任，更有甚者，將舊實務向例所採取之「客觀真實原則」，轉換成「主觀真實」之「合理確信原則」，只要行為人能證明自己當時確實因為何種因素相信其所散佈之事實為真即可，不需針對內容證明其為「絕對真實」。

三 網路批評餐點真難吃案

某甲到桃園A餐廳用餐，將用餐心得貼在網路上，但多屬負面評價，諸如「普通」、「回流率應該不高」、「味道淡」等，引發店家不滿，遂提出刑法第310條第2項之加重誹謗罪告訴。

【刑法第310條第2項規定】

散布文字、圖畫犯前項之罪者，處2年以下有期徒刑、拘役或3萬元以下罰金。

在部落格上張貼文章，針對自己消費過的餐點，單純評論菜色、服務之優劣，屬於個人主觀性的意見或評論，只要不是情緒性的漫罵而流於人身攻擊者，依據刑法第311條第3款之規定：「對於可受公評之事，而為適當之評論者。」均屬於適當之評論，阻卻違法而不罰。

四　誹謗罪之特殊阻卻違法事由

刑法第311條之規定，針對誹謗罪，規範以善意發表言論，而有下列情形之一者，不罰：

㈠因自衛、自辯或保護合法之利益者。

㈡公務員因職務而報告者。

㈢對於可受公評之事，而為適當之評論者。

㈣對於中央及地方之會議或法院或公眾集會之記事，而為適當之載述者。

此一規定，係法律就誹謗罪特設之阻卻違法事由，目的即在維護善意發表意見之自由。（釋字第509號解釋理由書）有爭議者，在於上開刑法第311條規定以及第310條第3項規定：「對於所誹謗之事，能證明其為真實者，不罰。但涉於私德而與公共利益無關者，不在此限。」兩者該如何區別適用？

釋字第509號解釋吳庚大法官協同意見書，認為刑法第310條第3項規定，屬於陳述事實，故有「真實性」要件之問題；而刑法第311條則屬於發表意見，無所謂真實與否。其內容如下：

按陳述事實與發表意見不同，事實有能證明真實與否之問題，意見則為主觀之價值判斷，無所謂真實與否，在民主多元社會各種價值判斷皆應容許，不應有何者正確或何者錯誤而運用公權力加以鼓勵或禁制之現象，僅能經由言論之自由市場機制，使真理愈辯愈明而達去蕪存菁之效果。

對於可受公評之事項，尤其對政府之施政措施，縱然以不留餘地或尖酸刻薄之語言文字予以批評，亦應認為仍受憲法之保障。蓋維護言論自由即所以促進政治民主及社會之健全發展，與個人名譽可能遭受之損失兩相衡量，顯然有較高之價值。

惟事實陳述與意見發表在概念上本屬流動，有時難期其涇渭分明，若意見係以某項事實為基礎或發言過程中夾論夾敘，將事實敘述與評論混為一談時，始應考慮事實之真偽問題。據此，刑法第311條各款事由，既以善意發表言論為前提，乃指行為人言論涉及事實之部分，有本件解釋上開意旨之適用。

五 言論自由之最大活動空間

　　蘇俊雄大法官認為，再次希望法院及檢察官等相關機關，有責任在個案的法律適用中，貫徹憲法對言論自由高度保障之意旨。除了對於刑法第310條之解釋適用，應依前述解釋意旨嚴格認定誹謗罪之處罰範圍外，更須審慎衡量個案中是否具備第311條所提示之阻卻違法事由及其他可能之超法規事由，俾於權益衡平之前提下，確保言論自由之最大活動空間。（大法官會議第509號解釋之協同意見書）

高手過招

刑法第310條第1項誹謗罪規定：「意圖散布於眾，而指摘或傳述足以毀損他人名譽之事者，為誹謗罪，處1年以下有期徒刑、拘役或5百元以下罰金。」下列有關誹謗罪要件之陳述何者為正確？(A)誹謗之事必須客觀上有散布於眾　(B)條文中之「他人」包含特定及不特定之人　(C)「毀損他人名譽之事」必須為具體之事項　(D)被害人之名譽必須實際上受到毀損　【99三等關務 - 法學知識】	(C)

解析：(A)因為只有意圖散布於眾，意圖是說我想要把這些事情讓大家都知道的主觀意思，並不需要客觀上真的發生。(B)他人，特定之人或可推知之人，不包括不特定之人。(D)「足以」毀損他人名譽之事者，這是危險犯的規定；「致生……」，才是實害犯。

10 妨害秘密罪

一 妨害書信秘密罪

無故開拆或隱匿他人之封緘信函、文書或圖畫者，處拘役或9千元以下罰金。無故以開拆以外之方法，窺視其內容者，亦同。（刑§315）

隨著科技的發展，針孔設備、網路監聽設備更為普遍，為提供當事人更好的保護，遏止違法侵害他人隱私之行為，刑法第315-1條規定：「有下列行為之一者，處3年以下有期徒刑、拘役或30萬元以下罰金：一、無故利用工具或設備窺視、竊聽他人非公開之活動、言論、談話或身體隱私部位者。（例如使用間諜設備偷聽他人會議內容）二、無故以錄音、照相、錄影或電磁紀錄竊錄他人非公開之活動、言論、談話或身體隱私部位者。（例如針孔設備拍攝他人性愛光碟或網路監控程式偷錄他人間社群軟體的談話內容）」

意圖營利供給場所、工具或設備，便利他人為前條第1項之行為者，處5年以下有期徒刑、拘役或科或併科5萬元以下罰金。（刑§315-2 I）例如販賣針孔設備之業者。

意圖散布、播送、販賣而有前條第2款之行為者，亦同。（刑§315-2Ⅱ）

製造、散布、播送或販賣前二項或前條第2款竊錄之內容者，依第1項之規定處斷。（刑§315-2Ⅲ）例如璩美鳳事件，獨家報導將相關光碟片夾在雜誌中，銷售給不特定的大眾。

二 洩漏業務上知悉他人秘密罪

醫師、藥師、藥商、助產士、心理師、宗教師、律師、辯護人、公證人、會計師或其業務上佐理人，或曾任此等職務之人，無故洩漏因業務知悉或持有之他人秘密者，處1年以下有期徒刑、拘役或5萬元以下罰金。（刑§316）

三 洩漏業務上知悉工商秘密罪

依法令或契約有守因業務知悉或持有工商秘密之義務，而無故洩漏之者，處1年以下有期徒刑、拘役或3萬元以下罰金。（刑§317）公務員或曾任公務員之人，無故洩漏因職務知悉或持有他人之工商秘密者，處2年以下有期徒刑、拘役或6萬元以下罰金。（刑§318）例如洩漏民眾財稅資料，以供討債。

無故洩漏因利用電腦或其他相關設備知悉或持有他人之秘密者，處2年以下有期徒刑、拘役或1萬5千元以下罰金。（刑§318-1）例如高科技公司員工洩漏其管理的公司專利電腦資料。

高手過招

以下犯罪所侵害之法益，何者正確？ (A)收受賄賂是侵害社會法益之犯罪 (B)酒醉駕駛是侵害個人法益之犯罪 (C)醫師洩漏病患秘密是侵害個人法益之犯罪 (D)誣告他人犯罪是侵害行政法益之犯罪 【100五等地方特考-法學大意】	(C)

11 妨害性隱私及不實性影像罪

一 性影像之定義

稱性影像者，謂內容有下列各款之一之影像或電磁紀錄：（刑§10 Ⅷ）

(1)第5項第1款或第2款之行為。（①以性器進入他人之性器、肛門或口腔，或使之接合之行為。②以性器以外之其他身體部位或器物進入他人之性器、肛門，或使之接合之行為。）

(2)性器或客觀上足以引起性慾或羞恥之身體隱私部位。

(3)以身體或器物接觸前款部位，而客觀上足以引起性慾或羞恥之行為。

(4)其他與性相關而客觀上足以引起性慾或羞恥之行為。

二 妨害性隱私罪

未經他人同意，無故以照相、錄影、電磁紀錄或其他科技方法攝錄其性影像者，處3年以下有期徒刑。（刑§319-1 Ⅰ）

意圖營利供給場所、工具或設備，便利他人為前項之行為者，處5年以下有期徒刑，得併科50萬元以下罰金。（刑§319-1 Ⅱ）

意圖營利、散布、播送、公然陳列或以他法供人觀覽，而犯第1項之罪者，依前項規定處斷。（刑§319-1 Ⅲ）

前三項之未遂犯罰之。（刑§319-1 Ⅳ）

三 暴力妨害性隱私罪

以強暴、脅迫、恐嚇或其他違反本人意願之方法，以照相、錄影、電磁紀錄或其他科技方法攝錄其性影像，或使其本人攝錄者，

處5年以下有期徒刑，得併科50萬元以下罰金。（刑§319-2Ⅰ）

意圖營利供給場所、工具或設備，便利他人為前項之行為者，處6月以上5年以下有期徒刑，得併科50萬元以下罰金。（刑§319-2Ⅱ）

意圖營利、散布、播送、公然陳列或以他法供人觀覽，而犯第1項之罪者，依前項規定處斷。（刑§319-2Ⅲ）

前三項之未遂犯罰之。（刑§319-2Ⅳ）

四 違法重製散佈等妨害性隱私罪

未經他人同意，無故重製、散布、播送、交付、公然陳列，或以他法供人觀覽其性影像者，處5年以下有期徒刑，得併科50萬元以下罰金。（刑§319-3Ⅰ）

犯前項之罪，其性影像係第319條第一至三項攝錄之內容者，處6月以上5年以下有期徒刑，得併科50萬元以下罰金。（刑§319-3Ⅱ）

犯第一項之罪，其性影像係前條第一至三項攝錄之內容者，處1年以上7年以下有期徒刑，得併科70萬元以下罰金。（刑§319-3Ⅲ）

意圖營利而犯前三項之罪者，依各該項之規定，加重其刑至二分之一。販賣前三項性影像者，亦同。（刑§319-3Ⅳ）

前四項之未遂犯罰之。（刑§319-3Ⅴ）

五 不實性影像罪

意圖散布、播送、交付、公然陳列，或以他法供人觀覽，以電腦合成或其他科技方法製作關於他人不實之性影像，足以生損害於他人者，處5年以下有期徒刑、拘役或科或併科50萬元以下

罰金。(刑§319-4 I)

　　散布、播送、交付、公然陳列，或以他法供人觀覽前項性影像，足以生損害於他人者，亦同。(刑§319-4 II)

　　意圖營利而犯前二項之罪者，處7年以下有期徒刑，得併科70萬元以下罰金。販賣前二項性影像者，亦同。(刑§319-4 III)

　　因網路資訊科技及人工智慧技術之運用快速發展，以電腦合成或其他科技方法而製作關於他人不實之性影像，可能真假難辨，易於流傳，如有意圖散布、播送、交付、公然陳列，或以他法供人觀覽而製作，或散布、播送、交付、公然陳列，或以他法供人觀覽他人不實之性影像，對被害人造成難堪與恐懼等身心創傷，而有處罰必要。

　　製作他人不實性影像之行為手段包括以電腦合成、加工、編輯或其他科技方法，例如以深度偽造技術，將被害人之臉部移接於他人之性影像即屬之。

實務案例　深偽色情影片

　　某網紅是一位平台之直播主，知被害人並無拍攝或錄製含有猥褻(含性交行為)等內容之性私密影像或影片，竟欲藉由合成知名藝人、網紅或政治人物之猥褻影片後，在其粉絲專頁內散布、播送之方式，吸引更多粉絲或追蹤者之加入或關注，藉此增加其網路流量，並從中牟取不法利益，利用「DEEPFACELAB」之程式軟體，透過該軟體之人工智慧模擬演算及深偽技術(Deepfake)進行之人體(人臉)圖(影)像合成，而將被害人臉部特徵，合成至自成人色情網站所購買或下載之日系AV女優色情猥褻影片中，合成並製作出擬真性極高、而幾可亂真之被害人猥褻影片。

六 沒收與告訴乃論

　　第319條之1至前條性影像之附著物及物品，不問屬於犯罪行為人與否，沒收之。(刑§319-5)

　　第319條之1第1項及其未遂犯、第319條之3第1項及其未遂犯之罪，須告訴乃論。(刑§319-6)

竊盜罪、搶奪罪、強盜罪

一 竊盜罪：不知

意圖為自己或第三人不法之所有，而竊取他人之動產者，為竊盜罪，處5年以下有期徒刑、拘役或50萬元以下罰金。（刑§320Ⅰ）竊取，係指破壞他人持有支配關係而置於自己實力支配之下。經濟不景氣的年代，常見許多窮人為了飽餐一頓，跑到便利商店偷取食物，觸犯竊盜罪。

二 搶奪罪：不及

意圖為自己或第三人不法之所有，而搶奪他人之動產者，處6月以上5年以下有期徒刑。（刑§325Ⅰ）例如飛車搶奪大盜，趁婦女剛從銀行提錢出來，騎摩托車從後方將其揹在肩膀上的背包搶走。

三 強盜罪：不能

意圖為自己或第三人不法之所有，以強暴、脅迫、藥劑、催眠術或他法，至使不能抗拒，而取他人之物或使其交付者，為強盜罪，處5年以上有期徒刑。（刑§328Ⅰ）最經典的強盜罪，當屬民國71年李師科持槍搶銀行案，最後遭逮而被執行槍決。

竊盜、搶奪、強盜之區別

不法手段之強度

和平之手段而竊取。
<u>不知</u>

出其不意地趁被害人不備，
遽然使用不法腕力，使其<u>不及抗拒</u>，而強加奪取。

以強暴脅迫行為或他法，致使<u>不能抗拒</u>，而令被害人交付。

實務案例 趁人不備，取走物品

　　某甲趁店員轉身取貨不備之際，取走放至櫃台的照相機，成立竊盜還是搶奪？

　　此種情形，屬於和平竊取之竊盜，而非搶奪。（最高法院69年度台上字第740號刑事判決）而所謂搶奪，是指出其不意地趁被害人不備，遽然使用不法腕力，使其<u>不及抗拒</u>，而強加奪取。至於強盜罪，則是以強脅行為，致使<u>不能抗拒</u>，而令被害人交付，與搶奪是趁人不備而搶奪財物者，並不相同。（最高法院20年度非字第201號刑事判決）

四 準強盜罪與「致使不能抗拒」

強盜罪是先施以強暴脅迫，再進行取財，準強盜罪則是因果順序相反，先取財，再施以強暴脅迫，卻有時空之緊密連接關係，兩種罪行的主觀不法犯意幾無差異。又因為取財行為與強暴、脅迫行為之因果順序相反，客觀上所造成法益之損害卻無二致，而客觀上得予以相同評價。故準強盜罪構成要件行為，雖未如強盜罪之規定，須具備導致被害人或第三人不能抗拒之要件，惟必於竊盜或搶奪之際，當場實施之強暴、脅迫行為，已達使人難以抗拒之程度，其行為之客觀不法，方與強盜行為之客觀不法相當，而得與強盜罪同其法定刑。（最高法院刑事判決97年度台上字第4425號）

> 【刑法第329條】準強盜罪
>
> 竊盜或搶奪，因防護贓物、脫免逮捕或湮滅罪證，而當場施以強暴脅迫者，以強盜論。

五 準強盜罪既遂及未遂之判斷

準強盜罪也有既遂、未遂之判斷，其判斷是以竊盜或搶奪之既未遂與否，作為判斷之標準，亦即竊盜或搶奪既遂者，即論以強盜既遂，竊盜或搶奪未遂者，則論以強盜未遂。

由於準強盜罪之所以要施以強暴脅迫，其原因包括防護贓物、脫免逮捕或湮滅罪證三種，防護贓物代表他人之動產已經在犯罪者的實力支配之下，則既然已經既遂，沒有討論既遂或未遂判斷之餘地，當然論以強盜既遂；另外兩種情況，也就是脫免逮捕或湮滅罪證，則他人之動產可能還未在自己的實力支配之下，就有可能既遂或未遂，才有討論之餘地。

準強盜罪

❶ 甲竊取乙的物品

❷ 被乙發現

❸ 甲為避免被抓，拿刀恐嚇之

不准叫！

❹ 甲被警方逮捕，成為準強盜罪

你被捕了！

準強盜罪	竊盜 or 搶奪 （未遂）	＋	當場施以 強暴脅迫	➡	準強盜罪 （未遂）
	竊盜 or 搶奪 （既遂）	＋	當場施以 強暴脅迫	➡	準強盜罪 （既遂）

刑法第329條之規定旨在以刑罰之手段，保障人民之身體自由、人身安全及財產權，免受他人非法之侵害，以實現憲法第8條、第22條及第15條規定之意旨。立法者就竊盜或搶奪而當場施以強暴、脅迫者，僅列舉防護贓物、脫免逮捕或湮滅罪證三種經常導致強暴、脅迫行為之具體事由，係選擇對身體自由與人身安全較為危險之情形，視為與強盜行為相同，而予以重罰。

　　至於僅將上開情形之竊盜罪與搶奪罪擬制為強盜罪，乃因其他財產犯罪，其取財行為與強暴、脅迫行為間鮮有時空之緊密連接關係，故上開規定尚未逾越立法者合理之自由形成範圍，難謂係就相同事物為不合理之差別對待。經該規定擬制為強盜罪之強暴、脅迫構成要件行為，乃指達於使人難以抗拒之程度者而言，是與強盜罪同其法定刑，尚未違背罪刑相當原則，與憲法第23條比例原則之意旨並無不符。（釋字第630號解釋）

六 強盜罪與恐嚇取財罪之判斷

　　恐嚇取財罪與強盜罪相當類似，但仍然有其差異，例如時間上，恐嚇取財罪是以未來之惡害來恐嚇被害人，而強盜罪則是以現在的危害；手段上，恐嚇取財罪是以恐嚇的方式，被害人仍有意思自由，尚未達到致使不能抗拒之程度，強盜罪則已經達到致使被害人欠缺意思自由之程度，而致使不能抗拒。

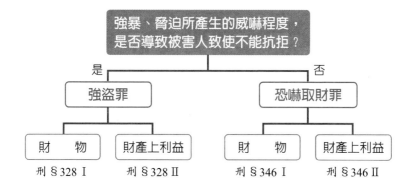

Ⅰ 意圖為自己或第三人不法之所有，以恐嚇使人將本人或第三人之物交付者，處6月以上5年以下有期徒刑，得併科3萬元以下罰金。

Ⅱ 以前項方法得財產上不法之利益，或使第三人得之者，亦同。

Ⅲ 前二項之未遂犯罰之。

七 加重竊盜罪

犯前條第1、2項之罪而有下列情形之一者，處6月以上、5年以下有期徒刑，得併科新臺幣50萬元以下罰金：(刑§321Ⅰ)

㈠ 侵入住宅或有人居住之建築物、船艦或隱匿其內而犯之。

㈡ 毀越門扇、牆垣或其他安全設備而犯之。

㈢ 攜帶兇器而犯之。

㈣ 結夥三人以上而犯之。

㈤ 乘火災、水災或其他災害之際而犯之。

㈥ 在車站、埠頭、航空站或其他供水、陸、空公眾運輸之舟、車、航空機內而犯之。

惟按刑法第325條第1項之搶奪罪，係以意圖為自己或他人不法之所有，而用不法之腕力，乘人不及抗拒之際，公然掠取在他人監督支配範圍內之財物，移轉於自己實力支配下為構成要件。搶奪罪之乘人不備或不及抗拒而掠取財物者，不以直接自被害人手中奪取為限，即以和平方法取得財物後，若該財物尚在被害人實力支配之下而公然持物逃跑，以排除其實力支配時，仍不失為乘人不備或不及抗拒而掠取財物，應成立搶奪罪。申言之，行為人取得動產之行為，如係當場直接侵害動產之持有人或輔助持有人之自由意思，而其所使用之不法腕力，客觀上尚未達完全抑制動產之持有人或輔助持有人自由意思之程度者，應成立搶奪罪。此與行為人取得動產之行為，並未當場直接侵害動產之持有人或輔助持有人之自由意思者，為竊盜罪不同；與行為人取得動產之行為，係當場直接侵害動產之持有人或輔助持有人之自由意思，而其所使用之不法腕力，客觀上已達足以完全抑制動產之持有人或輔助持有人自由意思，亦即客觀上足使該被害人喪失自由意思，而達於不能抗拒之程度者，為強盜罪，亦不相同；不可不辨。檢察官上訴意旨以：被告係以假藉向被害人等問路或借筆或借用電話，而借得被害人之行動電話，繼而趁被害人不備之際，不顧被害人追趕，攜行動電話逃逸，顯見被告係藉詞誘使被害人將行動電話取出供被告暫時使用，然該行動電話仍屬被害人實力支配範圍之內，被告既乘被害人不備之際，公然取走該行動電話逃逸，所為應與刑法上搶奪財物罪相當（此種犯罪態樣與至銀樓佯稱買項鍊，待取得項鍊，趁店主不注意即轉身逃逸之搶奪犯行，並無二致）等語。（96年度台上字第6329號）

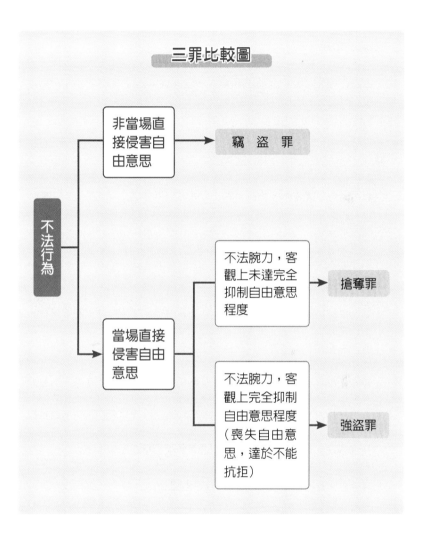

三罪比較圖

高手過招

甲外出忘記帶手機，臨時有急事需與家人聯繫，便向路人乙借手機撥打回家，甲撥打過程中，眼見乙之手機為 iPhone 4S 的賈伯斯紀念機，非常喜愛想要占為己有，遂在打完電話後，趁乙不注意就轉身跑走。試問甲之刑責為何？

解析：

(一)甲可能侵占罪
1. 此際乙之手機雖於甲之手中，惟實際上仍為乙所掌控，故認為該手機仍為乙所持有當中，故無由成立本罪。
2. 惟若退步言之，認此時手機已於甲之持有當中，甲是否仍成立本罪，亦有爭議：
   (1)有論者以為，此時甲係持有乙之物，而易其持有為所有，成立本罪構成要件。
   (2)惟按實務見解及部分學者見解，本罪所謂之「易持有為所有」中所稱之「持有」，須以「基於委託信任關係而持有」者為限。
3. 本案甲向乙借手機，在取得乙之手機在手中之後，突起貪念，然此手機雖然在甲手中，但只是暫時借甲撥打回家，與乙之距離甚近，仍處於乙之實力支配之下，故不成立侵占罪。

(二)甲可能成立搶奪罪或竊盜罪
1. 竊盜罪與搶奪罪，前者為非當場直接侵害持有人自由之意思，而搶奪罪則為當場直接侵害持有人之自由意思，但其不法腕力，在客觀上未達完全抑制持有人自由意思程度。(96年度台上字第6329號)若依據實務見解，甲趁乙不注意之際，突然帶著手機轉身就跑，當然屬於當場直接侵害持有人之自由意思，只是客觀上所存在的不法腕力，還沒有達到完全抑制持有人自由意思之程度，所以只以搶奪罪論處。
2. 惟按學界多數見解，搶奪罪之成立，須以「乘他人不備」，「以不法腕力，對身體攻擊」為要，本案無「以不法腕力，對身體攻擊」之情形，不成立本罪。而竊盜罪只要「以和平方式」、「破壞乙之持有」並「建立自己對手機之持有」即可，並不以「乘被害人不知或不覺」，故依此學說見解，則成立竊盜罪。

(三)結語：學術上之見解認為竊盜為和平手段，搶奪為不法腕力，且有身體攻擊，與實務見解有差距，惟實務上則以有無侵害自由意思為兩者區別之所在。管見以為以身體攻擊為區別容易導致誤解必須要有實體上之攻擊，故宜以實務見解為當，甲成立搶奪罪。

高手過招

刑法第320條第1項規定：「意圖為自己或第三人不法之所有，而竊取他人之動產者，為竊盜罪，處5年以下有期徒刑、拘役或500元以下罰金。」以下有關本項規定之敘述，何者正確？　(A)將他人遺忘在自己家中之物品，據為己有，構成竊盜罪　(B)竊取刑法禁止私人持有之毒品，構成竊盜罪　(C)下雨天誤認在店家門口之他人雨傘為自己的雨傘而取走，構成竊盜罪　(D)隨手拿起別人的筆，於使用後再行歸還，構成竊盜罪　【101初等一般行政-法學大意】	(B)

補充：
刑法第320條第1項罰金部分，現已修改為50萬元以下。

甲將竊得的機車藏匿於隱蔽的倉庫內，再將該機車以低廉的價格轉賣給知情的乙。以下有關甲、乙二人刑事責任之敘述，何者正確？ (A)甲成立「竊盜罪」及「寄藏贓物罪」；乙成立「收受贓物罪」 (B)甲成立「竊盜罪」及「寄藏贓物罪」；乙成立「故買贓物罪」 (C)甲成立「竊盜罪」；乙成立「收受贓物罪」 (D)甲成立「竊盜罪」；乙成立「故買贓物罪」 【101初等一般行政-法學大意】	(D)

甲在餐廳用餐時，利用鄰座客人乙至洗手間如廁之際，將乙放置在椅子上的皮包取走，隨即快速離開餐廳。甲之行為，應論以何罪？ (A)刑法第320條「竊盜罪」　(B)刑法第325條「搶奪罪」　(C)刑法第335條「侵占罪」　(D)刑法第337條「侵占遺失物罪」 【101初等一般行政-法學大意】	(A)

13 侵占罪

一 普通侵占罪

普通侵占罪，是指意圖為自己或第三人不法之所有，而侵占自己持有他人之物者，處5年以下有期徒刑、拘役或科或併科3萬元以下罰金。（刑§335Ⅰ）前項之未遂犯罪之。（刑§335Ⅱ）

二 公務及業務上侵占罪

所謂公務上侵占罪，是指對於公務上或因公益所持有之物，意圖為自己或第三人不法之所有，而侵占自己持有他人之物者，處1年以上7年以下有期徒刑，得併科15萬元以下罰金。（刑§336Ⅰ）

所謂業務上侵占罪，是指對於業務上所持有之物，意圖為自己或第三人不法之所有，而侵占自己持有他人之物者，處6月以上5年以下有期徒刑，得併科9萬元以下罰金。（刑§336Ⅱ）前二項之未遂犯罪之。（刑§336Ⅲ）

三 親屬間侵占罪

第323條及第324條之規定，於本章之罪準用之。（刑§338）

於直系血親、配偶或同財共居親屬之間，犯侵占罪章之罪者，得免除其刑。直系血親、配偶或同財共居親屬之間，或其他五親等內血親或三親等內姻親之間，犯侵占罪章之罪者，須告訴乃論。其他，皆屬非告訴乃論之罪。

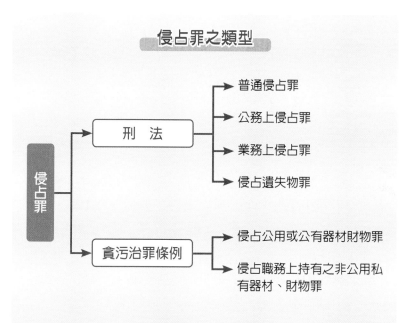

侵占罪之類型

罪　名	處　罰	條　文
侵占公用或公有器材財物罪	處無期徒刑或10年以上有期徒刑，得併科新臺幣1億元以下罰金。	貪污治罪條例第4條第1項第1款
侵占職務上持有之非公用私有器材、財物罪	處5年以上有期徒刑，得併科新臺幣3,000萬元以下罰金。	貪污治罪條例第6條第1項第3款

四 侵占遺失物罪

意圖為自己或第三人不法之所有，而侵占遺失物、漂流物或其他離本人所持有之物者，處1萬5千元以下罰金。（刑§337）

實務見解 灰姑娘：王子侵占罪

知名的童話故事《灰姑娘》中，灰姑娘順利與王子跳舞，在帥哥面前心花怒放，很容易忘了時間，一聽到鐘聲噹噹作響，匆忙甩開王子的手，氣喘吁吁地逃離現場，留下一只高跟鞋。（高跟鞋居然沒有變回來？）當然故事的發展是，王子拿著鞋子找女人試穿，好險不是中國古代的女人，都是小腳，味道不太好。

這個故事涉及到一個法律問題，王子撿到了那雙鞋子，如果很變態，想要聞灰姑娘的腳臭味，就偷偷地把鞋子占為己有，這樣子可以嗎？

國小老師教過一個觀念——「路不拾遺」，撿到錢，要在路邊等，要不然遺失金錢的人會急如熱鍋上的螞蟻。所以，灰姑娘的王子，拿著鞋子到處找失主，這是一個高道德的具體表現。可是，如果留在家中自己「享受」，這種行為則天地不容，我國刑法為了避免類似這種情形發生，特別制定了「侵占遺失物罪」，只不過因為事涉輕微，法定刑最高也只有罰1萬5千元。最常見的案件，就是撿到別人的手機，還自己拿來使用，經查獲就會被處以本條罪刑。

高手過招

某煙酒公司倉庫管理員於某天中午休息時，搬二箱金門高粱酒放在自己車內，下班載回家享用，成立何罪？ (A)竊盜罪 (B)強盜罪 (C)詐欺罪 (D)侵占罪　　　　　　　　【95身心四等】　(D)

解析：竊盜罪，破壞他人的持有支配關係，移轉至自己的持有支配之下；侵占，自己已經實力支配，只是變為以所有之意思而持有。(易持有為所有)

14 詐欺罪

■ 成長迅速的詐欺犯

近十年來財產犯罪人數中，除了竊盜犯罪外，當屬詐欺罪為大宗。從早期利用人性貪婪的金光黨，到近幾年來已經接近表演藝術的ATM詐欺，甚至結合侵入他人網路帳號所進行的網路拍賣詐欺，加上人頭帳戶、車手，以及跨國性犯罪的問題，都成為社會治安的重要隱憂。

■ 詐欺罪的要件

詐欺罪，以虛偽之事，欺騙他人。基本上分成詐欺取財罪以及詐欺得利罪的兩種型態。詐欺罪的主觀構成要件，必須包括詐欺行為之故意、謀取行為人或第三人不法利益之特定意圖。客觀構成要件，必須包括下列要素：

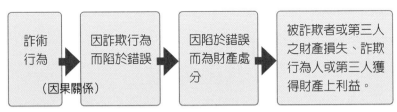

詐術行為 ➡ 因詐欺行為而陷於錯誤 ➡ 因陷於錯誤而為財產處分 ➡ 被詐欺者或第三人之財產損失、詐欺行為人或第三人獲得財產上利益。

（因果關係）

由於所涉及的要件相當多，且須環環相扣，稱有某一要件未能構成，詐欺罪即未能成立。例如許多人因為要討債，就主張不還錢的債務人是惡意詐欺，但大多數的情況仍屬民事債權債務關係，而非刑事詐欺罪。

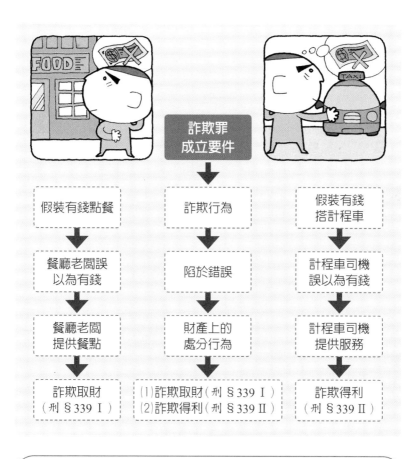

【刑法第339條】

Ⅰ 意圖為自己或第三人不法之所有，以詐術使人將本人或第三人
之物交付者，處5年以下有期徒刑、拘役或科或併科50萬元以
下罰金。

Ⅱ 以前項方法得財產上不法之利益或使第三人得之者，亦同。

Ⅲ 前二項之未遂犯罰之。

三 違法由收費或付款設備取得他人之物罪

　　刑法第339-1條規定，是違法由收費設備取得他人之物罪。按目前社會自動付款或收費設備之應用，日益普遍，如以不正方法由此種設備取得他人之物或得財產上不法利益，不但有損業者權益，而且破壞社會秩序，有加處罰之必要。惟其犯罪情節，尚屬輕微，特增訂處罰專條。例如某甲自助加油後，將信用卡遺留在加油機上，嗣某乙加油時，逕將信用卡插入加油機上之刷卡機感應，而「免費」加油970元，成立本罪。（臺北地方法院98年度簡字第4107號刑事判決）

【刑法第339-1條】

Ⅰ 意圖為自己或第三人不法之所有，以不正方法由收費設備取得他人之物者，處1年以下有期徒刑、拘役或10萬元以下罰金。

Ⅱ 以前項方法得財產上不法之利益或使第三人得之者，亦同。

Ⅲ 前二項之未遂犯罰之。

四 違法由付款設備取得他人之物罪

　　刑法第339-2條規定，是違法由自動付款設備取得他人之物罪。利用電腦或其相關設備犯詐欺罪，為常見之電腦犯罪型態，為適應社會發展需要，爰增列處罰規定。

　　其所謂「不正方法」，係泛指一切不正當之方法而言，並不以施用詐術為限，例如以強暴、脅迫、詐欺、竊盜或侵占等方式取得他人之提款卡及密碼，再冒充本人由自動提款設備取得他人之物，或以偽造他人之提款卡由自動付款設備取得他人之物等等，均屬之。（最高法院94年度台上字第4023號判決參照）

【刑法第339-2條】

Ⅰ 意圖為自己或第三人不法之所有，以不正方法由自動付款設備取得他人之物者，處3年以下有期徒刑、拘役或30萬元以下罰金。

Ⅱ 以前項方法得財產上不法之利益或使第三人得之者，亦同。

Ⅲ 前二項之未遂犯罰之。

五 違法製作財產權之罪

刑法第339-3條規定，是違法製作財產權之罪。以不正方法將虛偽資料或不正指令輸入電腦或其相關設備，為電腦犯罪型態，為適應社會發展需要，爰增列處罰專條。例如曾有某銀行行員冒用客戶名義，透過網路設備虛擬新增數千萬元，並將之提領，即成立本罪。

【刑法第339-3條】

Ⅰ 意圖為自己或第三人不法之所有，以不正方法將虛偽資料或不正指令輸入電腦或其相關設備，製作財產權之得喪、變更紀錄，而取得他人財產者，處7年以下有期徒刑，得併科70萬元以下罰金。

Ⅱ 以前項方法得財產上不法之利益或使第三人得之者，亦同。

Ⅲ 前二項之未遂犯罰之。

六 加重詐欺罪

有鑑於現在假冒政府官員、檢察官、司法警察官的身分，表示要扣押民眾的帳戶，讓單純善良老百姓不察而將帳戶金額提領出來給詐騙者，不但讓民眾財產損失，也降低社會之間的信賴感，更讓政府部門的威信蒙上陰影。為此，立法者特別制定法令將具備此種情形之詐欺罪，加重其處罰。

此外，科技發展迄今，許多網路媒體成為詐欺行為快速傳播的工具，諸如LINE、FACEBOOK等，為此，若透過這些傳播工具對公眾散布而犯詐欺罪者，亦加重處罰之。

【刑法第339-4條】

I 犯第339條詐欺罪而有下列情形之一者，處1年以上7年以下有期徒刑，得併科100萬元以下罰金：

一、冒用政府機關或公務員名義犯之。

二、3人以上共同犯之。

三、以廣播電視、電子通訊、網際網路或其他媒體等傳播工具，對公眾散布而犯之。

四、以電腦合成或其他科技方法製作關於他人不實影像、聲音或電磁紀錄之方法犯之。

II 前項之未遂犯罰之。

七 準詐欺罪

有些情況下雖然沒有施用詐術，但因為被害人知慮淺薄或者是有一些辨識能力不足的情況，還是可以輕易地要求對方交付一定之物，這類型的行為一樣要處罰。

　　2014年立法者修正本條，參酌兒童及少年福利法及聯合國兒童權利公約，係以未滿18歲為特別保護對象，是以將原本20歲之年齡調整為18歲；此外，並加重罰金的部分，從10萬元提高到50萬元。

【刑法第341條】

Ⅰ 意圖為自己或第三人不法之所有，乘<u>未滿18歲人之知慮淺</u>薄，或乘人精神障礙、心智缺陷而致其辨識能力顯有不足或其他相類之情形，使之將本人或第三人之物交付者，處5年以下有期徒刑、拘役或科或併科50萬元以下罰金。

Ⅱ 以前項方法得財產上不法之利益或使第三人得之者，亦同。

Ⅲ 前二項之未遂犯罰之。

---

15 背信罪

一 認識背信罪

背信罪，即為他人處理事務時，違背信義，而加損害於其財產之罪。

(一)客觀構成要件

背信罪之行為人必須有為他人處理事務之義務，亦即基於行為人與被害人間的特定關係所產生之義務。最為常見者，當屬老闆與員工的關係（民法的僱傭關係），例如A公司的員工某甲，替公司賣大樓，大樓市值10億元，但是卻與外人勾結，只賣了1億元，從中抽取大額的佣金，業已違背對於A公司的忠誠義務。（如右頁圖）其他常見者，尚有基於法定代理人的地位，或代為保管財物而隨意處置等均屬之。

前述「為他人處理事務」要件中之「事務」，其種類僅限於處理與財產有關係之事務；與財產以外的事項，並非背信罪之事務。

其次，行為人還必須為「違背其任務之行為」，以及行為結果「致生損害於本人之財產或其他利益」，屬於結果犯。

(二)主觀構成要件

主觀構成要件方面，行為人除對於客觀構成要件有故意之外，尚須有「為自己或第三人不法之利益，或為損害本人之利益」之意圖。

低價賣公司財產

1 甲替A公司賣大樓，市價10億

2 甲居然只賣給乙1億元

3 甲藉此收取高額佣金

4 A公司股東權益受損

【刑法第342條】

Ⅰ 為他人處理事務，意圖為自己或第三人不法之利益，或損害本
人之利益，而為違背其任務之行為，致生損害於本人之財產或
其他利益者，處5年以下有期徒刑、拘役或科或併科50萬元以
下罰金。

Ⅱ 前項之未遂犯罰之。

實務上曾發生一屋二賣案例，第一位買受人控告賣屋者背信罪，法院認為：被告未履行出賣人之義務，而將買賣標的物再出賣於他人，與為他人處理事務有間，因此認為不成立刑法之背信罪。（62 台上 4320）

二 他屬性──為他人處理事務

所謂為他人處理事務，係指受他人委任，而為其處理事務而言，亦即行為人所處理之事務，必須具有「他屬性」，如係屬於自己之事務或工作行為，並非為他人處理事務，自無由構成背信罪。（高等法院 101 年度上易字第 2994 號刑事判決）公司監察人不得兼任公司董事、經理人或其他職員，為公司法所明定之不作為義務。主要是讓監察人能超然行使職權，其內容僅係監察人自己之不作為義務，不具有「為」公司處理事務之內涵，監察人縱違反不得兼職之法定義務，也不會成立背信罪。

中信金控曾打算轉投資兆豐金控，但因擁有的結構債，高度連結兆豐金股權，會影響金管會核准。為排除障礙，辜仲諒等人未經中信董事會決議，將結構債賣給紅火公司，使中信金損失兆豐金股價上漲所產生的近十億獲利，影響投資人權益甚鉅。張明田三人聽命於辜仲諒，為前述犯罪行為，但個人並未獲取任何利益，一審法院依據銀行法之背信罪，分別判刑 7 年 2 月至 8 年不等，2023 年更三審無罪。

16 重利罪

　　這年頭經濟不景氣，很多家庭的狀況都不好，為了維繫生活，有時候是因為罹患疾病、遭逢災變，也可能是貸款繳學費，當然也可能是為了一時自己的娛樂所需，因為信用不好，無法向銀行借到利息比較低的錢，因此跑去找民間的貸款公司，最常見的像是地下錢莊。

　　地下錢莊敢借這些人錢，也知道可能會有收不回來的情況，當然他們也有收款的方式，最常見的就是「暴力討債」，噴漆、潑糞，甚至於毆打、持槍恐嚇等讓人心生畏懼的情況，讓已經很貧窮的人，處於惡性循環的人生中。

　　因此，此次立法特別加以更清楚地規範，除了急迫、輕率或無經驗外，還加上了「難以求助之處境」，並明定重利的範圍，除了利息以外，各種名目的手續費、保管費、違約金及其他與借貸相關之費用，均屬之。

【刑法第344條】

Ⅰ 乘他人急迫、輕率、無經驗或難以求助之處境，貸以金錢或其他物品，而取得與原本顯不相當之重利者，處3年以下有期徒刑、拘役或科或併科30萬元以下罰金。

Ⅱ 前項重利，包括手續費、保管費、違約金及其他與借貸相關之費用。

　　最後，立法者並新增「加重重利罪」，以足以使人心生畏懼之方法取得重利者，加重其處罰。條文如下頁。

【刑法第344-1條】

Ⅰ 以強暴、脅迫、恐嚇、侵入住宅、傷害、毀損、監控或其他足以使人心生畏懼之方法取得前條第1項之重利者,處6月以上5年以下有期徒刑,得併科50萬元以下罰金。

Ⅱ 前項之未遂犯罰之。

高利貸暴力討債

飢寒交迫情況

跑去跟討債集團借錢

沒有錢還債

被討債集團毆打、潑漆

17

恐嚇取財罪 / 擄人勒贖罪 / 贓物罪

一 恐嚇取財

刑法上針對恐嚇態樣的犯罪行為，分別規定在刑法第305條恐嚇罪及第346條的恐嚇取財罪，條文參考如下：

刑法第305條恐嚇罪	以加害生命、身體、自由、名譽、財產之事，恐嚇他人致生危害於安全者，處2年以下有期徒刑、拘役或9千元以下罰金。
刑法第346條恐嚇取財罪	I 意圖為自己或第三人不法之所有，以恐嚇使人將本人或第三人之物交付者，處6月以上5年以下有期徒刑，得併科3萬元以下罰金。 II 以前項方法得財產上不法之利益，或使第三人得之者，亦同。 III 前二項之未遂犯罰之。

兩者的區別，其一為恐嚇態樣的範圍有所不同，刑法第305條規定，僅限於加害生命、身體、自由、名譽、財產之事，刑法第346條則未加以限制。

其次，前者僅針對恐嚇行為加以規範，後者則除了恐嚇行為外，還必須進而為取財行為或得利之結果。

持假槍強盜案

甲持假槍要搶乙的錢

警方剛好到場，將甲逮捕

警方發現甲所持的是假槍

法官要認定是強盜罪？還是恐嚇取財罪？

　　彰化縣一名男子持假槍搶民宅還有加油站被捕，警方依強盜罪嫌移送，但地方法院以嫌犯拿的是假槍而且還被對方認出，並不會讓被害人不可抗拒為理由，改以刑度較輕的恐嚇取財罪判刑，因為刑度差很多，因此檢察官決定上訴。

澎×恰於2003年8月，遭盧×在忠孝東路住處暗藏攝影機拍下自瀆畫面，事後委由叔叔盧×琴出面解決，澎洽洽擔心影帶外流，答應付錢解決，分別被盧×、郭×彬勒索及詐領900萬元、1500萬元得逞。刑事部分高院去年依恐嚇取財等罪，判處盧×2年徒刑、郭×彬3年徒刑確定。本案發生之初，澎×恰委請友人發表聲明指出，本案純粹是「金錢交易」，他「未曾被恐嚇取財」。雖然澎×恰不願意提出告訴，因恐嚇取財屬於<u>非告訴乃論罪</u>，警方仍得以介入偵辦。

實務案例 郭×銘遭臧女恐嚇取財案

臧女與男友黃×平涉嫌以出書方式，揭露「鴻海集團在美國及大陸逃漏稅事件100萬美元」等內容，向郭×銘恐嚇取財3200萬元。

本案審理過程中，法院引用最高法院42年台上字第440號判決意旨參照，認為郭某攜款要交付給被告等人，乃出於警察便利破案之授意，並非因其畏怖心所致，自應仍以未遂罪論處，判處臧女有期徒刑1年10月、黃×平有期徒刑2年。

實務見解　恐嚇罪之心生畏怖與未遂

刑法第346條之恐嚇罪，係以恐嚇使人生畏怖心而交付財物為要件，故其交付財物，並非因畏怖心所致，其恐嚇尚非既遂，上訴人雖於17日以恐嚇使被害人生畏怖心，而被害人於次日攜款前往交付，乃出於警察便利破案之授意，並非因其畏怖心所致，自應仍以恐嚇未遂論科。

（最高法院42年台上字第440號判決）

二 擄人勒贖罪

每個家長都很擔心自己小孩上下學的安全，擔心一個不注意，小孩子就遭歹徒綁走。實務上也發生許多起擄人勒贖的案件，甚至還有兩岸聯手的跨國擄人事件，更有臺商張安薇在馬國遭阿布薩耶夫組織綁架，歷劫36天返臺的恐怖經歷。對此嫌犯即應予以重懲，以避免類似事件發生。

【刑法第347條】

Ⅰ 意圖勒贖而擄人者，處無期徒刑或7年以上有期徒刑。

Ⅱ 因而致人於死者，處死刑、無期徒刑或12年以上有期徒刑；致重傷者，處無期徒刑或10年以上有期徒刑。

Ⅲ 第1項之未遂犯罰之。

Ⅳ 預備犯第1項之罪者，處2年以下有期徒刑。

Ⅴ 犯第1項之罪，未經取贖而釋放被害人者，減輕其刑；取贖後而釋放被害人者，得減輕其刑。

三 贓物罪

常常在電影上看到很多偷寶物的專業竊賊，得手後，要轉手他人以換取現金。實際情況也是如此，也就是所謂的收贓、銷贓等術語。在收贓、銷贓的過程中，可能要委請他人將得手財物運送至指定地點或海外，此時則有搬運、寄藏的行為，送到了買家手中，買家則構成「故買」的要件。

至於「媒介」，在舊法中稱之為「牙保」，這個名詞幾乎現在沒什麼人聽得懂，由於與現實生活嚴重脫節，因此在2014年的修法過程中，就將之改成了「媒介」二字。

【刑法第349條】

I 收受、搬運、寄藏、故買贓物或媒介者，處5年以下有期徒刑、拘役或科或併科50萬元以下罰金。

II 因贓物變得之財物，以贓物論。

【刑法第351條】

於直系血親、配偶或同財共居親屬之間，犯本章之罪者，得免除其刑。

18 毀損罪

一 毀損罪

毀損罪主要是針對物品權利完整性的保護，以遏止他人不法侵害，依據毀損客體的不同，可分成文書、建築物、礦坑、船艦，或其他器物的損害。

罪　名	條　號	條　文　內　容
毀損文書罪	刑§352	毀棄、損壞他人文書或致令不堪用，足以生損害於公眾或他人者，處3年以下有期徒刑、拘役或3萬元以下罰金。
毀損建築物、礦坑、船艦罪	刑§353 I	毀壞他人建築物、礦坑、船艦或致令不堪用者，處6月以上5年以下有期徒刑。
毀損器物罪	刑§354	毀棄、損壞前二條以外之他人之物或致令不堪用，足以生損害於公眾或他人者，處2年以下有期徒刑、拘役或1萬5千元以下罰金。

二 毀損器物罪

毀損器物罪，以使所毀損之物，失其全部或一部之效用為構成要件。實務上曾經發生甲乙兩人拉扯過程中，口袋的縫線鬆脫，法院認為並沒有使該口袋失去盛裝物品之效用，並不成立毀損器物罪。（高等法院97年度上易字第2681號刑事判決）

塗鴉與毀損

塗鴉，是一種青少年的次文化。但是，塗鴉者通常是趁人不備的時候，在他人之外牆或鐵門繪製圖案，造成他人權益受損。只是，塗鴉是否致使牆壁失其全部或一部之效用，而應該成立毀損罪，則仍有疑義。

實務見解 塗鴉

實務上曾有法院認為，所謂毀損者，係指毀棄或損壞他人之物或致令不堪用而言，房屋牆壁上雖有塗鴉，惟尚未損壞牆壁之本體，亦未損及其效用，核與毀損罪之要件不合，自難以該罪相繩。

（士林地方法院94年度易字第762號刑事判決）

另有實務見解認為「……持自備之紅色噴漆，在上址，於公眾得出入之樓梯間，朝丙○○所有之鐵門、木門、3面牆壁、放置在樓梯間之塑膠鞋櫃及鞋子等物塗鴉，並在牆壁明顯處書寫「欠債」等字樣。……致令該處鐵門、木門及牆壁均受有損壞，前揭擺設在樓梯間之鞋櫃及多雙鞋子等物均已不堪使用。」（基隆地方法院94年度基簡字第574號刑事判決）

失其全部或一部之效用

刑法第354條之毀損罪，以使所毀損之物，失其全部或一部之效用為構成要件。被告潛至他人豬舍，投以殺鼠毒藥，企圖毒殺之豬，既經獸醫救治，得免於死，則其效用尚無全部或一部喪失情事，而本條之罪，又無處罰未遂之規定，自應為無罪之諭知。　　　　　　　　　　　（最高法院47年台非字第34號判決）

【本書見解】

有論者針對此實務見解表示：豬隻吃了毒藥，還可以食用嗎？如果已經達到無法食用之程度，難道不構成毀損器物罪嗎？

實務上認為毀損器物罪，必須具備使所毀損之物，失其全部或一部之效用為構成要件。因此，若要認定毒殺豬隻者，成立該條罪名，則還必須舉證證明該豬隻吃了毒藥，其肉體業已無法食用，因其屬於肉豬，所以肉體無法食用，該當「失其全部或一部之效用」之要件；反之，若無法舉證證明之，則應與本案法院之見解相同，而應為無罪之諭知。

實務案例 海協會副會長座車遭攻擊案

某民意代表不滿大陸海協會副會長張銘清來臺，率眾向張某抗議，其中一名激動民眾竟在張某離開時，跳上其座車，不斷上下跳擊，導致其汽車受損。該民眾所為，觸犯了刑法第354條毀損罪。

三 撞傷狗狗，成立什麼罪？

撞傷貓、狗等動物，因為撞傷的對象是物，而非人，所以不成立故意或過失傷害罪，而應該成立毀損罪。如果是過失撞傷，因為毀損罪並不處罰過失，所以也不能以毀損罪相繩，屬於單純的民事賠償責任。

高手過招

甲不小心砸壞乙的電腦，則： (A)甲犯過失毀損罪 (B)甲犯侵權行為罪 (C)甲犯不純正不作為毀損罪 (D)甲不犯罪 【96初等-法學大意】	(D)

解析：上題甲之行為屬過失毀損罪，但過失行為之處罰，以有特別規定為限。刑法第12條第2項有明文規定，而毀損罪並無處罰過失犯，故應選(D)，甲不犯罪。

甲騎機車因車速過快失控，人、車滑到對向車道，撞向乙所駕駛小客車。乙為了閃避甲車，選擇右轉撞向民宅，造成民宅毀損與屋主受傷。以下關於甲與乙行為可能涉及刑事責任之敘述，何者正確？ (A)針對使屋主受傷之行為，乙可主張是業務上之正當行為而不罰 (B)針對使屋主受傷之行為，乙雖可主張緊急避難，但可能避難過當 (C)針對屋主受傷之結果，甲成立故意傷害罪 (D)針對房屋毀損之結果，甲成立過失毀損罪 【99四等身障特考一般行政-法學知識】	(B)

19 損害債權罪

　　欠債還錢，乃天經地義之事。債權人最怕的事情，就是債務人想盡一切辦法不還錢。例如債權人透過司法程序，終於獲得勝訴判決，準備查封拍賣債務人的財產時，才發現債務人早就已經脫產，致使債權人的債權無法滿足。

　　因此，刑法乃制定「損害債權罪」，來規範此種侵害債權人債權的行為，保障債權人之權益。

【刑法第356條】

　　債務人於將受強制執行之際，意圖損害債權人之債權，而毀壞、處分或隱匿其財產者，處2年以下有期徒刑、拘役或1萬5千元以下罰金。

一 債務人

　　犯罪主體須為將受強制執行之債務人，而所謂「債務人」，須依強制執行名義負有債務之人，換言之，依強制執行法取得執行名義之債權人的相對債務人，始足當之。

損害債權罪之共犯

　　許多人幫忙親友脫產，如果這些親友成立侵害債權罪，則幫助脫產者雖然不具備債務人的身分，但是依據純正身分犯之規定，因身分或其他特定關係成立之罪，其共同實行、教唆或幫助者，雖無特定關係，仍以正犯或共犯論。（刑§31 I 本文）因此，也有可能成立侵害債權罪的正犯或幫助犯，不可不慎。

實務上曾發生一起案例，其內容要旨如下：債權人某甲取得執行名義，其債務人為A公司，某乙為A公司的法定代理人，但並不是債務人。某乙於其所營A公司將受強制執行之際，有毀壞、處分或隱匿A公司財產之行為，但既非刑法第356條所指之債務人，且該條又無「法人犯罪，處罰其負責人」之規定，則其所為，尚不合該條罪之要件。

（最高法院90年度台非字第71號刑事判決）

三 將受強制執行之際

條文中之要件「於將受強制執行之際」，係指債權人取得執行名義以後，強制執行程序未曾終結以前之期間而言。（最高法院85年度台非字第92號刑事判決）

債務人若在強制執行實施後，僅將公務員所施之封印或查封之標示予以損壞除去或污穢，並無毀壞處分或隱匿其自己財產之可能，即應構成同法第139條之妨害公務罪，無同法第356條適用之餘地。（最高法院43年度台非字第28號刑事判決）若強制執行業已執行完畢之後，發生糾葛，自與該條規定未符。（最高法院33年度上字第3339號刑事判決）若於執行法院發給債權憑證交債權人收執後，債權人即重新取得強制執行法第4條第1項第6款之強制執行名義，債務人之財產仍處於隨時得受強制執行之狀態，亦該當於刑法第356條所謂「債務人於將受強制執行之際」之要件。（高等法院97年度上易字第780號刑事判決）

20 妨害電腦使用罪章

一 廣義及狹義電腦犯罪

電腦犯罪向有廣義、狹義之分別。

廣義的電腦犯罪，指凡犯罪之工具或過程牽涉到電腦或網路，即為電腦犯罪；狹義的電腦犯罪則專指以電腦或網路為攻擊對象之犯罪。由於廣義之電腦犯罪，我國刑法原本即有相關處罰規定，如網路詐欺適用詐欺罪之規定、網路誹謗適用誹謗罪之規定、無庸重複規定。故刑法第36章「妨害電腦使用罪」章，所規範之妨害電腦使用罪乃指「狹義之電腦犯罪」。

二 刑法第36章「妨害電腦使用罪」章

民國92年6月25日，刑法修正公布施行，特別針對新興電腦犯罪增訂專章，亦即第36章妨害電腦使用罪章。增訂條文中，對於無故入侵電腦系統設備罪（刑§358），以及違反保護電磁紀錄罪（刑§359），無故干擾電腦系統罪（刑§360），以及製作本章犯罪使用電腦程式罪（刑§362），都是規範的犯罪行為。

除了刑法第362條外，其他犯罪態樣為告訴乃論罪。所謂告訴乃論，是指有告訴，執法機關才能進行追訴。但是，許多企業為了維護虛偽的企業形象，通常都隱瞞不報，導致犯罪被無奈地姑息，導致其他受害者持續地發生。

囿於政府機關電腦系統被入侵，往往造成國家機密外洩，有危及國防安全之虞。因此，對公務機關電腦及相關設備犯前三條之罪者，將加重其刑至二分之一（刑§361）。

妨害電腦使用罪章態樣表

第358條 無故入侵電腦系統設備罪	第359條 違反保護電磁紀錄罪
第358～362條 四種犯罪態樣	
第360條 無故干擾電腦系統罪	第362條 製作本章犯罪使用電腦程式罪

公務機關被入侵屬告訴乃論？

　　刑法第363條規定：「第358條至第360條之罪，須告訴乃論。」並沒有包括刑法第361條：「對於公務機關之電腦或其相關設備犯前三條之罪者，加重其刑至二分之一。」則公務機關未提出告訴，法院是否可加以審理？

　　實務上曾發生一名計程車司機入侵法務部網路案，一、二審法院均認為要由法務部提出告訴。最後提起非常上訴，最高法院終於判決認定屬於非告訴乃論罪，而將一、二審認為屬告訴乃論之部分，以違背法令加以撤銷。（參照最高法院97年度台非字第285號刑事判決）

　　另外，刑法第363條之立法理法認為第361條之罪，因公務機關之電腦有加強保護之必要，故採<u>非告訴乃論</u>。

21 無故入侵電腦系統設備罪

一 立法背景

對於無故入侵他人電腦或其他相關系統設備之行為，採取刑事處罰，已是世界各國的立法趨勢。況且，電腦系統遭惡意入侵後，網管人員須耗費大量之時間、物力進行檢查，始能確保電腦系統之正常運作。因此，這種行為之危害性相當高，已經可以達到以刑事制裁遏止犯罪之必要性。

【刑法第358條】

無故輸入他人帳號密碼、破解使用電腦之保護措施或利用電腦系統之漏洞，而入侵他人之電腦或其相關設備者，處3年以下有期徒刑、拘役或科或併科30萬元以下罰金。

二 構成要件判斷

㈠無故：是指沒有正當理由。

㈡下列行為之一：

⑴輸入他人帳號密碼：例如隔壁同事從網路上得到一張林志玲最新的宣傳照，但就是不願意分享給其他同事。趁其上廁所之際，跑到其座位上，但必須輸入螢幕保護密碼，遂翻找其桌面，果然其將密碼貼在螢幕側面，輸入之後即進入電腦系統中，成功複製林志玲的檔案。

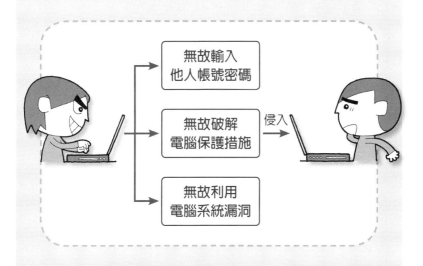

無故入侵電腦系統設備罪構成要件示意圖

無故輸入
他人帳號密碼

無故破解
電腦保護措施

侵入

無故利用
電腦系統漏洞

侵入

本罪必須要入侵他人之電腦或其相關設備，如果只是攻擊，但尚未達到入侵的結果，因本罪不處罰未遂犯，所以並不成立本罪。例如一直以「暴力破解法」輸入他人帳號密碼，欲進入他人之系統，但一直無法破解成功，則尚未成立本罪。

過失侵入無線基地台

現在無線基地台的應用相當廣泛，許多人在自家架設無線基地台上網，附近住戶有時候在搞不清楚的狀況下，連上隔壁鄰居的系統，使用他人網路頻寬，符合本罪之客觀構成要件。本罪目前並未處罰過失犯，而過失犯以法律有明文規定者為限，故此種非故意侵入他人無線網路之行為，並不構成本罪。

⑵破解使用電腦之保護措施：例如電腦系統有安裝防火牆、
　入侵偵測系統，如同大樓的圍牆與監視器，入侵者避開這
　些設備而入侵電腦設備者，即構成本罪。

⑶利用電腦系統之漏洞：例如微軟系統有許多漏洞，必須連
　線更新進行patch（修補），此時攻擊者趁還未patch之前，
　利用此一漏洞進行零時差攻擊而入侵，即構成本罪。

㈢入侵：若尚未入侵，則不成立本罪。

三 刑責過輕

　　此種犯罪行為，最高刑僅得以處3年以下有期徒刑，這樣子的
法定刑度似乎過輕，實務上更是少見有重判的結果，結果導致犯
罪事件層出不窮，小駭客短短幾年，就變成了老駭客。因為，沒
有駭客懼怕這幾條刑罰的規範，本章其餘犯罪行為，法定刑之最
重本刑不過也5年而已，難以遏止網路犯罪之猖獗。

名詞解釋 零時差攻擊

　　有許多系統漏洞，從發現到系統設計商撰寫程式解決問題之
前，有一段時間差，攻擊者利用此時間差進行攻擊，稱之為零時
差攻擊（zero-day attack）。

22 違反保護電磁紀錄罪

一 違反保護電磁紀錄之行為

本條文規範三種行為：無故取得、刪除、變更電磁紀錄。如無故取得同事的林志玲數位照片，即屬於本條犯罪行為。常見的像是商業間諜竊取機密資料，也是構成無故取得，其他像是惡意刪除電腦中的檔案，或者是為了逃避執法機關的追查，而竄改電腦稽核紀錄檔，都分別成立無故刪除、變更電磁紀錄。

【刑法第359條】

無故取得、刪除或變更他人電腦或其相關設備之電磁紀錄，致生損害於公眾或他人者，處5年以下有期徒刑、拘役或科或併科60萬元以下罰金。

二 實害犯

本條與第360條、第362條，都須「致生損害於公眾或他人」，如果沒有造成公眾或他人的損害，是不成立這條罪名。很多攻擊者侵入他人系統後，為了掩飾自己的入侵行為，竄改系統的電腦稽核紀錄。被發覺犯行後，辯稱受害者只是刪除幾筆電腦稽核紀錄，並沒有受到損害。這種見解並不正確，因為損害並不限於實質上可見的財產損害，若因為電腦稽核紀錄的篡改，導致系統不受到信任，此種可信度之破壞也算是損害的一種，如同跳票被記上一筆信用不良的紀錄。

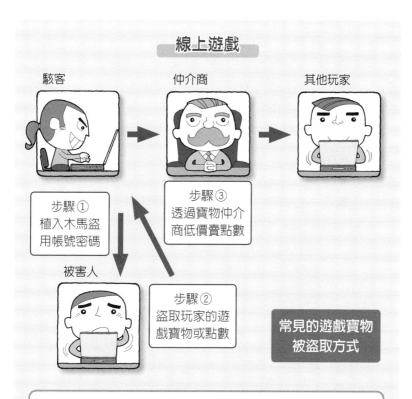

線上遊戲

駭客　　　　　　仲介商　　　　　　其他玩家

步驟①
植入木馬盜
用帳號密碼

步驟③
透過寶物仲介
商低價賣點數

被害人

步驟②
盜取玩家的遊
戲寶物或點數

常見的遊戲寶物
被盜取方式

　　許多駭客入侵玩家帳號、盜取點數後，也通常會透過寶物仲介商，以低價販售點數，導致被盜玩家向遊戲業者申訴，購買到這種「贓物」的點數，也慘遭遊戲業者停權或將點數「沒收」，引發許多爭議。

　　最常見的入侵方式，通常是玩家被植入木馬，導致線上遊戲的帳號密碼被知悉，使遊戲寶物或點數遭盜用。因為入侵者多為彼岸的犯罪集團，導致犯罪追查不易（如上圖）。

三 開心農場偷菜有罪嗎？

開心農場，是2008年臉書（Facebook）曾經提供的一種遊戲，透過種菜、養動物，在網路建構起自己的莊園。為了增進朋友間的互動，允許玩家間互相竊取蔬菜、水果、雞蛋、牛奶、豬肉等。被竊取者可以利用系統提供的資訊，瞭解竊取者的身分，被竊者也可以到竊取者的農場，來個竊取的動作。反之，如果不想要做出竊取他人農產品的「違法行為」，也能夠幫忙澆澆水、除雜草、殺害蟲，做些有益朋友農田的「無因管理」行為。

此種遊戲中的偷菜作為也引起爭議，有某警察機關曾誤以為此行為業已觸犯刑法第359條違反保護電磁紀錄罪，該當無故取得電磁紀錄之要件。為何此種行為不構成犯罪？

主要原因在於此種偷菜的行為，是開心農場遊戲規則中所允許的作為，任何人在玩此一遊戲之際，也都瞭解到自己的菜可能被偷，也可以去別人的農場偷菜，並不構成「無故」的要件，也就是其偷菜的行為是有正當理由。即便構成要件階段均成立，違法性階段，還是可以主張超法規阻卻違法事由中的「被害人同意或承諾」，而阻卻其違法。因此，若是因為玩遊戲中的偷菜行為，就認為觸犯刑法第359條違反保護電磁紀錄罪，恐怕係嚴重之誤解。

名詞解釋 無故取得

所謂「無故」，係指無正當權源或正當事由，依立法意旨本即包括「無正當理由」、「未經所有人許可」、「無處分權限」或「違反所有人意思」、「逾越授權範圍」等；而所謂「取得」，則為透過電腦等科技之使用，將他人電磁紀錄移轉為自己所有。

（臺北地方法院106年度訴字第443號刑事判決）

開心農場偷菜有罪嗎？

等菜園中的植物成熟時，即可以讓
臉書（Facebook）的朋友偷取。

顯示母雞下了55顆雞蛋，自己偷過一顆，
剩下54顆雞蛋。

高手過招

A食品公司開發部門的經理甲為了謀求自己之利益，明知契約明訂不得洩密，仍決定將新產品的配方賣給競爭對手B公司的經理乙。甲於某日加班時，趁公司無人，從自己負責管理的保險櫃中，將存有該新產品配方之情報的光碟片取出，用公司的電腦複製到自己的光碟片中，並將原光碟片放回，將複製後的光碟片帶走。隨後，甲與乙見面，乙雖根本沒有給付對價的意思，卻假意表示要當場用電腦看一下內容，再來決定要不要買。待甲從公事包中拿出光碟放在桌上，乙拿起光碟片轉身就跑，甲無法追上。問甲、乙的刑責如何？　　　　　　　　　【99司法特考四等書記官-刑法概要】

破題重點： 本題中，刑法第36章妨害電腦使用罪章為其中考點之一。

申論寫法： 順序上先論甲，再論乙。由於甲乙涉及相當多的罪嫌，必須一一論述之，也代表本題主要是考對於刑法分則相關罪名的熟悉程度；但是，也因為涉及到相當多的罪名，時間掌握上必須控制好，如果每一個罪名都寫得太詳細，恐怕難以寫完，所以每個考點都要掌握到核心，千萬不要寫了半天，都是一些廢話，不是典試委員所要考的重點。

解析：

(一)甲之罪責：

1. 成立刑法「洩漏業務上知悉工商秘密罪」(內容解釋中會提到刑法第317條)：
依法令或契約有守因業務知悉或持有工商秘密之義務，而無故洩漏之者，成立刑法第317條規定之洩漏業務上知悉工商秘密罪。甲身為A食品公司開發部門的經理，且明知契約明訂不得洩密，負有守密之義務，卻仍將新產品的配方賣給競爭對手B公司的經理乙，該當本罪(前面已經提過，且罪名非常長，不需要再浪費時間寫一遍)之構成要件，又無阻卻違法及罪責事由，故成立本罪。(這是三段論的寫法，如果有時候時間真的不夠，法令介紹的大前提可以省略)

2. 成立刑法「背信罪」：為他人處理事務，意圖為自己或第三人不法之利益，或損害本人之利益，而為違背其任務之行為，致生損害於本人之財產或其他利益者，成立刑法第342條之背信罪。甲身為A食品公司開發部門的經理，對於新產品的配方於契約上有守密之義務，卻將之複製帶走後，意圖為己之利益販售給競爭公司而為違背守密之義務，業已破壞A公司新產品配方的秘密性，該當本罪之構成要件，又無阻卻違法及罪責事由，故成立本罪。

3. 構成刑法「無故取得電磁紀錄罪」：(聯發科與晨星案即涉及此部分之爭議，實務見解偏向於不成立本罪)

   (1)無故取得、刪除或變更他人電腦或其相關設備之電磁紀錄，致生損害於公眾或他人者，該當刑法第359條無故取得電磁紀錄罪。有學者(蔡蕙芳)認為本罪之無故取得，以無權侵入系統為前提，由此而接觸、刺探到未獲授權存取之電磁紀錄，並將電磁紀錄予以複製而言。(臺北地院97易500刑事

高手過招

　　判決）因此認為甲取得該等電磁紀錄，係從其職務上持有保管之保險櫃中取出，交付給競爭廠商，並非無權侵入系統，故不成立本條罪名。

　　(2)然吾人以為本罪並未以無權侵入系統為要件，故即便是合法持有與保管，卻將該電磁紀錄另行燒錄、轉寄到公司外之個人信箱，若無正當理由，均該當本罪。

　　(3)本案中甲將該資料燒錄為光碟，又有意販售給某乙，最後乙所取得，使得A公司重要營業秘密遭競爭對手取得，實已造成其商業秘密或智慧財產權之秘密性遭到破壞，該當本罪之構成要件，又無阻卻違法及罪責事由，故成立本罪。

4. 競合：甲一行為侵害A公司之財產法益，成立數罪名，屬法條競合，從一重刑法第359條「無故取得電磁紀錄罪」處斷。(有認為侵害數法益，即財產法益、秘密法益，而認為依想像競合從一重處斷)

㈡乙之罪責：

1. 乙不構成刑法第339條詐欺取財罪：

　　(1)意圖為自己或第三人不法之所有，以詐術使人將本人或第三人之物交付者，成立刑法第339條之詐欺取財罪，本罪須行為人施有詐術，導致被害人陷於錯誤，並因該錯誤而將本人或第三人之物交付，致使財產上造成損害，始成立本罪。

　　(2)甲雖將該物放在桌上，讓某乙用電腦看一下內容，尚未為交付之行為，故不成立本罪。況且乙根本沒有給付對價的意思，主觀上本想要趁甲持有光碟片之鬆弛狀況而取走，不具有詐欺取財之主觀犯意，故不成立本罪。

2. 乙構成竊盜罪，不構成搶奪罪

　　(1)某乙究竟應成立竊盜罪或搶奪罪，容有爭議。蓋竊盜罪係以和平之手段而竊取，而搶奪罪則是出其不意地趁被害人不備之際，遽然使用不法腕力，使被害人不及抗拒，而強加奪取。故若屬和平取得而非具備不法腕力，則僅論以竊盜罪。

　　(2)本案中，乙趁甲從公事包中拿出光碟放在桌上之際，取得後轉身就跑，甲無法追上，在取得過程中並未遽然使用不法腕力，而是從桌上和平地取得至自己的手上，再轉身跑走，屬於以和平之手段而竊取，應成立刑法第320條之竊盜罪。

甲、乙二人相約至網咖上網玩天堂遊戲，嗣甲窺見乙之帳號及密碼，趁乙外出用餐時，輸入乙之帳號及密碼，將乙在天堂遊戲中之天幣及寶物全部轉給自己的角色，試問甲是否成立犯罪？如有，又成立何罪？並請敘明理由。　　　　　　【99四等基警行政警察-刑法概要及刑事訴訟法概要】

23 無故干擾電腦系統罪

一 干擾

本罪的重點在於「干擾」二字。最常見的就是阻斷服務攻擊（DoS）或分散式阻斷服務攻擊（DDoS）等癱瘓網路攻擊手法。本條罪名也必須要構成「致生損害於公眾或他人」之要件，以免刑罰範圍過於擴張。

【刑法第360條】

無故以電腦程式或其他電磁方式干擾他人電腦或其相關設備，致生損害於公眾或他人者，處3年以下有期徒刑、拘役或科或併科30萬元以下罰金。

二 Ping測試

正常ping測試，好比是敲別人家的大門，透過回傳的資訊，可以知道這戶人家有沒有人。一般的ping，因為封包量很小，並不會造成系統的不正常運作。可是，如果刻意傳送大量的封包，導致系統塞車，就好比召集大量紅衫軍包圍總統府，讓交通癱瘓的結果是一樣，就會構成本罪。

三 砸毀電腦

另外，砸毀電腦，文義上也勉強可以解釋成干擾。因此，有必要將干擾的實質內容，透過立法的方式加以限縮，故條文加上「以電腦程式或其他電磁方式」作為限制。

臺鐵訂票系統案

臺鐵訂票系統案，最早發生在94年的國慶日，許多民眾想要訂票搭火車回家，總是被別人搶先一步。如果從臺北買站票搭火車回高雄，可能就要站著4、5個小時。為什麼訂不到票呢？調查局追查出來原來是有人使用訂票程式。這一種程式設計之原始初衷，是因為網路訂票要填寫的資料太多，為了避免填寫錯誤而重填的結果，而設計出來貼心的程式。但發展到後來，卻變成能短時間、快速大量訂票的程式，讓不肖人士能夠利用此種程式，而享有訂票過程不公平的立足點。

註解：阻斷服務攻擊（Denial of Service，DoS）或分散式阻斷服務攻擊（Distributed Denial of Service，DDoS）拒絕服務，都是利用網路通訊協定的弱點，短時間內傳送大量封包，致使電腦系統負荷過重而無法提供服務、發生錯誤或系統當機的結果。

24 製作本章犯罪使用 電腦程式罪

■ 製作本章犯罪使用電腦程式罪

電腦病毒，是電腦、網路發展的一大夢魘。過去，多以破壞式、散布式為主，例如早期的「梅莉莎」、「Code Red」等；現在則以偷竊資料的木馬程式為流行。無論是何種惡意程式，都對電腦系統產生極大的危害，以及重大之財產損失，也會構成「致生損害於公眾或他人」之要件。

市場上有許多程式，也可以達到入侵系統之目的，但大多適用在電腦網路系統問題之診斷、監控，屬於資訊安全管理之正當目的，設計者並不會違反本條罪名。因此，本條文規範的犯罪行為，僅限於製作專供犯本章之罪的電腦程式，其他情況並不成立本罪。

【刑法第362條】

製作專供犯本章之罪之電腦程式，而供自己或他人犯本章之罪，致生損害於公眾或他人者，處5年以下有期徒刑、拘役或科或併科60萬元以下罰金。

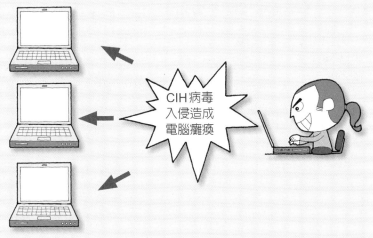

CIH病毒

　　1999年4月26日發作之「CIH病毒」，造成全球6千餘萬台電腦當機癱瘓，全世界的損失實在難以估計。最後，發現設計這支程式者，居然是一位來自臺灣，當時就讀大同工學院的學生陳×豪。

　　在知名的資訊安全廠商F-SECURE網站上，即看到CIH的專屬網頁，來源（ORIGIN）還顯示是臺灣（Taiwan）。這一起知名的案例，也成為當初制定本法的立法理由。

參考網址：http://www.f-secure.com/v-descs/cih.shtml

三 手機竊聽程式

　　例如有不肖人士，專門替別人撰寫監聽他人私密網路行為的抓猴程式，包括聊天內容、瀏覽網頁、電子郵件內容等。許多夫妻、男女朋友欲瞭解另一半有沒有不忠的行為，就會向這些不肖人士購買程式。這種設計程式的行為，因為是讓竊聽者能取得另一半的電磁紀錄，甚至於取得他人密碼而入侵電子郵件等系統，因此設計者構成本條罪名。

第七篇

犯罪者的處遇

1

刑之執行

一 刑之執行

刑之執行，分成主刑與從刑之執行。

主 刑	從 刑
死刑	褫奪公權：顏清標違反槍砲彈藥刀械管制條例入監服刑，但未被褫奪公權，所以仍具有立委資格。
無期徒刑	
有期徒刑	
拘役	
罰金	

實務案件 劉×英發監執行案

　　許多名人因案入獄執行，都染上了「入監併發症」，全身上下該痛的都在關鍵時刻發作。劉×英，這位當年不輸關羽氣魄的大掌櫃，卻因近「獄」情怯，在媒體面前演出一場尷尬的破病戲碼。劉某的刑期並不重，大約1年就可出來了。但是，入監的前夕血壓還是高到230幾，讓世人看盡其脆弱。顏×標，因為違反槍砲彈藥刀械管制條例，而要入獄服刑。也與劉×英一樣，似乎染上了入監併發症，心臟有了毛病，關鍵時刻開了刀，拖了一陣子才入獄服刑。

司法階段流程圖

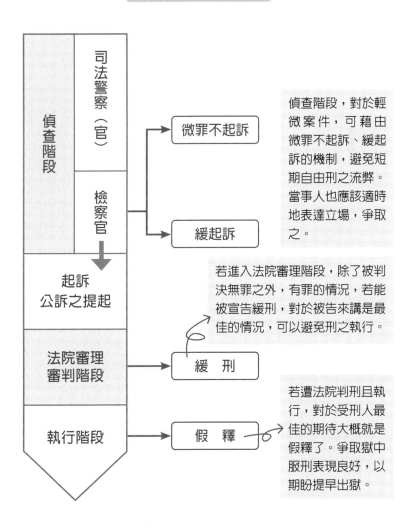

偵查階段，對於輕微案件，可藉由微罪不起訴、緩起訴的機制，避免短期自由刑之流弊。當事人也應該適時地表達立場，爭取之。

若進入法院審理階段，除了被判決無罪之外，有罪的情況，若能被宣告緩刑，對於被告來講是最佳的情況，可以避免刑之執行。

若遭法院判刑且執行，對於受刑人最佳的期待大概就是假釋了。爭取獄中服刑表現良好，以期盼提早出獄。

入監併發症，通常症狀稍為輕微，畢竟要關多久都已經確定了。一窮二白者，關進監獄還有牢飯可吃，感覺上倒也還好，但藝人、政治人物，或其他知名人士，平常站在青雲之上，笑看人間貧苦，突然跌落雲端，若心臟不夠力，恐怕併發症接踵而來。

二 執行檢察官

　　執行裁判，原則由為裁判法院之檢察官指揮之，通常由地檢署執行科的檢察官為之。

　　臺南市議長黃×文因涉及恐嚇及妨害自由罪，被判刑8個月15天，因獲減刑之故，降至6個月以下。判刑確定後，承辦檢察官曾上簽呈「不准易科罰金，應發監執行」；但是，執行科檢察官認為是否易科罰金是其職權，仍堅持將之易科罰金，引發社會譁然。

高手過招

關於有期徒刑加減之規定，下列何者正確？　(A)本刑僅加減其最高度　(B)本刑僅加減其最低度　(C)本刑其最高度及最低度同加減　(D)本刑由法官自由裁量　【106司特四等-法學知識與英文】	(C)

難收矯正之效或難以維持法秩序……

刑法總則有關執行之重要規定

條　號	內容摘要
刑§9	外國確定裁判執行後
刑§37	宣告褫奪公權期間之起算
刑§41	易科罰金或易服社會勞動
刑§42	罰金之執行
刑§43	易以訓誡
刑§44	易科罰金、易服社會勞動、易服勞役或易以訓誡之執行
刑§47～48	累犯之定義
刑§51、53～54	數罪併罰之執行
刑§74、75-1	緩刑之執行
刑§77、79～79-1	假釋之要件
刑§84～85	行刑權之時效
刑§86～93、95、98～99	保安處分

2 緩刑

一 緩刑

緩刑，讓受刑人暫時不必服刑，可以避免短期自由刑的弊病。緩刑，須「未曾因故意犯罪受有期徒刑以上刑之宣告」，或「前因故意犯罪受有期徒刑以上刑之宣告，執行完畢或赦免後，5年以內未曾因故意犯罪受有期徒刑以上刑之宣告」，而受2年以下有期徒刑、拘役或罰金之宣告，認以暫不執行為適當者，得宣告2年以上5年以下之緩刑。（刑§74Ⅰ）

若緩刑期滿，而緩刑之宣告未經撤銷者，原則上其刑之宣告失其效力。（刑§76本文）

緩刑之效力不及於從刑、保安處分及沒收之宣告。（刑§74Ⅴ）

> **實務案件** 稻×前總務長撞死女學生案
>
> 某學院林姓前總務長，涉嫌酒後駕車，在學校附近撞死兩名剛下課女學生，嘉義地方法院審結，審酌被告為人師表卻酒後駕車，造成學生死亡，但考量與被害人家屬和解，賠償完畢，判處有期徒刑1年6個月，緩刑4年。

二 緩刑之附加條件

緩刑宣告，得斟酌情形，命犯罪行為人為下列各款事項（刑§74Ⅱ）：

㈠向被害人道歉。

撤銷緩刑宣告的情形

條號	罪名	條 文 內 容	
刑§75 應撤銷	緩刑期內	因故意犯他罪，而在緩刑期內受逾6月有期徒刑之宣告確定者。	放了你，居然還是不學好犯重罪。
	緩刑前	因故意犯他罪，而在緩刑期內受逾6月有期徒刑之宣告確定者。	原來你真的很壞，以前犯重罪，現在才發現。
刑§75-1 得撤銷	緩刑前	因故意犯他罪，而在緩刑期內受6月以下有期徒刑、拘役或罰金之宣告確定者。	原來你以前還有其他罪，看起來緩刑對你應該沒效。
	緩刑期內	因故意犯他罪，而在緩刑期內受6月以下有期徒刑、拘役或罰金之宣告確定者。	放了你居然還犯輕罪或過失。
	緩刑期內	因過失更犯罪，而在緩刑期內受有期徒刑之宣告確定者。	居然過失更犯罪，看來緩刑對你無效。

違反第74條第2項第1款至第8款所定負擔情節重大者。（如前頁）

足認原宣告之緩刑難收其預期效果（刑§75-1之共同要件）。

㈡立悔過書。

㈢向被害人支付相當數額之財產或非財產上之損害賠償。

㈣向公庫支付一定之金額。

㈤向指定之政府機關、政府機構、行政法人、社區或其他符合
公益目的之機構或團體，提供40小時以上240小時以下之義
務勞務。

㈥完成戒癮治療、精神治療、心理輔導或其他適當之處遇措施。

㈦保護被害人安全之必要命令。

㈧預防再犯所為之必要命令。

　　犯罪輕微，符合緩刑之要件者，為了避免短期自由刑之流
弊，可能犯罪者在監獄中會愈學愈壞，而給予緩刑之處分。但是
此種緩刑的處分，對於犯罪者的處罰只有時間的鉗制，規範在一
定期間中不得再行犯罪的心理上強制，實質上並沒有達到撫慰被
害人，或是填補國家、社會所受到無形或有形的傷害。

　　上開刑法第74條第2項規定，主要是仿效刑事訴訟法之緩起
訴規定，讓法院對此等犯罪者，在享有司法制度給予的緩刑「福
利」之下，還能承受一定的負擔，而對被害人或國家、社會有所
「回饋」。

實務案例 黃 × 靚 2 億元緩刑案

　　黃×靚，因涉及洗錢案，一審判處1年8月有期徒刑，罰金1億5千萬，宣告緩刑，但是附有條件，並須向公庫支付2億元。(臺北地方法院95年度矚重訴字第4號刑事判決、97年度金矚重訴字第1號刑事判決、98年度矚訴字第2號刑事判決)

　　此判決雖然給予黃×靚緩刑，但是附帶有須向公庫支付2億元，如果黃女不支付2億元，即必須要入獄服1年8月的有期徒刑，而且還要繳納罰金1億5千萬(罰金如易服勞役，以罰金總額與6個月之日數比例折算)。黃女事後表示拿不出來2億元，當然可以推論也拿不出來1億5千萬。所以，若以一審判決觀之，其應處1年8月的有期徒刑，以及易服勞役的6個月。

　　高院二審將二人大幅度減輕刑期及罰金，陳×中改判1年2個月，併科罰金3千萬元；黃×靚改判1年徒刑，併科罰金2千萬，緩刑4年，並支付公庫1千萬元。(審理中)

高手過招

關於緩刑宣告撤銷之敘述，下列何者錯誤？　(A)緩刑期內因故意犯他罪，而在緩刑期內受逾六月有期徒刑之宣告確定者，撤銷其宣告 (B)緩刑前因故意犯他罪，而在緩刑期內受逾6月有期徒刑之宣告確定者，撤銷其宣告　(C)緩刑宣告撤銷之聲請，於判決確定後1年內均得為之　(D)撤銷緩刑，須於緩刑期內為之	(C)

【105普考-法學知識與英文】

解析：
刑法第75條應撤銷之情形，撤銷之聲請，於判決確定後6月以內為之。(刑§75Ⅱ)
刑法第75-1條第1項第1款至第3款(不包含第4款)得撤銷之情形，撤銷之聲請，於判決確定後6月以內為之。(刑§75-1Ⅱ)

父親失智，犯了兩次竊盜罪

筆者父親105年輕度失智時，因在超商拿了兩罐飲料沒付錢，被法院判處竊盜罪，科處罰金，但給了緩刑2年，所以當時不必繳罰金；沒想到隔年又拿了不明鄰居的腳踏車，這時已經有了輕度失智的醫院證明，但還是認了罪，這次無法緩刑，繳了罰金。

只是緩刑期內故意犯他罪，在緩刑期內受罰金之宣告確定者，依據刑法第75-1條規定，檢察官聲請撤銷緩刑之宣告，後來法院考量父親失智的狀況，認為尚難僅因受刑人於緩刑期內故意再犯竊盜罪，在緩刑期內受罰金之宣告確定，即認原宣告之緩刑難收預期效果，而有執行刑罰之必要，因此駁回檢察官聲請撤銷緩刑之宣告。

高手過招

精神狀況正常之人受緩刑宣告，於緩刑期間內得如何處置？　(A)應交付保護管束　(B)得交付保護管束　(C)應施以監護處分　(D)得施以監護處分　　　　　　　　　【99初等一般行政-法學大意】	(B)

解析：刑法第93條規定
Ⅰ受緩刑之宣告者，除有下列情形之一，應於緩刑期間付保護管束外，得於緩刑期間付保護管束：
一、犯第91-1條所列之罪者。
二、執行第74條第2項第5款至第8款所定之事項者。（包括五、向指定之政府機關、政府機構、行政法人、社區或其他符合公益目的之機構或團體，提供40小時以上240小時以下之義務勞務。六、完成戒癮治療、精神治療、心理輔導或其他適當之處遇措施。七、保護被害人安全之必要命令。八、預防再犯所為之必要命令。）
Ⅱ假釋出獄者，在假釋中付保護管束。

高手過招

刑法有關緩刑的敘述,以下何者錯誤? (A)受2年以下有期徒刑、拘役或罰金之宣告,方可能被宣告緩刑 (B)法官為緩刑宣告時,得斟酌情形,要求受緩刑宣告之被告向被害人道歉 (C)緩刑之期間自法院宣示判決之日起算 (D)緩刑之期間為2年以上5年以下 【99四等基警行政警察-法學緒論】	(C)
依刑法關於「緩刑」的規定,下列敘述何者錯誤? (A)行為人之犯行受2年以下有期徒刑、拘役或罰金之宣告,法院始得宣告緩刑 (B)行為人受緩刑宣告時,法院仍得附帶命行為人履行一定之義務 (C)若行為人於緩刑期間內,因故意犯他罪而受逾6月有期徒刑宣告確定,法院得撤銷其緩刑 (D)行為人緩刑期滿,而其緩刑宣告未遭撤銷者,其法律效果為「刑之宣告失其效力」 【101初等一般行政-法學大意】	(C)
下列何種情形,法院應依刑法第75條撤銷對受判決人緩刑之宣告? (A)緩刑期內因故意犯他罪,而在緩刑期內受拘役或罰金之宣告確定者 (B)緩刑前因過失犯他罪,而在緩刑期內受罰金之宣告確定者 (C)緩刑期內因過失犯他罪,而在緩刑期內受拘役之宣告確定 (D)緩刑前因故意犯他罪,而在緩刑期內受逾6月有期徒刑之宣告確定者 【110高考-法學知識與英文】	(D)

3 假釋

一 假釋之概念

　　假釋，為了鼓勵受刑人悔改向上，並發揮教化的功能，若受刑人有悛悔實據，並且符合一定條件者，得予在服刑一定期間後，假釋出獄。（刑§77）假釋期間，若不好好表現，因故意更犯罪，受有期徒刑以上刑之宣告者，於判決確定後6月以內，撤銷其假釋。而且，出獄的日數，不算入刑期內。（刑§78）所以，若遭撤銷假釋，非常不划算。若未撤銷假釋，其未執行之刑，以已執行論。

二 假釋之撤銷

【刑法第78條】

Ⅰ假釋中因故意更犯罪，受逾6月有期徒刑之宣告確定者，撤銷其假釋。

Ⅱ假釋中因故意更犯罪，受緩刑或6月以下有期徒刑之宣告確定，而有再入監執行刑罰之必要者，得撤銷其假釋。

Ⅲ前二項之撤銷，於判決確定後6月以內為之。但假釋期滿逾3年者，不在此限。

Ⅳ假釋撤銷後，其出獄日數不算入刑期內。

實務案例 華岡之狼假釋案

　　曾犯下25件性侵害案件的「華岡之狼」楊×雄，被判刑16年入獄後，曾7度申請假釋都遭駁回。第8次申請假釋，法務部終認為他出獄後再犯可能性降低，加上以電子監控器監控其行蹤，終於同意假釋。

假釋之要件

要件一		悛悔實據	
要件二	一定期間	無期徒刑	執行逾25年
		有期徒刑	執行逾1／2
		有期徒刑，累犯	執行逾2／3
要件三	無下列情況	有期徒刑執行未滿6個月者。	
		犯最輕本刑5年以上有期徒刑之罪之累犯，於假釋期間，受徒刑之執行完畢，或一部之執行而赦免後，5年以內故意再犯最輕本刑為5年以上有期徒刑之罪者。	
		犯第91-1條所列之罪，於徒刑執行期間接受輔導或治療後，經鑑定、評估其再犯危險未顯著降低者。	
要件四	監獄報請法務部，法務部決定是否准予假釋出獄。		

刑法第91-1條規定，是指涉及與性侵害有關之案件，具備一定情形，令入相當處所，施以強制治療。

高手過招　　緩刑與假釋

關於刑法假釋與緩刑之敘述，下列何者錯誤？　(A)緩刑是針對為了救濟短期自由刑之缺失　(B)假釋是為了鼓勵受刑人改過向上　(C)5年以下有期徒刑之宣告始能宣告緩刑　(D)假釋是在刑罰未執行完畢前之釋放　　　　　　　【100四等行政警察-法學緒論】	(C)

甲多次對他人從事性攻擊，被法院依刑法第221條強制性交罪判刑。試問：

(一)甲服刑達二分之一而申請假釋時，依據現行刑法之規定，是否可因其再犯危險性而駁回假釋之申請？

(二)徒刑執行即將期滿前，根據甲在獄中之表現，可信賴的評估報告顯示甲出獄後仍具有再犯危險性，依據現行刑法之規定，法院可宣告何種保安處分？　　　　　　　　　【98高考三級法制、法律政風-刑法】

破題重點：本題重點為「假釋」的基本概念，與緩刑、保安處分都是相對冷門，但卻是不得不記憶的考題。

申論寫法：本題為單純法條型考題，對於法條熟悉者，通常都會有不錯的成績。

解析：

(一)特定性侵害案件，符合一定情況下，可駁回假釋之申請：（此部分是考假釋要件的熟悉度）

　　1.假釋，是指對於受徒刑之執行已達一段時間，因有足夠之悔過情況，足以認定業已改過遷善，乃附條件予以釋放，若在假釋期間表現良好，未有撤銷假釋的事由發生，則尚未執行之剩餘刑期，視為業已執行完畢。刑法第77條第1項規定：「受徒刑之執行而有悛悔實據者，無期徒刑逾25年，有期徒刑逾二分之一、累犯逾三分之二，由監獄報請法務部，得許假釋出獄。」

　　2.例外不得假釋：（性侵害犯仍有再犯危險）刑法第77條第2項規定，針對服刑未達最低期間、重罪累犯、性侵害仍有再犯危險者，排除假釋規定之適用，依據同項第3款規定：「犯第91-1條所列之罪，於徒刑執行期間接受輔導或治療後，經鑑定、評估其再犯危險未顯著降低者」，排除假釋規定之適用。所謂刑法第91-1條所列之罪，包括刑法第221條犯罪，換言之，甲雖然服刑已經逾二分之一，可申請假釋，然而依據本款規定，若經鑑定、評估其再犯危險未顯著降低者，應不適用假釋之規定，可以駁回其假釋之申請。

高手過招　　假釋

㈡法院得宣告「強制治療」：(請注意其他保安處分的概念也可能會成爲其他申論題的考試重點)

　　1. 依據刑法第91-1條第1項規定：「犯第221條至第227條、第228條（利用權勢機會性交罪）、第229條（詐術性交罪）、第230條（近親性交罪）、第234條（公然猥褻罪）、第332條第2項第2款（強盜及強制性交罪）、第334條第2款（海盜及強制性交罪）、第348條第2項第1款（擄人勒贖及強制性交罪）及其特別法之罪，而有下列情形之一者，得令入相當處所，施以強制治療：一、徒刑執行期滿前，於接受輔導或治療後，經鑑定、評估，認有再犯之危險者。二、依其他法律規定，於接受身心治療或輔導教育後，經鑑定、評估，認有再犯之危險者。」另外依據同條第2項規定：「前項處分期間至其再犯危險顯著降低爲止，執行期間應每年鑑定、評估有無停止治療之必要。」

　　2. 甲多次對他人從事性攻擊，被法院依刑法第221條強制性交罪判刑，依據前開規定，經可信賴的評估報告顯示甲出獄後仍具有再犯危險性，法院自得令入相當處所，施以強制治療。

有關刑法上假釋之規定，下列敘述何者錯誤？　(A)受無期徒刑執行者，須執行逾 25 年，始得假釋　(B)凡因累犯而受徒刑執行者，皆不得假釋　(C)有期徒刑執行未滿6個月者，不得假釋　(D)假釋遭撤銷後，其出獄日數不算入刑期內	(B)
【102五等地方特考一般民政-法學大意】	
受有期徒刑之執行而有悛悔實據，且有期徒刑之執行已逾二分之一，監獄得為受刑人報請下列那一種處分？　(A)緩刑　(B)緩起訴　(C)假釋　(D)易服社會勞動　【102三等地方特考-法學知識與英文】	(C)
關於假釋撤銷之敘述，下列何者錯誤？　(A)假釋中因故意再犯罪，受有期徒刑以上刑之宣告者，撤銷其假釋　(B)假釋撤銷後，其出獄日數算入刑期內　(C)撤銷假釋者，其刑罰尚未執行完畢，自無由成立累犯　(D)在無期徒刑假釋後滿20年，其未執行之刑，以已執行論　【105高考-法學知識與英文】	(B)

假釋中因故意更犯罪，受有期徒刑以上刑之宣告者，於判決確定後 6 月以內，撤銷其假釋。但假釋期滿，超過幾年不得撤銷假釋？ (A)1 年　(B)2 年　(C)3 年　(D)5 年 【106普考-法學知識與英文】	(C)
某甲因犯強制性交罪遭判有期徒刑2年而入監服刑，後來獲得假釋，卻在假釋期間因涉嫌強制猥褻罪遭地檢署起訴，並為法院裁定羈押，拘禁於看守所。強制猥褻罪的法定刑是6個月以上，5年以下有期徒刑。就本案與前案，下列敘述何者正確？ (A)在羈押期間，法院應依檢察官之聲請，撤銷甲的假釋　(B)如果甲就本案被判二年以下有期徒刑，則法院得同時宣告緩刑　(C)如果甲因本案被判有期徒刑確定，則在本案執行期間，甲不能聲請假釋　(D)如果甲就本案被判無罪，則因本案所受羈押的日數，應該計入前案假釋期間 【109普考-法學知識與英文】	(D)

重點提示：

(A) 撤銷假釋，依據刑法第78條規定，「假釋中因故意更犯罪，受逾六月有期徒刑之宣告確定者」、「假釋中因故意更犯罪，受緩刑或6月以下有期徒刑之宣告確定，而有再入監執行刑罰之必要者」。

(B)刑法第74條第1項第1款：「未曾因故意犯罪受有期徒刑以上刑之宣告者。」

(C)刑法第77條第2項規定：「犯最輕本刑5年以上有期徒刑之罪之累犯，於假釋期間，受徒刑之執行完畢，或一部之執行而赦免後，5年以內故意再犯最輕本刑為5年以上有期徒刑之罪者。」重罪執行完畢或赦免後，短期又再犯重罪，不能聲請假釋，強制猥褻罪最輕本刑是6個月以上，並非5年以上。

(D)刑法第79條第2項規定：「假釋中另受刑之執行、羈押或其他依法拘束人身自由之期間，不算入假釋期內。但不起訴處分或無罪判決確定前曾受之羈押或其他依法拘束人身自由之期間，不在此限。」

Note

4 追訴權時效

一 追訴權時效之基本概念

追訴權，是指檢察官或犯罪被害人，針對犯罪向法院請求確認國家刑罰權之有無及其範圍之一種權利。與行刑權之差別，在於行刑權是指經由法院之判決確定，業已確認被告應該要加以處罰，國家對於被告擁有刑罰權，將對之加以執行刑罰。

時效制度，主要是基於法律關係不適合無限期的不確定，因此對於一定犯罪行為，若未於限期內起訴，則歸於消滅。許多涉嫌人犯罪之後，為了避免遭到追訴，於是逃亡天涯，直到追訴權時效過了才出現。

所以，所謂追訴權時效，是指對於犯罪若未能於一定期間內進行追訴，追訴權即應期間的經過而消滅，國家的刑罰權也就不得再行使之。一名涉嫌殺人的男子，在隱姓埋名近20年後，於一次「酒後吐真言」，遭人發現多年前的犯行，仍遭檢察官以殺人罪偵查起訴。

二 本刑應加重或減輕之情況

本刑應加重或減輕之情況，例如意圖陷害直系血親尊親屬，而犯刑法第169條之誣告罪者，加重其刑至二分之一。（刑§170）又如刑法第154條，參與以犯罪為宗旨之結社者，處3年以下有期徒刑、拘役或1萬5千元以下罰金，自首者減輕或免除其刑。上開情形，追訴權時效之計算，依據刑法第82條規定：「本刑應加重或減輕者，追訴權之時效期間，仍依本刑計算。」

追訴權消滅之類型與期間

編號	類　　　型	期間
1	犯最重本刑為死刑、無期徒刑或10年以上有期徒刑之罪	30年，但發生死亡結果者，不在此限。
2	犯最重本刑為3年以上10年未滿有期徒刑之罪	20年
3	犯最重本刑為1年以上3年未滿有期徒刑之罪	10年
4	犯最重本刑為1年未滿有期徒刑、拘役或罰金之罪	5年

舉例：殺人罪

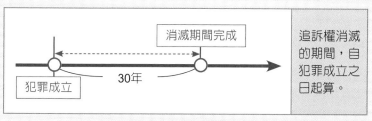

舉例：妨害自由罪

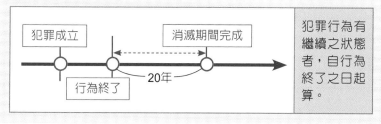

三 保留法律追訴權？

常聽到「保留法律追訴權」這句話，通常是誹謗、傷害等告訴乃論之罪，在告訴期間6個月內，告訴人可以選擇告或不告，逾此期間，也就不能再告了，並不會因為「保留」，而使得告訴期間得以延長。

四 追訴權時效之停止進行

許多人參加健身中心，會員卡通常都是1年、2年，甚至5年的長期會員，會期的計算從申辦之日起開始計算，例如2年為期的會員卡，若是自99年1月1日起申辦，其效力至100年12月31日，超過此日期，其會員卡就無效。此一概念就如同追訴權時效，超過此一追訴權之期間，就不能對其犯罪進行追訴。

何謂停止進行？

以健身中心會員卡為例，如果會員因短暫出國，或有其他重病、遇到八八風災，可以申辦暫時停止會員卡時效之計算，假設暫停3個月，則這張會員卡的效力延長到101年3月31日。此一概念，與追訴權時效之停止進行之概念相類似，依據刑法第83條第1項規定：「追訴權之時效，因起訴而停止進行。依法應停止偵查或因犯罪行為人逃匿而通緝者，亦同。」

追訴權時效之停止進行，會因為某些原因而消滅。以前開會員卡為例，如果出國太久了，例如出國1年，則對於健身中心而言，不知道契約的責任要到何時才終了，因此訂有申請停止會員期間之原因超過1年者，其期間視為消滅，則自1年後又繼續計算其會員期間，直至期滿為止。與追訴權時效之停止原因消滅之概念，兩者類似。（如右圖表）

追訴權時效停止後，若發生下列情形之一者，其停止原因視為消滅：

編號	停止原因視為消滅之類型	說　明
1	諭知公訴不受理判決確定，或因程序上理由終結自訴確定者。	不受理判決（刑訴§303） 一、起訴之程序違背規定者。 二、已經提起公訴或自訴之案件，在同一法院重行起訴者。 三、告訴或請求乃論之罪，在未經告訴、請求或其告訴、請求經撤回或已逾告訴期間者。 四、曾為不起訴處分、撤回起訴或緩起訴期滿未經撤銷，而違背第260條之規定再行起訴者。 五、被告死亡或為被告之法人已不存續者。 六、對於被告無審判權者。 七、依第8條之規定不得為審判者。
2	審判程序依法律之規定或因被告逃匿而通緝，不能開始或繼續，而其期間已達第80條第1項各款所定期間1/3者。 舉例：侵占罪（追訴權時效20年） 	假設檢察官偵查A侵占所服務機關之金錢案件時，A逃逸在國外5年，後又逃回國被抓，檢察官將A起訴，追訴權時效停止。 起訴後進入審判程序，法院又具保釋放A，A趁機逃跑至國外而遭到通緝，導致審判不能繼續。 因為侵占罪是5年以下有期徒刑，追訴權是20年，1/3是20/3年。從第20/3年開始計算，若A逃跑10年之後，10－20/3＝10/3，再加上之前的5年，共計25/3年。
3	依第1項後段規定停止偵查或通緝，而其期間已達第80條第1項各款所定期間1/3者。	假設檢察官偵查A侵占所服務機關之金錢案件，經過2年東窗事發，A逃逸遭到通緝，自通緝到現在，在國外逃亡已經10年。A的追訴權一開始是20年，1/3是20/3年，所以超過20/3年的部分是10－20/3＝10/3年。總計追訴權的期間已經過了2＋10/3＝16/3年。

五 對於偵查審判程序之影響

　　檢察官偵查案件時，若發現時效已經完成者，檢察官應為不起訴之處分。（刑訴§252②）法官審理案件時，若發現時效業已完成者，檢察官應諭知免訴之判決。（刑訴§302②）

高手過招　追訴權時效

殺人罪之追訴時效期間為幾年？　(A)20年　(B)10年　(C)15年 (D)30年　　　　　　　　　　　　　　【100普考-法學知識與英文】	(D)

解析：
(D)原規定「犯最重本刑為死刑、無期徒刑或10年以上有期徒刑之罪者，30年。」現增加但書規定「但發生死亡結果者，不在此限。」

關於竊盜罪之追訴權，其時效多長？　(A)5 年　(B)10 年　(C)20 年 (D)30年　　　　　　　　【102五等地方特考—般行政-法學大意】	(C)

實務見解 釋字第 556 號解釋理由書

以犯罪為宗旨或以其成員從事犯罪活動具有集團性、常習性及脅迫性或暴力性之組織，其從事之組織犯罪，與通常之犯罪行為迥異，對社會秩序、人民權益侵害之危險性，尤非其他犯罪行為可比，自有排除及預防之必要，此為中華民國85年12月11日公布組織犯罪防制條例之所由設。但組織係一抽象組合，其本不可能有任何行為或動作，犯罪宗旨之實施或從事犯罪活動皆係由於成員之參與。該條例所稱參與犯罪組織，指加入犯罪組織成為組織之成員，而不問參加組織活動與否，犯罪即屬成立，至其行為於追訴權時效完成前是否仍在繼續中，則以其有無持續參加組織活動或保持聯絡為斷，此項犯罪行為依法應由代表國家追訴犯罪之檢察官負舉證責任。若組織成員在參與行為未發覺前自首，或長期未與組織保持聯絡亦未參加活動等事實，足以證明其確已脫離犯罪組織者，即不能認其尚在繼續參與狀態。相關之追訴時效自應分別情形自加入、最後參加活動或脫離組織時起算。

5 行刑權時效

一 行刑權時效之基本概念

行刑權時效，是指司法機關在有罪判決在確定後，必須在一定期間內，對行為人予以執行，逾期則不得執行之。

二 行刑權消滅之類型與期間

編號	類　　　型	期間
1	宣告死刑、無期徒刑或10年以上有期徒刑	40年
2	宣告3年以上10年未滿有期徒刑	30年
3	宣告1年以上3年未滿有期徒刑	15年
4	宣告1年未滿有期徒刑、拘役、罰金者	7年

舉例：殺人罪判刑7年

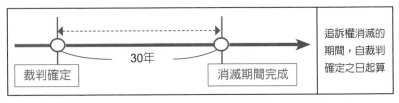

舉例：保安處分→性侵害案件5年

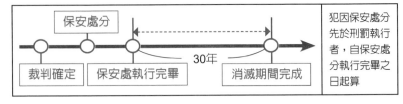

行刑權時效之停止事由

（刑§85 I）

編號	時效停止之事由	說　明
1	因刑之執行	例如已經關進監獄中
2	依法應停止執行者（刑§85 I ①）	停止執行死刑，包括下列兩種： (1)受死刑之諭知者，如在心神喪失中，由司法行政最高機關命令停止執行。（刑訴§465 I） (2)受死刑諭知的婦女懷胎者，於其生產前，由司法行政最高機關命令停止執行。（刑訴§465 II） 停止執行自由刑，包括下列： (1)心神喪失。 (2)懷胎5月以上，生產未滿2月。 (3)現罹疾病，因執行而不能保其生命。
3	因受刑人逃匿而通緝或執行期間脫逃未能繼續執行者。（刑§85 I ②）	例如受刑人潛逃出境，或者是入獄執行後又趁隙逃獄。
4	受刑人依法另受拘束自由者。（刑§85 I ③）	例如受拘束自由保安處分之執行、流氓感訓處分、少年感化教育，及民事管收等情形。

註解：停止原因繼續存在之期間，如達於第84條第1項各款所定期間1/3者，其停止原因視為消滅。行刑權之時效，自停止原因消滅之日起，與停止前已經過之期間，一併計算。（刑訴§85 II、III）

朱 × 雄滯留大陸案

　　許多滯留在大陸的通緝犯老是無法抓回來，朱 × 雄就是其中之一。朱 × 雄，前高雄市議長，民國 92 年間，因市議員賄選案被法院判處有期徒刑 1 年 10 個月，褫奪公權 3 年。依據舊刑法的規定，其行刑權時效為 10 年，現行刑法的規定，則於 94 年間修正為 15 年。惟依據刑法「從舊從輕主義」，朱 × 雄的行刑權仍是 10 年。所以，朱 × 雄大概還要躲到民國 102 年，回到臺灣才不必服刑。

三 對於偵查審判程序之影響

　　檢察官偵查案件時，若發現時效已經完成者，檢察官應為不起訴之處分。（刑訴 § 252②）法官審理案件時，若發現時效業已完成者，檢察官應諭知免訴之判決。（刑訴 § 302②）

高手過招

依刑法第 84 條規定，死刑、無期徒刑或 10 年以上有期徒刑之行刑權，因多久不執行而消滅？ (A)15 年 (B)20 年 (C)25 年 (D)40 年	(D)
【98 五等地方特考 - 法學大意】	

實務案例 行刑權時效：2050

　　據媒體報導，彰化縣議員賴×輝被控5、6年前在大村鄉長任內，向3名包商索取10%的便當錢，被法院依貪污罪判刑確定，昨天是強制拘提執行的最後期限，彰化地檢署襄閱主任檢察官表示：檢方已發布通緝，期限長達37年6個月，到2050年1月18日止。

　　行刑權是根據宣告刑計算，賴×輝觸犯3個貪污罪，法院各判有期徒刑8年，最高法院在上月19日駁回上訴確定；依刑法第84、85條規定，通緝期限是30年，加上四分之一的「通緝緩衝期」，共37年6個月。

高手過招

行刑權因期間內未執行而消滅，下列敘述何者錯誤？ (A)甲犯殺人罪，宣告無期徒刑，其行刑權時效期間為40年 (B)乙犯強盜罪，宣告5年有期徒刑，其行刑權時效期間為30年 (C)丙犯竊盜罪，宣告2年有期徒刑，其行刑權時效期間為15年 (D)丁犯誹謗罪，宣告拘役40天，其行刑權時效期間為5年 【107高考-法學知識與英文】	(D)
某市市議員甲因為貪污案遭地方法院宣告10年有期徒刑，第二天即逃亡出境。下列敘述何者正確？ (A)行刑權時效自甲所受判決上訴期間屆滿而未上訴時起算 (B)若於上訴期間屆滿前，就公告通緝，則行刑權時效停止計算 (C)若於上訴期間屆滿前，就公告通緝，則追訴權時效繼續進行 (D)若於上訴期間屆滿前，一方提出上訴，則追訴權時效繼續計算 【108地特三等-法學知識與英文】	(A)

6 保安處分

一 保安處分之基本概念

保安處分制度，主要是因為刑罰未必能達到矯正受刑人的功效，對於特殊的情況，應該有其他措施，以消弭其反社會之危險性，並讓犯罪者可以重新踏入社會。保安處分的類型，基本上有下列感化教育等七種。

(一)感化教育

因為未滿14歲人而刑罰不處罰者，如國小學生，或因未滿18歲而減輕其刑，可以命令其進入感化教育處所，由國家專責單位施以感化教育，例如法務部所屬的少年輔育院、矯正學校。（刑§86）

(二)監護

因第19條第1項之原因而不罰者，其情狀足認有再犯或有危害公共安全之虞時，令入相當處所或以適當方式，施以監護。（刑§87 I）

有第19條第2項及第20條之原因，其情狀足認有再犯或有危害公共安全之虞時，於刑之執行完畢或赦免後，令入相當處所或以適當方式，施以監護。但必要時，得於刑之執行前為之。（刑§87 II）

前二項之期間為5年以下；其執行期間屆滿前，檢察官認為有延長之必要者，得聲請法院許可延長之，第一次延長期間為3年以下，第二次以後每次延長期間為1年以下。但執行中認無繼續執行之必要者，法院得免其處分之執行。（刑§87 III）

保安處分之類型

項　目	特殊類型	可否改以保護管束	
感化教育 （刑§86）	未滿14歲之人而不罰 未滿18歲之人而減輕其刑	可	
監護 （刑§87）	精神狀態未健全之人	可	
吸毒禁戒 （刑§88）	吸食毒品之人	可	
酗酒禁戒 （刑§89）	酗酒而犯罪之人	可	
強制工作 （刑§90）	有犯罪之習慣或因遊蕩或懶 惰成習而犯罪之人	可	
強制治療 （刑§91-1）	犯性侵害案件	✕	
驅逐出境 （刑§95）	外國人違反我國法令	✕	

前項執行或延長期間內，應每年評估有無繼續執行之必要。（刑§87 IV）

警員李承翰被疑似患思覺失調症者所殺，一審法院判決無罪，監護5年，引發輿論反彈，有立法委員提案要延長監護期間。

(三)吸毒禁戒

犯吸食、施打或使用毒品罪者，可以在刑之執行前，命令其進入相當處所施以禁戒，例如法務部所屬的戒治所。（刑§88）

(四)酗酒禁戒

禁戒處分目的在於迅速執行，為使行為人禁絕酒癮並有再犯之虞者，於刑之執行前，令入相當處所，施以禁戒。（刑§89）

(五)強制工作

有犯罪之習慣或遊蕩或懶惰成習而犯罪者，危害社會安良秩序，惟有教導其謀生技能、習於工作習慣，於刑之執行前，令入勞動場所強制工作，例如法務部所屬的技能訓練所。（刑§90）

(六)強制治療

犯性侵害案件，亦得令入相當處所，施以強制治療。（刑§91-1）

(七)驅逐出境

外國人受有期徒刑以上刑之宣告者，得於刑之執行完畢或赦免後，驅逐出境。（刑§95）

高手過招

某甲為慣竊。法院得於其刑期執行前,對甲施以何種保安處分? (A)禁戒處分 (B)保護管束 (C)強制工作 (D)強制治療 【96五等錄事 - 法學大意】	(C)

解析:
釋812號解釋文違反憲法第23條,第8條失其效力。

我國刑法有關保安處分之規定,不包括下列何者? (A)感化教育處分 (B)假釋 (C)監護處分 (D)強制治療處分 【96司法三等特考 - 法學知識與英文】	(B)
甲因酗酒而犯罪,若法院認為其酗酒成癮而有再犯之虞,應入相當處所施以何種保安處分? (A)監護 (B)禁戒 (C)強制治療 (D)強制工作 【100初等/五等/佐級 - 法學大意】	(B)

二 保護管束

　　刑法第86條至第90條之處分,也就是感化教育、監護、吸毒禁戒、酗酒禁戒、強制工作之處分,按其情形得以保護管束代之。(刑§92 I)前項保護管束期間為3年以下。其不能收效者,得隨時撤銷之,仍執行原處分。(刑§92 II)

　　其他像是假釋出獄者,在假釋中付保護管束。(刑§93 II)受緩刑之宣告,也是要在緩刑期間內保護管束,但是犯第91-1條所列之罪者,或執行第74條第2項第5款至第8款所定之事項者,則不在此限。

刑§91-1	犯第221條至第227條、第228條、第229條、第230條、第234條、第332條第2項第2款、第334條第2款、第348條第2項第1款及其特別法之罪	
刑§74Ⅱ	⑤	向指定之政府機關、政府機構、行政法人、社區或其他符合公益目的之機構或團體,提供40小時以上240小時以下之義務勞務。
	⑥	完成戒癮治療、精神治療、心理輔導或其他適當之處遇措施。
	⑦	保護被害人安全之必要命令。
	⑧	預防再犯所為之必要命令。

三 保安處分與刑之執行關係

依第86條第2項、第87條第2項、第3項規定宣告之保安處分,其先執行徒刑者,於刑之執行完畢或赦免後,認為無執行之必要者,法院得免其處分之執行;其先執行保安處分者,於處分執行完畢或一部執行而免除後,認為無執行刑之必要者,法院得免其刑之全部或一部執行。(刑§98Ⅰ)

依第88條第1項、第89條第1項規定宣告之保安處分,於處分執行完畢或一部執行而免除後,認為無執行刑之必要者,法院得免其刑之全部或一部執行。(刑§98Ⅱ)

依刑事訴訟法第121條之1第1項或第3項前段宣告之暫行安置執行後,認為無執行刑之必要者,法院得免其刑之全部或一部執行。(刑§98Ⅲ)

前三項免其刑之執行,以有期徒刑或拘役為限。(刑§98Ⅳ)

高手過招

刑法關於保護管束之對象，下列敘述何者錯誤？ (A)假釋人 (B)受緩刑宣告人 (C)受強制治療之人 (D)代替其他保安處分之人　【100五等司法特考-法學大意】	(C)
下列何者不是刑法所明定保安處分的種類？ (A)訓誡處分 (B)監護處分 (C)強制治療 (D)強制工作　【100五等司法特考-法學大意】	(A)
有關刑法感化教育的規定，以下何者正確？ (A)感化教育之期間為2年以下 (B)因未滿12歲而不罰者，得令入感化教育處所，施以感化教育 (C)因未滿18歲而減輕其刑，且僅宣告拘役者，應於執行前進行感化教育 (D)感化教育已逾6月，認無繼續執行之必要者，法院得免其處分之執行　【100關稅四等-法學知識】	(D)
依刑法第87條第1項規定，因刑法第19條第1項之原因而不罰者，得令入相當處所，施以何種處分？ (A)強制治療 (B)感化教育 (C)禁戒 (D)監護　【100地方特考五等-法學大意】	(D)
下列何者非刑法上保安處分之類型？ (A)強制工作 (B)強制治療 (C)強制入學 (D)驅逐出境　【100地方特考三等-法學知識與英文】	(C)
關於保安處分之敘述，下列何者錯誤？ (A)保安處分自應執行之日起逾3年未開始或繼續執行者，非經法院認為原宣告保安處分之原因仍繼續存在時，不得許可執行 (B)保安處分自應執行之日起逾7年未開始或繼續執行者，不得執行 (C)犯刑法第285條傳染花柳病之罪者，得於刑罰執行後，令入相當處所，強制治療 (D)電子監控屬於保護管束可採用的手段之一　【106高考-法學知識與英文】	(C)
關於感化教育處分相關規定，下列敘述何者錯誤？ (A)因未滿14歲而不罰者，不得令入感化教育處所，施以感化教育 (B)感化教育為限制人身自由之保安處分 (C)執行感化教育之期間最長3年 (D)執行已逾6月，認無繼續執行之必要者，法院得免其處分之執行　【108高考-法學知識與英文】	(A)

參考書目

1	《刑法通論》，林山田
2	《刑法各罪論》，林山田
3	《刑法之重要理念》，甘添貴
4	《刑法總論—邏輯分析與體系論證》，黃常仁
5	《刑法總則釋義—修正法篇（上）（下）》，柯耀程
6	《刑法總則》，志光教育文化出版社

Note

《圖解法學緒論》

法學緒論難讀易混淆
圖例解析一次就看懂

　　法學緒論難以拿高分最大的問題在於範圍太廣，憲法、行政法、民法、刑法這四科，就讓人望而生畏、頭暈目眩了。筆者將多年分析的資料整理起來，將歷年菁華考題與解析集結成冊，讓讀者能隨時獲得最新的考題資訊。

《圖解行政法》

行政法體系龐雜包羅萬象
圖解行政法一本融會貫通

　　本書以考試實務為出發點，以理解行政法的概念為目標。輔以淺顯易懂的解說與一看就懂的圖解，再加上耳熟能詳的實例解說，讓你一次看懂法條間的細微差異。使你實力加分，降低考試運氣的比重，那麼考上的機會就更高了。

《圖解憲法》

憲法理論綿密複雜難懂
圖例解題讓你即學即用

　　反省傳統教科書與考試用書的缺點，將近年重要的憲法考題彙整，找出考試趨勢，再循著這條趨勢的脈絡，參酌憲法的基本架構，堆疊出最適合學習的憲法大綱，透過網路建置一套完整的資料增補平台，成為全面性的數位學習工具。

——最深入淺出的國考用書

《圖解民法》————
**民法千百條難記易混淆
分類圖解後馬上全記牢**

　本書以考試實務為出發點，由時間的安排、準備，到民法的體系與記憶技巧。並輔以淺顯易懂的解說與一看就懂的圖解，再加上耳熟能詳的實例解說，讓你一次看懂法條間的細微差異。

《圖解刑法》————
**誰說刑法難讀不易瞭解？
圖解刑法讓你一看就懂！**

　本書以圖像式的閱讀，有趣的經典實際案例，配合輕鬆易懂的解說，以及近年來的國家考試題目，讓讀者可將刑法的基本觀念印入腦海中。還可以強化個人學習的效率，抓準出題的方向。

《圖解刑事訴訟法》—
**刑事訴訟法程序易混淆
圖解案例讓你一次就懂**

　競爭激烈的國家考試，每一分都很重要，不但要拼運氣，更要拼實力。如果你是刑事訴訟法的入門學習者，本書的圖像式記憶，將可有效且快速地提高你的實力，考上的機率也就更高了。

《圖解國文》————
**典籍一把抓、作文隨手寫
輕鬆掌握國考方向與概念**

　國文，是一切國家考試的基礎。習慣文言文的用語與用法，對題目迎刃而解的機率會提高很多，本書整理了古文名篇，以插圖方式生動地加深讀者印象，熟讀本書可讓你快速地掌握考試重點。

最輕鬆易讀的法律書籍

《圖解法律記憶法》

這是第一本專為法律人而寫的記憶法書籍！

記憶，不是記憶，而是創意。記憶法主要是以創意、想像力為基礎，在大腦產生神奇的刻印功效。透過記憶法的介紹，讓大多數的考生不要再花費過多的時間在記憶法條上，而是運用這些方法到考試科目，是筆者希望能夠完成的目標。

《圖解民事訴訟法》

本書透過統整、精要但淺白的圖像式閱讀，有效率地全盤瞭解訴訟程序！

民法與民事訴訟法，兩者一為實體法，一為程序法。換個概念舉例，唱歌比賽中以歌聲的好壞決定優勝劣敗，這就如同民法決定當事人間的實體法律關係；而民事訴訟法就好比競賽中的規則、評判準則。

《圖解公司法》

透過圖解和實例，強化個人學習效率！

在國家考試中，公司法常常是讓讀者感到困擾的一科，有許多讀者反應不知公司法這一科該怎麼讀？作者投入圖解書籍已多年，清楚瞭解法律初學者看到艱澀聱牙的法律條文時，往往難以立即進入狀況，得耗費一番心力才能抓住法條重點，本書跳脫傳統的讀書方法，讓你更有效率地全盤瞭解公司法！

國家圖書館出版品預行編目資料

圖解刑法：國家考試的第一本書（第七版）
作　　者：錢世傑
臺北市：十力文化 出版日期：2024-03
封　　面：14.8×21.0公分／頁數 512
ＩＳＢＮ：978-626-97556-3-9（平裝）
1. 刑法
585　　　　　　　　　　　　　113002299

國 考 館　S2401

圖解刑法／國家考試的第一本書（第七版）

作　　者　錢世傑

總 編 輯　劉叔宙
封面設計　劉詠倫
書籍插圖　劉鑫鋒
美術編輯　林子雁

出 版 者　十力文化出版有限公司

公司地址　11675 台北市文山區萬隆街 45-2 號
聯絡地址　11699 台北郵政 93-357 信箱
劃撥帳號　50073947
電　　話　(02) 2935-2758
電子郵件　omnibooks.co@gmail.com

ＩＳＢＮ　978-626-97556-3-9

出版日期　第七版第一刷　2024 年 3 月
　　　　　第六版第一刷　2020 年 6 月
　　　　　第五版第一刷　2018 年 7 月
　　　　　第四版第一刷　2015 年 7 月
　　　　　第三版第一刷　2012 年 5 月
　　　　　第二版第一刷　2010 年 9 月
　　　　　第一版第一刷　2009 年 6 月

定　價　680元

地址：

姓名：

正　貼

郵　票

十力文化出版有限公司　企劃部收

地址：11699 台北郵政 93-357 號信箱

傳真：(02) 2935-2758

E-mail：omnibooks.co@gmail.com

讀 者 回 函

　　無論你是誰，都感謝你購買本公司的書籍，如果你能再提供一點點資料和建議，我們不但可以做得更好，而且也不會忘記你的寶貴想法喲！

姓名／　　　　　　　　　　性別／□女 □男　　生日／　　　年　　　月　　　日
聯絡地址／　　　　　　　　　　　　　　　連絡電話／
電子郵件／

職業／□學生　　　　　□教師　　　　□內勤職員　　□家庭主婦　　□家庭主夫
　　　□在家上班族　　□企業主管　　□負責人　　　□服務業　　　□製造業
　　　□醫療護理　　　□軍警　　　　□資訊業　　　□業務銷售　　□以上皆是
　　　□以上皆非　　　□請你猜猜看
　　　□其他：

你為何知道這本書以及它是如何到你手上的？
　　　請先填書名：
　　　□逛書店看到　　□廣播有介紹　　□聽到別人說　　□書店海報推薦
　　　□出版社推銷　　□網路書店有打折　□專程去買的　　□朋友送的　　□撿到的

你為什麼買這本書？
　　　□超便宜　　　　□贈品很不錯　　□我是有為青年　□我熱愛知識　□內容好感人
　　　□作者我認識　　□我家就是圖書館　□以上皆是　　□以上皆非
　　　其他好理由：

哪類書籍你買的機率最高？
　　　□哲學　　　□心理學　　□語言學　　□分類學　　□行為學
　　　□宗教　　　□法律　　　□人際關係　□自我成長　□靈修
　　　□型態學　　□大眾文學　□小眾文學　□財務管理　□求職
　　　□計量分析　□資訊　　　□流行雜誌　□運動　　　□原住民
　　　□散文　　　□政府公報　□名人傳記　□奇聞逸事　□把哥把妹
　　　□醫療保健　□標本製作　□小動物飼養　□和賺錢有關　□和花錢有關
　　　□自然生態　□地理天文　□有圖有文　□真人真事
　　　請你自己寫：

　　根據個人資訊保護法，本公司不會外洩您的個人資料，你可以放心填寫。溝通，是為了讓互動更美好，在出版不景氣的時代，本公司相信唯有將書做得更好，並且真正對讀者有幫助，才是唯一的道路。好書、不僅能增加知識還必能提高學習效率，讓想法與觀念深植人心。能有耐心看到這一行的您，恭喜，只要您填交此表並傳真至02-29352758或郵寄至台北郵政 93-357 號信箱，您將會得到本公司的精美筆記本一冊，請注意！僅限傳真或紙本郵寄方屬有效（因本公司須保留正本資料）但請千萬注意，姓名、電話、地址務必正確，才不會發生郵寄上的問題。還有，郵寄範圍僅限台澎金馬區域，不寄到國外，除非自己付郵資。

　　　　　　　　　　　　　　　　　　　　　　順頌　健康美麗又平安